Compendio de Economía

MSc. Licdo. Alexis Boente Corcho

(3ra revisión)
2005 - 2012

Compendio de Economía

(3ra revisión)
2005 – 2012

DEDICATORIA

- A mi hijo, como referencia en su carrera periodística.
- A mis amigos y colegas de profesión.
- Al claustro y estudiantes de la Facultad de Economía de la UCLV donde me formé.
- A Enrique Rodríguez Corominas, nuestro Decano.

PREFACIO

La idea de compilar todo este material en un solo libro está dada por la ausencia bibliográfica – al menos en nuestro mercado- de una obra que recoja el pensamiento económico, desde sus orígenes hasta nuestros días. Su concepción original era preparar un material de consulta y aprendizaje para personas no economistas. Después de conformado el libro y valorar todo el contenido que se ha recopilado, pensamos que puede ser de mucha utilidad para los estudiantes de las carreras económicas y de humanidades, como forma de ampliar sus conocimientos y material de consulta. Los conceptos plasmados en el mismo, no tienen que reflejar necesariamente las opiniones del autor de este trabajo, aunque hace sus propios aportes.

Es una obra refrescante y actualizadora para los profesionales que se graduaron antes de la década de los ´90, por los temas novedosos que se incluyen, como lo referido a la macroeconomía, microeconomía, marketing, mercado de valores, especulación, etc. Para los empresarios puede resultar de interés por los temas tratados, sobre todo en: La gestión empresarial, negocios, la contabilidad, los costos, las finanzas, los salarios, precios y venta.

La obra se ha organizado de una forma cronológica, dentro de lo posible, comenzando por toda la teoría económica, la economía política, hasta llegar a conceptos actuales de la Economía Mundial. Todo lo cual, para una rápida referencia, está organizado en el Índice Temático al final de la obra.

Se ha enriquecido el mismo al incorporar en los anexos temas como: Los Foros y Organizaciones Internacionales más importantes, una Guía de 50 preguntas para los Empresarios, conceptos sobre Informática y la Internet, y las bibliografías de tres grandes hombres que han hecho historia en Europa y América Latina en diferentes épocas.

EL AUTOR

Historia de la economía

1- INTRODUCCIÓN

Historia de la economía, el nacimiento de la economía como cuerpo teórico de estudio, independiente de la política y la filosofía, puede fecharse en el año 1776, cuando Adam Smith publicó su *Investigación sobre la naturaleza y causas de la riqueza de las naciones*. Por supuesto, la economía existía antes de que Smith escribiese su libro: los griegos hicieron importantes aportaciones, al igual que los escolásticos de la edad media. Desde el siglo XV hasta el siglo XVIII se escribieron numerosos ensayos que desarrollaron los principios del nacionalismo económico como la escuela de pensamiento denominada mercantilismo; durante parte del siglo XVIII los fisiócratas franceses formularon un modelo económico bastante refinado y teórico; otros pensadores del siglo XVIII podrían competir con Smith por el título de fundador de la ciencia económica. No obstante, Adam Smith fue el que escribió el tratado más completo sobre economía que dio lugar a lo que más tarde se llamó (a pesar de que Smith era escocés) la Escuela de Economía Política Inglesa.

2- LA OBRA DE ADAM SMITH

La Riqueza de las naciones (nombre abreviado por el que es conocida esta obra), como dice el mismo título, es sobre todo un libro sobre el progreso económico y las políticas que pueden fomentar o frenar este desarrollo. Desde el punto de vista pragmático, es un alegato contra las políticas proteccionistas de los mercantilistas, y una defensa del librecambio. Al criticar las denominadas falsas doctrinas de la economía política, Smith tuvo que analizar el funcionamiento del sistema de libre empresa. En una economía de libre mercado con mercados competitivos, cada individuo, de los muchos que participan en el mercado, tiene una influencia nula sobre los precios; todos los individuos tienen que aceptar los precios del mercado y sólo podrán variar la cantidad intercambiada a esos precios; no obstante, la fijación de los precios se logra por la interacción de todos los agentes que operan en el mercado. La 'mano invisible' del mercado, como le gustaba decir a Smith, asegura que la sociedad saldrá beneficiada a pesar de lo que quieran los individuos; la mano invisible es capaz de transformar los vicios privados (como el egoísmo) en ventajas sociales (la maximización de la producción). Pero esto sólo se verifica si los mercados competitivos disponen de un marco legal e institucional adecuados, una condición que Smith analizó en profundidad pero que las generaciones siguientes olvidaron. En esta gran obra sobre la riqueza y pobreza de las naciones, Smith exponía una teoría simple del valor (o de los precios), una visión poco elaborada sobre la distribución, una interpretación aún menos desarrollada sobre el comercio internacional y una concepción primitiva sobre el dinero; pero, a pesar de todas las imperfecciones, su libro sirvió de base para toda la economía clásica y neoclásica posterior. La influencia de la obra de Smith radicaba, en gran parte, en las posibilidades de desarrollo de sus teorías.

3- EL SISTEMA RICARDIANO

Los Principios de Economía Política e Impuestos (1817) de David Ricardo fueron, en cierto sentido, un comentario crítico a *La Riqueza de las naciones;* por otro lado, ofrecieron una nueva perspectiva a la incipiente ciencia: la economía política. Ricardo creó el concepto de modelo económico, un instrumento analítico que consiste en un entramado de ecuaciones que tenían en cuenta unas pocas variables estratégicas y que permitía, tras unas operaciones lógicas, obtener conclusiones relevantes sobre el comportamiento de las variables económicas. El punto central del sistema ricardiano se encontraba en la creencia de que el crecimiento económico se frenaría antes o después, debido al creciente costo de cultivar alimentos cuando la tierra disponible era limitada. Uno de los razonamientos esenciales para llegar a esta conclusión era el principio malthusiano, enunciado en el *Ensayo sobre el principio de la población* (1798) de Thomas Robert Malthus, según el cual la población tiende a crecer de forma constante hasta los límites que marca la oferta disponible de alimentos. A medida que va creciendo la mano de obra, o fuerza laboral, sólo se puede aumentar la producción de alimentos, para satisfacer a la creciente población, extendiendo los cultivos hasta las tierras menos fértiles o aplicando más trabajo y capital a las tierras cultivadas, por lo que irían incrementándose de forma paulatina las cosechas. Aunque los salarios disminuirían, los beneficios no aumentarían de forma proporcional, porque los agricultores pujarían entre ellos por cultivar las mejores tierras. Por lo tanto, los principales beneficiados del progreso económico serían los terratenientes.

Puesto que la raíz del problema, según Ricardo, radica en el rendimiento decreciente de la tierra, la solución sería importar el grano de otros países. Queriendo demostrar que Gran Bretaña se beneficiaría si se especializara en producir bienes manufacturados para exportarlos a otros países e importar a cambio alimentos, Ricardo desarrolló su teoría de la ventaja comparativa. Suponía que el trabajo y el capital pueden cambiar libremente de sector productivo, buscando la mayor rentabilidad posible; sin embargo, el trabajo y el capital no tenían movilidad entre países. En este caso, como él demostró, existen beneficios económicos si se comercia entre países, beneficios que estarían determinados por la comparación de lo que cuesta producir cada bien *dentro* de cada país, y no por la comparación de los costos *entre* países. Los países podrán mejorar su situación en los intercambios si se especializan en la producción de aquellos bienes que producen de forma más eficaz e importan los demás bienes: aunque Portugal, por ejemplo, sea capaz de producir todos los bienes de manera más efectiva que Inglaterra, le convendría especializarse en la producción de vino, más rentable en términos relativos, e importar las manufacturas textiles de Inglaterra. La belleza del razonamiento de Ricardo reside en que si todos los países se aprovechan de la división internacional del trabajo, la producción mundial agregada será muy superior a la que se obtendría si los países intentan autoabastecerse. La teoría de Ricardo constituye la base del librecambismo decimonónico.

La importancia del tratado de Ricardo fue constatada desde su publicación: durante el siguiente medio siglo el sistema ricardiano dominó el pensamiento económico en Inglaterra. En 1848 la revisión de su pensamiento realizada por John Stuart Mill en *Principios de economía política* (1845-1847) dio nuevo vigor a la teoría de Ricardo. Sin embargo, a partir de la década de 1870, los economistas dejaron de analizar los problemas que preocupaban a Ricardo para estudiar los relativos a la teoría del valor, es decir, a estudiar por qué los bienes se intercambian a un precio y no a otro distinto.

4- MARXISMO

No se puede estudiar la historia económica sin analizar el pensamiento del último economista de la escuela clásica, Karl Marx. El primer tomo de *El Capital* de Marx se publicó en 1867; el segundo y tercer tomos se publicaron después de su muerte, en 1883 y 1894 respectivamente. Se puede considerar que Marx fue el último economista de la escuela clásica porque, en gran medida, su obra se basaba, no en el mundo real, sino en las enseñanzas de Smith y Ricardo, que habían enunciado la teoría del valor trabajo, que afirma que los productos se intercambian en función de la cantidad de trabajo incorporado en su producción. Marx analizó todos los efectos que implicaba esta teoría, a la que añadió su teoría de la plusvalía. Cuando se afirma que un economista es marxista es porque considera que la propiedad privada es desde el punto de vista social indeseable, y que no es justo que existan personas que obtengan rentas por el mero hecho de ser propietarios. En el siglo XIX muy pocos economistas aceptaban este postulado; por el contrario, intentaban justificar en la sociedad la propiedad privada y la percepción de rentas por parte de los propietarios, con lo que el marxismo tuvo una escasa repercusión sobre los economistas de la época.

Además, el sistema marxista concluía con tres afirmaciones: la tasa de retorno (los beneficios) tendería a caer con el tiempo; la clase trabajadora sería cada vez más pobre y los ciclos económicos cada vez más duros. Las dos últimas afirmaciones serían la consecuencia de la primera. Los marxistas aseguran que los académicos siempre han sido los lacayos de la clase capitalista. Tal vez esta afirmación sea cierta, pero el hecho es que Marx ejerció una escasa influencia sobre el pensamiento económico a partir de 1870.

El Marxismo

1- INTRODUCCION

Marxismo, doctrina y teoría social, económica y política basada en la obra de Karl Marx y sus seguidores, indisolublemente unida a dos ideologías y movimientos políticos: el socialismo y el comunismo.

2- DOCTRINARIO MARXISTA

La obra de Marx puede dividirse entre sus primeros escritos filosóficos (*Manuscritos filosóficos y económicos,* 1844; *La ideología alemana,* 1845-1846), sus panfletos (*Manifiesto Comunista,* 1848), sus análisis de acontecimientos contemporáneos (*El 18 brumario de Luis Bonaparte,* 1852; *La guerra civil en Francia,* 1871) y los escritos fundamentales de su madurez (*Contribución a la crítica de la economía política,* 1859; y, sobre todo, *El capital,* vol. 1, 1867; vols. 2 y 3, publicados póstumamente). Las ramificaciones de la doctrina marxista podemos encontrarlas en ámbitos filosóficos, económicos, históricos, políticos y de la mayoría de las ciencias sociales. Ningún otro teórico ha sido tan estudiado y tan discutido durante el siglo XX como Karl Marx. La razón de este interés está lejos de ser exclusivamente académica. Ningún otro pensador moderno ha tenido tanta influencia sobre los movimientos políticos y sociales.

Marx pretendía desvelar las leyes inherentes al desarrollo del capitalismo. Creía que cada época histórica se caracterizaba por un modo de producción específico que se correspondía con el sistema de poder establecido y, por lo tanto, con una clase dirigente en perpetuo conflicto con una clase oprimida. Así, la sociedad medieval estuvo caracterizada por el modo de producción feudal, en el que la clase poseedora de la tierra obtenía una plusvalía del campesinado que trabajaba aquélla. Las sucesivas transiciones del sistema de esclavitud al feudalismo, y del feudalismo al capitalismo, se produjeron cuando las fuerzas productivas (es decir, los grupos relacionados con el trabajo y los medios de producción como las máquinas) no podían seguir desarrollándose con las relaciones de producción existentes entre las distintas clases sociales. Así, la crisis que afectó al feudalismo cuando el capitalismo necesitaba una creciente clase trabajadora conllevó la eliminación de las bases legales e ideológicas tradicionales que ataban a los siervos a la tierra.

La relación fundamental del capitalismo, basada en salarios, parte de un contrato entre partes jurídicamente iguales. Los propietarios del capital (capitalistas) pagan a los trabajadores (el proletariado, poseedor únicamente de su fuerza de trabajo) salarios a cambio de un número de horas de trabajo acordado. Esta relación disfraza una desigualdad real: los capitalistas se benefician de parte de lo producido por los trabajadores y no remunerado en sus salarios. Esta plusvalía generada en favor de la clase capitalista proporciona a los propietarios del capital una gran riqueza y el control sobre el desarrollo económico de la sociedad. De esta manera se están apropiando no solamente de la riqueza, sino también del poder. La compleja superestructura política, el conjunto de leyes e ideologías, regula y refuerza este tipo de relaciones sociales. En efecto, al poseer la plusvalía, los capitalistas pueden acumular riqueza y poder, determinando la dirección que seguirá la sociedad. Los bienes producidos mediante el sistema capitalista deben tener valor de uso, ya que, de no tenerlo, no se podrían encontrar compradores; pero, para el capitalista, tienen que tener valor de cambio: no se producen para el consumo del propio capitalista, sino para que éste pueda intercambiarlos por dinero. Así, la producción capitalista es esencialmente una producción dirigida al intercambio y no a la satisfacción de necesidades. La competencia hace que las empresas capitalistas ineficaces vayan a la quiebra, y se tienda a la concentración de empresas y la creación de monopolios, al tiempo que los mercados no dejan de crecer, pues las técnicas productivas y las medios de intercambio están continuamente cambiando y mejorando.

Las crisis son un fenómeno inherente al capitalismo. Los capitalistas intentan aumentar la intensidad de la jornada laboral y, en consecuencia, la productividad del trabajo. Por su parte, los trabajadores, si están organizados, resistirán. Los capitalistas intentarán ampliar los mercados, pero al mismo tiempo pagarán a sus trabajadores el mínimo posible. Si lo consiguen, tanto el consumo como la demanda de los trabajadores disminuirán, los mercados se reducirán y el capitalismo entrará en crisis.

3- INTERPRETACIONES DEL MARXISMO

La compleja, y a veces confusa, obra de Marx, permitió que se produjeran interpretaciones dispares de la misma. Ya antes de 1914, la ortodoxia dominante, representada en Alemania por Karl Kautsky y que defendía la inevitabilidad del colapso del capitalismo a través de la revolución, fue puesta en duda por Eduard Bernstein, auténtico fundador de lo que vino a denominarse revisionismo. Tras la Revolución Rusa (1917), Lenin añadió a la doctrina marxista una interpretación del imperialismo, una teoría del Estado y los principios de la organización revolucionaria liderada por el partido; la formulación de leninismo permitió hablar de una doctrina marxista-leninista. Las posteriores aportaciones hechas al marxismo por Stalin (el estalinismo, que negaba la internacionalización de la revolución), Trotski (el trotskismo, que preconizaba justo lo contrario), Mao Zedong (el maoísmo, que suponía la adaptación del marxismo al Tercer Mundo) o Antonio Gramsci (que subrayó el papel de la ideología en una sociedad civil para la construcción de una hegemonía política), se sumaron a las distintas interpretaciones que en el siglo XX se hicieron del pensamiento de Marx.

Leninismo

Leninismo, doctrina e ideología política basada en la interpretación que del marxismo hizo Lenin. Esta concepción resalta el papel prioritario que debe tener el partido revolucionario en la toma y consolidación del poder comunista. Los miembros del partido serían revolucionarios profesionales y conscientes de su posición, organizados sobre la base del 'centralismo democrático', cuya tarea consistiría en inculcar la conciencia, disciplina, organización y teoría marxista a la clase trabajadora para ofrecer un "análisis concreto de la situación concreta". Sin un partido centralizado, el proletariado no superaría los límites de la "lucha económica", con éxitos minimalistas (aumentos de sueldo a través de huelgas, por ejemplo). Tras la toma del poder, el partido establecería la dictadura del proletariado, que gobernaría el Estado hasta que se completara la transición final al socialismo.

Tras el triunfo de la Revolución Rusa y después de la fundación de la III Internacional (Internacional Comunista o Komintern), estos principios organizativos fueron adoptados por todos los partidos comunistas internacionales. El canon leninista fue asimilado por el marxismo, dando lugar al nacimiento del marxismo-leninismo, y reinterpretado de formas diversas y opuestas por, entre otros, Antonio Gramsci, Iósiv Stalin, Liev Trotski y Mao Zedong. Surgieron así nuevas ideologías (estalinismo, trotskismo y maoísmo) distintas ya de la ortodoxia marxista (o marxista-leninista).

El leninismo también aportó una teoría del imperialismo, desarrollada originariamente por Lenin en 1916, que pretendía explicar las causas de la I Guerra Mundial. Esta hipótesis sostenía que el resultado de la tendencia a largo plazo a la caída de la tasa de beneficio llevó al capitalismo a implantar un "capitalismo de monopolios", cuya característica más importante era la integración del capital financiero e industrial. Por consiguiente, esta **nueva fase imperialista** del capitalismo motivó la adquisición de colonias, la división del mundo entre las grandes potencias europeas y los consiguientes conflictos acaecidos entre ellas que condujeron a la guerra.

5- LA REVOLUCIÓN MARGINALISTA

La década de 1870 supuso una ruptura radical con la economía política anterior; esta ruptura se denominó la revolución marginalista, promulgada por tres economistas: el inglés William Stanley Jevons; el austriaco Anton Menger; y el francés Léon Walras. Su gran aportación consistió en sustituir la teoría del valor trabajo por la teoría del valor basado en la utilidad marginal. A largo plazo, se ha demostrado que el concepto de unidad marginal, o última unidad, es mucho más importante que el concepto de utilidad.

Esta aportación de la noción de marginalidad fue la que marcó la ruptura entre la teoría clásica y la economía moderna. Los economistas políticos clásicos consideraban que el problema económico principal consistía en predecir los efectos que los cambios en la cantidad de capital y trabajo tendrían sobre la tasa de crecimiento de la producción nacional. Sin embargo, el planteamiento marginalista se centraba en conocer las condiciones que determinan la asignación de recursos (capital y trabajo) entre distintas actividades, con el fin de lograr resultados óptimos, es decir, maximizar la utilidad o satisfacción de los consumidores.

Durante las tres últimas décadas del siglo XIX los marginalistas ingleses, austriacos y franceses, fueron alejándose los unos de los otros, creando tres nuevas escuelas de pensamiento. La escuela austriaca se centró en el análisis de la importancia del concepto de utilidad como determinante del valor de los bienes, atacando el pensamiento de los economistas clásicos, que para ellos, estaba desfasado. Un destacado economista austriaco de la segunda generación, Eugen von Böhm-Bawerk, aplicó las nuevas ideas para determinar los tipos de interés, con lo que marcó para siempre la teoría del capital. La escuela inglesa, liderada por Alfred Marshall, intentaba conciliar las nuevas ideas con la obra de los economistas clásicos. Según Marshall, los autores clásicos se habían concentrado en analizar la oferta; la teoría de la utilidad marginal se centraba más en la demanda, pero los precios se determinan por la interacción de la oferta y la demanda, igual que las tijeras cortan gracias a sus dos hojas. Marshall, buscando la utilidad práctica, aplicó su análisis del equilibrio parcial a determinados mercados e industrias. Walras, el principal marginalista francés, profundizó en este análisis estudiando el sistema económico en términos matemáticos. Para cada producto existe una función de demanda que muestra las cantidades de productos que reclaman los consumidores en función de los distintos precios posibles de ese bien, de los demás bienes, de los ingresos de los consumidores y de sus gustos. Cada producto tiene, además, una función de oferta que muestra la cantidad de productos que los fabricantes están dispuestos a ofrecer en función de los costos de producción, de los precios de los servicios productivos y del nivel de conocimientos tecnológicos. En el mercado, existirá un punto de equilibrio para cada producto, parecido al equilibrio de fuerzas de la mecánica clásica. No es difícil analizar las condiciones de equilibrio que se deben cumplir, que dependen, en parte, de que exista también equilibrio en los demás mercados. En una economía con infinitos mercados el equilibrio general requiere la determinación simultánea de los equilibrios parciales que se producen en uno. Los intentos de Walras por describir en términos generales el funcionamiento de la economía llevó al historiador del pensamiento económico Joseph Schumpeter, a describir la obra de Walras como la 'Carta Magna' de la economía. La economía walrasiana es bastante abstracta, pero proporciona un marco de análisis adecuado para crear una teoría global del sistema económico.

6- ECONOMÍA NEOCLÁSICA

Los años transcurridos entre la publicación de los **Principios de Economía** (1890) de Marshall y el crac de 1929, pueden considerarse como años de reconciliación, consolidación y refinamiento de la ciencia económica. Las tres escuelas nacionales de pensamiento económico fueron acercándose poco a poco hasta crear una única corriente principal de pensamiento. La teoría de la utilidad se redujo a un sistema axiomático que podía aplicarse al análisis del comportamiento del consumidor para estudiar las diversas situaciones, en función de, por ejemplo, los cambios en los ingresos o en los precios. El concepto de marginalidad aplicado al consumo permitió crear el concepto de productividad marginal al hablar de la producción, y con esta nueva idea apareció una nueva teoría de la distribución en la que los salarios, los beneficios, los intereses y las rentas dependían de la productividad marginal de cada factor de producción. El concepto de Marshall (economías y deseconomías a escala externa) fue desarrollado por uno de sus discípulos más destacados, Alfred Pigou, para distinguir entre costos privados y costos sociales, lo que sentó las bases para la formulación de la teoría del bienestar: una nueva rama dentro de la economía. De forma paralela el economista sueco Knut Wicksell y el estadounidense Irving Fisher, iban desarrollando una teoría monetaria, que explicaba cómo se determinaba el nivel general de precios, diferenciándolo de la fijación individual de cada precio. Durante la década de 1930 la creciente armonía y unidad de la economía se rompió, primero debido a la publicación simultánea de la obra de Edward Chamberlin, *Teoría de la competencia monopolística* y de la de Joan Robinson, *Economía de la competencia imperfecta* en 1933 y segundo, por la aparición, en 1936 de la *Teoría general sobre el empleo, el interés y el dinero* de John Maynard Keynes.

7-LOS INSTITUCIONALISTAS

Sin embargo, mucho antes de que aparecieran estos libros, la escuela histórica alemana y la escuela institucionalista estadounidense habían construido un fuerte muro para protegerse de los ataques de la corriente principal ortodoxa. Los economistas de la escuela histórica rechazaban la idea de crear una economía en términos abstractos que se basaba, en lo esencial, en supuestas leyes universales; consideraban que era necesario estudiar los hechos concretos en cada contexto nacional. Subrayaban la importancia del estudio de la historia económica, pero no lograron convencer a sus colegas de que su método fuera el mejor. Los institucionalistas estadounidenses son más difíciles de definir. La economía institucionalista, definida en sentido estricto, se refiere al pensamiento económico estadounidense asociado con las ideas de economistas como Thornstein Veblen, Wesley Clair Mitchell y John R. Commons. Estos autores tenían pocas cosas en común, salvo su desacuerdo con las teorías abstractas de los economistas ortodoxos, la tendencia de éstos a separarse del resto de las ciencias sociales y su preocupación por encontrar un mecanismo de ajuste automático en los mercados. No consiguieron desarrollar un cuerpo de teoría consistente que pudiera reemplazar o complementar la teoría ortodoxa. Esto puede explicar por qué el término economía institucionalista se ha convertido en poco más que un sinónimo de economía descriptiva. La esperanza en que la economía institucionalista pudiese crear una nueva ciencia social interdisciplinaria desapareció muy pronto, aunque el espíritu del institucionalismo sigue vivo en obras como *La sociedad opulenta* (1958) y *El nuevo Estado industrial* (1967) de John Kenneth Galbraith.

8- COMPETENCIA IMPERFECTA O MONOPOLISTA

Volviendo sobre las nuevas ideas que comenzaron a surgir durante la década de 1930, la teoría de la competencia imperfecta o monopolista, vemos que todavía hoy sigue siendo una teoría polémica. Los primeros economistas se habían centrado en el estudio de dos estructuras de mercado extremas, el monopolio, en el que un único vendedor controla todo el mercado de un producto y la competencia perfecta, que se caracteriza por la existencia de muchos vendedores, muchos compradores que disponen de toda la información necesaria sobre el mercado (información perfecta), y la existencia de un único producto homogéneo en cada mercado. La teoría de la competencia monopolística reconocía una amplia variedad de estructuras posibles para un mercado, estructuras intermedias a los dos extremos anteriores, entre las que se incluyen las siguientes: 1) los mercados en los que operan muchos vendedores pero cada uno vende un producto diferenciado, con un nombre de marca para distinguir sus productos, ofrece distintas garantías y diferencia sus productos con distintos empaquetados, lo que hace que cada consumidor considere que su producto es único y totalmente distinto de los demás; 2) el oligopolio, que son mercados dominados por unas pocas grandes empresas; y 3) el monopsonio, que es un mercado caracterizado por la existencia de muchos vendedores pero un único comprador que puede imponer sus condiciones sobre precios, cantidades y características del producto. La teoría llegaba a una importante conclusión: las industrias, en las que cada vendedor tiene un monopolio parcial gracias a la diferenciación del producto, tenderán a tener un número excesivo de empresas que cobrarán unos precios más altos por sus productos de los que cobrarían en una industria que operara bajo competencia perfecta. Puesto que la diferenciación de productos, y por lo tanto la publicidad, parecen predominar en casi todas las industrias de los países capitalistas industrializados, esta nueva teoría fue aclamada de forma unánime por lo que aportaba de realismo a la teoría ortodoxa de los precios. Por desgracia, no consiguió ofrecer una teoría convincente sobre el proceso de fijación de los precios en condiciones de oligopolio y en las economías más industrializadas, hay que tener en cuenta que muchas industrias operan en condiciones de oligopolio. El resultado es que la teoría moderna de precios tiene una importante laguna, y nos recuerda que la economía sigue sin poder explicar las pautas de conducta de las grandes empresas de los países industrializados.

9- LA REVOLUCIÓN KEYNESIANA

La segunda gran ruptura que se produjo en la década de 1930 se debe, sobre todo, a la obra de un economista, John Maynard Keynes, que planteaba preguntas que nunca antes habían surgido: ¿qué determina el nivel de ingresos y de empleo de toda una economía? Esta sigue siendo una cuestión relativa a la interacción de la oferta y la demanda, pero ahora la demanda se refiere a la demanda total efectiva de toda la economía, y la oferta se refiere a la capacidad productiva del país. Cuando la demanda efectiva se sitúa por debajo de la capacidad productiva habrá desempleo y se entrará en una depresión económica; cuando excede a la capacidad productiva aumentará la inflación. El punto central del keynesianismo es el análisis de los determinantes de la demanda efectiva. Si se obvia la existencia del comercio exterior, la demanda efectiva se compone de tres elementos: el gasto en consumo, el gasto en inversión y el gasto público (es decir, el del gobierno o, en términos más generales, el sector público). El nivel de cada uno de estos gastos se determina de forma independiente de los otros dos. Keynes intentó demostrar que el nivel de demanda efectiva, sumando estos tres elementos, puede ser inferior, superior o igual a la capacidad física que tiene cada país para producir bienes y servicios y, sobre todo, que no existe ninguna tendencia que iguale de forma automática esta demanda a la oferta potencial del país. Esta conclusión era fundamental por ser contraria a la economía clásica y neoclásica, ya que éstas defendían que los sistemas económicos tendían de forma instantánea al pleno empleo de los recursos. Al centrarse en el estudio de agregados macroeconómicos, como el consumo total y la inversión total, Keynes consiguió crear un modelo que podía aplicarse para solucionar numerosos problemas prácticos. Más tarde se fue mejorando el sistema keynesiano y hoy forma parte de la corriente principal de la economía. Se puede decir que Keynes es el único economista que ha creado algo nuevo en esta ciencia desde Walras o, incluso, desde Ricardo.

La economía keynesiana, tal y como la concibió Keynes, era estática, es decir, que no consideraba la variable tiempo. Pero uno de los discípulos de Keynes, Roy Harrod, desarrolló un modelo macroeconómico simple en el que se estudiaba el crecimiento de la economía; en 1948 publicó su libro *Hacia una economía dinámica,* que creó una nueva especialidad, la teoría del crecimiento, la cual ha ido ganando adeptos entre los economistas.

10- NUEVAS TEORÍAS

Durante los cincuenta años posteriores a la II Guerra Mundial la economía ha sufrido grandes cambios. Ante todo, ahora se utiliza el análisis matemático en casi todas las especialidades. Con la generalización de la economía analítica se ha sofisticado la rama empírica conocida como econometría, que combina la teoría económica, la modelización matemática y la previsión económica basada en la estadística. Las tendencias del pensamiento económico desde el final de la II Guerra Mundial se observan no en la aparición de nuevas técnicas, sino en la desaparición de las distintas escuelas, en la progresiva homogeneización del pensamiento económico en todo el mundo y en la transformación de la ciencia económica desde el exclusivo ejercicio académico hacia una disciplina operativa, cuyo propósito es resolver problemas prácticos.

En retrospectiva, este consenso dentro de la profesión alcanzó la cima en la década de 1970. Desde entonces, se respira un ambiente de incertidumbre en la ciencia económica. Los economistas han perdido la confianza en su propia ciencia, primero por la aparición de la estanflación (existencia simultánea de estancamiento económico e inflación), que contradice las conclusiones de la economía keynesiana, y segundo, por la proliferación de escuelas de pensamiento tan divergentes como la economía radical, la economía evolucionista, la economía austriaca, la economía poskeynesiana, la economía del comportamiento, el monetarismo, la nueva macroeconomía clásica, la economía neokeynesiana, la economía de los costos transaccionales y el nuevo institucionalismo; todas ellas, inmersas en lo que se denomina la corriente principal de la economía. La historia de esta disciplina durante los 25 últimos años será muy difícil de contar, mucho más de lo que ya resulta la economía del periodo de entreguerras, o la economía inmediatamente posterior al último conflicto bélico mundial.

La Economía como Ciencia

1- INTRODUCCIÓN

Economía, ciencia social que estudia los procesos de producción, distribución, comercialización y consumo de bienes y servicios. Los economistas estudian cómo alcanzan en este campo sus objetivos los individuos, los distintos colectivos, las empresas de negocios y los gobiernos. Otras ciencias ayudan a avanzar en este estudio; la psicología y la ética intentan explicar cómo se determinan los objetivos, la historia registra el cambio de objetivos en el tiempo y la sociología interpreta el comportamiento humano en un contexto social.

El estudio de la economía puede dividirse en dos grandes campos. La teoría de los precios, o microeconomía, que explica cómo la interacción de la oferta y la demanda en mercados competitivos determinan los precios de cada bien, el nivel de salarios, el margen de beneficios y las variaciones de las rentas. La microeconomía parte del supuesto de comportamiento racional. Los ciudadanos gastarán su renta intentando obtener la máxima satisfacción posible o, como dicen los analistas económicos, tratarán de maximizar su utilidad. Por su parte, los empresarios intentarán obtener el máximo beneficio posible.

El segundo campo, el de la macroeconomía, comprende los problemas relativos al nivel de empleo y al índice de ingresos o renta de un país. El estudio de la macroeconomía surgió con la publicación de *La teoría general sobre el empleo, el interés y el dinero* (1936), del economista británico John Maynard Keynes. Sus conclusiones sobre las fases de expansión y depresión económica se centran en la demanda total, o agregada, de bienes y servicios por parte de consumidores, inversores y gobiernos. Según Keynes, una demanda agregada insuficiente generará desempleo; la solución estaría en incrementar la inversión de las empresas o del gasto público, aunque para ello sea necesario tener un déficit presupuestario.

2- HISTORIA DEL PENSAMIENTO ECONÓMICO

Las cuestiones económicas han preocupado a muchos intelectuales a lo largo de los siglos. En la antigua Grecia, Aristóteles y Platón disertaron sobre los problemas relativos a la riqueza, la propiedad y el comercio. Durante la edad media predominaron las ideas de la Iglesia, se impuso el Derecho canónico, que condenaba la usura (el cobro de intereses abusivos a cambio de efectivo) y consideraba que el comercio era una actividad inferior a la agricultura.

La economía, como ciencia moderna independiente de la filosofía y de la política, data de la publicación de la obra ***Investigación sobre la naturaleza y causas de la riqueza de las naciones*** (más conocida por el título abreviado de *La riqueza de las naciones*, 1776), del filósofo y economista escocés Adam Smith. El mercantilismo y las especulaciones de los fisiócratas precedieron a la economía clásica de Smith y sus seguidores del siglo XIX.

2.1 Mercantilismo

El desarrollo de los modernos nacionalismos a lo largo del siglo XVI desvió la atención de los pensadores de la época hacia cómo incrementar la riqueza y el poder de los estados nacionales. La política económica que imperaba en aquella época, el mercantilismo, fomentaba el autoabastecimiento de las naciones. Esta doctrina económica imperó en Inglaterra y en el resto de Europa occidental desde el siglo XVI hasta el siglo XVIII.

Los mercantilistas consideraban que la riqueza de una nación dependía de la cantidad de oro y plata que tuviese. Aparte de las minas de oro y plata descubiertas por España en el continente americano, una nación sólo podía aumentar sus reservas de estos metales preciosos vendiendo más productos a otros países de los que compraba. El conseguir una balanza de pagos con saldo positivo implicaba que los demás países tenían que pagar la diferencia con oro y plata.

Los mercantilistas daban por sentado que su país estaría siempre en guerra con otros, o preparándose para la próxima contienda. Si tenían oro y plata, los dirigentes podrían pagar a mercenarios para combatir, como hizo el rey Jorge III de Inglaterra durante la guerra de la Independencia estadounidense. En caso de necesidad, el monarca también podría comprar armas, uniformes y comida para los soldados.

Esta preocupación mercantilista por acumular metales preciosos también afectaba a la política interna. Era imprescindible que los salarios fueran bajos y que la población creciese. Una población numerosa y mal pagada produciría muchos bienes a un precio lo suficiente bajo como para poder venderlos en el exterior. Se obligaba a la gente a trabajar jornadas largas, y se consideraba un despilfarro el consumo de té, ginebra, lazos, volantes o tejidos de seda. De esta filosofía también se deducía que era positivo para la economía de un país el trabajo infantil. Un autor mercantilista tenía un plan para los niños de los pobres: "cuando estos niños tienen cuatro años, hay que llevarlos al asilo para pobres de la región, donde se les enseñará a leer durante dos horas al día, y se les tendrá trabajando el resto del día en las tareas que mejor se ajusten a su edad, fuerza y capacidad".

2.2 Fisiocracia

Esta doctrina económica estuvo en boga en Francia durante la segunda mitad del siglo XVIII y surgió como una reacción ante las políticas restrictivas del mercantilismo. El fundador de la escuela, François Quesnay, era médico de cabecera en la corte del rey Luis XV. Su libro más conocido, *Tableau Économique* (*Cuadro económico*, 1758), intentaba establecer los flujos de ingresos en una economía, anticipándose a la contabilidad nacional, creada en el siglo XX. Según los fisiócratas, toda la riqueza era generada por la agricultura; gracias al comercio, esta riqueza pasaba de los agricultores al resto de la sociedad. Los fisiócratas eran partidarios del libre comercio y del *laissez-faire* (doctrina que defiende que los gobiernos no deben intervenir en la economía). También sostenían que los ingresos del Estado tenían que provenir de un único impuesto que debía gravar a los propietarios de la tierra, que eran considerados como la clase improductiva. Adam Smith conoció a los principales fisiócratas y escribió sobre sus doctrinas, casi siempre de forma positiva.

2.3 Escuela clásica

Como cuerpo teórico coherente, la escuela clásica de pensamiento económico parte de los escritos de Smith, continúa con la obra de los economistas británicos Thomas Robert Malthus y David Ricardo, y culmina con la síntesis de John Stuart Mill, discípulo de

Ricardo. Aunque fueron frecuentes las divergencias entre los economistas desde la publicación de *La riqueza de las naciones* (1776) de Smith hasta la de *Principios de economía política* (1848) de Mill, los economistas pertenecientes a esta escuela coincidían en los conceptos principales. Todos defendían la propiedad privada, los mercados y creían, como decía Mill, que "sólo a través del principio de la competencia tiene la economía política una pretensión de ser ciencia". Compartían la desconfianza de Smith hacia los gobiernos, y su fe ciega en el poder del egoísmo y su famosa "mano invisible", que hacía posible que el bienestar social se alcanzara mediante la búsqueda individual del interés personal. Los clásicos tomaron de Ricardo el concepto de rendimientos decrecientes, que afirma que a medida que se aumenta la fuerza de trabajo y el capital que se utiliza para labrar la tierra, disminuyen los rendimientos o, como decía Ricardo, "superada cierta etapa, no muy avanzada, el progreso de la agricultura disminuye de una forma paulatina".

El alcance de la ciencia económica se amplió de manera considerable cuando Smith subrayó el papel del consumo sobre el de la producción. Smith confiaba en que era posible aumentar el nivel general de vida del conjunto de la comunidad. Defendía que era esencial permitir que los individuos intentaran alcanzar su propio bienestar como medio para aumentar la prosperidad de toda la sociedad.

En el lado opuesto, Malthus, en su conocido e influyente *Ensayo sobre el principio de la población* (1798), planteaba la nota pesimista de la escuela clásica, al afirmar que las esperanzas de mayor prosperidad se escollarían contra la roca de un excesivo crecimiento de la población. Según Malthus, los alimentos sólo aumentaban adecuándose a una progresión aritmética (2-4-6-8-10, etc.), mientras que la población se duplicaba cada generación (2-4-8-16-32, etc.), salvo que esta tendencia se controlara, o por la naturaleza o por la propia prudencia de la especie. Malthus sostenía que el control natural era "positivo": "El poder de la población es tan superior al poder de la tierra para permitir la subsistencia del hombre, que la muerte prematura tiene que frenar hasta cierto punto el crecimiento del ser humano". Este procedimiento de frenar el crecimiento eran las guerras, las epidemias, la peste, las plagas, los vicios humanos y las hambrunas, que se combinaban para controlar el volumen de la población mundial y limitarlo a la oferta de alimentos.

La única forma de escapar a este imperativo de la humanidad y de los horrores de un control positivo de la naturaleza, era la limitación voluntaria del crecimiento de la población, no mediante un control de natalidad, contrario a las convicciones religiosas de Malthus, sino retrasando la edad nupcial, reduciendo así el volumen de las familias. Las doctrinas pesimistas de este autor clásico dieron a la economía el sobrenombre de "ciencia lúgubre".

Los *Principios de economía política* de Mill constituyeron el centro de esta ciencia hasta finales del siglo XIX. Aunque Mill aceptaba las teorías de sus predecesores clásicos, confiaba más en la posibilidad de educar a la clase obrera para que limitase su reproducción de lo que lo hacían Ricardo y Malthus. Además, Mill era un reformista que quería gravar con fuerza las herencias, e incluso permitir que el gobierno asumiera un mayor protagonismo a la hora de proteger a los niños y a los trabajadores. Fue muy crítico con las prácticas que desarrollaban las empresas y favorecía la gestión cooperativa de las fábricas por parte de los trabajadores. Mill representó un puente entre la economía clásica del *laissez-faire* y el Estado de bienestar.

Acerca de los mercados, los economistas clásicos aceptaban la "ley de Say", formulada por el economista francés Jean Baptiste Say. Esta ley sostiene que el riesgo de un desempleo masivo en una economía competitiva es despreciable, porque la oferta crea su propia demanda, limitada por la cantidad de mano de obra y los recursos naturales disponibles para producir. Cada aumento de la producción aumenta los salarios y los demás ingresos que se necesitan para poder comprar esa cantidad adicional producida.

2.4 Marxismo

La oposición a la escuela clásica provino de los primeros autores socialistas, como el filósofo social francés Claude Henri de Rouvroy conde de Saint-Simon, y el utópico británico Robert Owen. Sin embargo, fue Karl Marx el autor de las teorías económicas socialistas más importantes, manifiestas en su principal trabajo, *El capital* (3 vols., 1867-1894).

Para la perspectiva clásica del capitalismo, el marxismo representó una seria recusación, aunque no dejaba de ser, en algunos aspectos, una variante de la temática clásica. Por ejemplo, Marx adoptó la teoría del valor trabajo de Ricardo. Con algunas matizaciones, Ricardo explicó que los precios eran la consecuencia de la cantidad de trabajo que se necesitaba para producir un bien. Ricardo formuló esta teoría del valor para facilitar el análisis, de forma que se pudiera entender la diversidad de precios. Para Marx, la teoría del valor trabajo representaba la clave del modo de proceder del capitalismo, la causa de todos los abusos y de toda la explotación generada por un sistema injusto.

Exiliado de Alemania, Marx pasó muchos años en Londres, donde vivió gracias a la ayuda de su amigo y colaborador Friedrich Engels, y a los ingresos derivados de sus ocasionales contribuciones en la prensa. Desarrolló su extensa teoría en la biblioteca del Museo Británico. Los estudios históricos y los análisis económicos de Marx convencieron a Engels de que los beneficios y los demás ingresos procedentes de una explotación sin escrúpulos de las propiedades y las rentas son el resultado del fraude y el poder que ejercen los fuertes sobre los débiles. Sobre esta crítica se alza la crítica económica que desemboca en la certificación histórica de la lucha de clases.

La "acumulación primitiva" en la historia económica de Inglaterra fue posible gracias a la delimitación y al cercamiento de las tierras. Durante los siglos XVII y XVIII los terratenientes utilizaron su poder en el Parlamento para quitar a los agricultores los derechos que por tradición tenían sobre las tierras comunales. Al privatizar estas tierras, empujaron a sus víctimas a las ciudades y a las fábricas.

Sin tierras ni herramientas, los hombres, las mujeres y los niños tenían que trabajar para conseguir un salario. Así, el principal conflicto, según Marx, se producía entre la denominada clase capitalista, que detentaba la propiedad de los medios de producción (fábricas y máquinas) y la clase trabajadora o proletariado, que no tenía nada, salvo sus propias manos. La explotación, eje de la doctrina de Karl Marx, se mide por la capacidad de los capitalistas para pagar sólo salarios de subsistencia a sus empleados, obteniendo de su trabajo un beneficio (o plusvalía), que era la diferencia entre los salarios pagados y los precios de venta de los bienes en los mercados.

Aunque en el *Manifiesto Comunista* (1848) Marx y Engels pagaban un pequeño tributo a los logros materiales del capitalismo, estaban convencidos que estos logros eran transitorios y que las contradicciones inherentes al capitalismo y al proceso de lucha de clases terminarían por destruirlo, al igual que en el pasado había ocurrido con el extinto feudalismo medieval.

A este respecto, los escritos de Marx se alejan de la tradición de la economía clásica inglesa, siguiendo la metafísica del filósofo alemán Georg Wilhelm Friedrich Hegel, el cual consideraba que la historia de la humanidad y de la filosofía era una progresión dialéctica: tesis, antítesis y síntesis. Por ejemplo, una tesis puede ser un conjunto de acuerdos económicos, como el feudalismo o el capitalismo. Su contrapuesto, o antítesis, sería, por ejemplo, el socialismo, como sistema contrario al capitalismo. La confrontación de la tesis y la antítesis daría paso a una evolución, que sería la síntesis, en este caso, el comunismo que permite combinar la tecnología capitalista con la propiedad pública de las fábricas y las granjas.

A largo plazo, Marx creía que el sistema capitalista desaparecería debido a que su tendencia a acumular la riqueza en unas pocas manos provocaría crecientes crisis debidas al exceso de oferta y a un progresivo aumento del desempleo. Para Marx, la contradicción entre los adelantos tecnológicos, y el consiguiente aumento de la eficacia productiva y la reducción del poder adquisitivo que impediría adquirir las cantidades adicionales de productos, sería la causa del hundimiento del capitalismo.

Según Marx, las crisis del capitalismo se reflejarían en un desplome de los beneficios, una mayor conflictividad entre trabajadores y empresarios e importantes depresiones económicas. El resultado de esta lucha de clases culminaría en la revolución y en el avance hacia, en primer lugar, el socialismo, para al fin avanzar hacia la implantación gradual del comunismo. En una primera etapa todavía sería necesario tener un Estado que eliminara la resistencia de los capitalistas. Cada trabajador sería remunerado en función de su aportación a la sociedad. Cuando se implantara el comunismo, el Estado, cuyo objetivo principal consiste en oprimir a las clases sociales, desaparecería, y cada individuo percibiría, en ese porvenir utópico, en razón de sus necesidades.

2.5 Escuela neoclásica

La economía clásica partía del principio de escasez, como lo muestra la ley de rendimientos decrecientes y la doctrina malthusiana sobre la población. A partir de la década de 1870, los economistas neoclásicos como William Stanley Jevons en Gran Bretaña, Léon Walras en Francia, y Karl Menger en Austria, imprimieron un giro a la economía, abandonaron las limitaciones de la oferta para centrarse en la interpretación de las preferencias de los consumidores en términos psicológicos. Al fijarse en el estudio de la utilidad o satisfacción obtenida con la última unidad, o unidad marginal, consumida, los neoclásicos explicaban la formación de los precios, no en función de la cantidad de trabajo necesaria para producir los bienes, como en las teorías de Ricardo y de Marx, sino en función de la intensidad de la preferencia de los consumidores en obtener una unidad adicional de un determinado producto.

El economista británico Alfred Marshall, en su obra maestra, *Principios de Economía* (1890), explicaba la demanda a partir del principio de utilidad marginal, y la oferta a partir del costo marginal (costo de producir la última unidad). En los mercados competitivos, las preferencias de los consumidores hacia los bienes más baratos y la de los productores hacia los más caros, se ajustarían para alcanzar un nivel de equilibrio. Ese precio de equilibrio sería aquel que hiciera coincidir la cantidad que los compradores quieren comprar con la que los productores desean vender.

Este equilibrio también se alcanzaría en los mercados de dinero y de trabajo. En los mercados financieros, los tipos de interés equilibrarían la cantidad de dinero que desean prestar los ahorradores y la cantidad de dinero que desean pedir prestado los inversores. Los prestatarios quieren utilizar los préstamos que reciben para invertir en actividades que les permitan obtener beneficios superiores a los tipos de interés que tienen que pagar por los préstamos. Por su parte, los ahorradores cobran un precio a cambio de ceder su dinero y posponer la percepción de la utilidad que obtendrán al gastarlo. En el mercado de trabajo se alcanza asimismo un equilibrio. En los mercados de trabajo competitivos, los salarios pagados representan, por lo menos, el valor que el empresario otorga a la producción obtenida durante las horas trabajadas, que tiene que ser igual a la compensación que desea recibir el trabajador a cambio del cansancio y el tedio laboral.

La doctrina neoclásica es, de forma implícita, conservadora. Los defensores de esta doctrina prefieren que operen los mercados competitivos a que haya una intervención pública. Al menos hasta la Gran Depresión de la década de 1930, se defendía que la mejor política era la que reflejaba el pensamiento de Adam Smith: bajos impuestos, ahorro en el gasto público y presupuestos equilibrados. A los neoclásicos no les preocupa la causa de la riqueza, explican que la desigual distribución de ésta y de los ingresos se debe en gran medida a los distintos grados de inteligencia, talento, energía y ambición de las personas. Por lo tanto, el éxito de cada individuo depende de sus características individuales, y no de que se beneficien de ventajas excepcionales o sean víctimas de una incapacidad especial. En las sociedades capitalistas, la economía clásica es la doctrina predominante a la hora de explicar la formación de los precios y el origen de los ingresos.

2.6 Economía keynesiana

La teoría general sobre el empleo, el interés y el dinero

La teoría general sobre el empleo, el interés y el dinero, principal obra del economista británico John Maynard Keynes, publicada en Londres en 1936 bajo el título *The general theory of employment, interest and money,* que supuso el nacimiento del keynesianismo como doctrina económica.

Cuando todavía se dejaban sentir los efectos de la crisis económica mundial reconocida bajo el nombre de Gran Depresión y cuyo primer detonante fue el crac de 1929 de la bolsa de Nueva York, las teorías económicas neoclásicas, hasta entonces vigentes, fueron puestas en duda por Keynes. La "mano invisible" en que Adam Smith (en *La riqueza de las naciones*, 1776) y demás teóricos clásicos confiaron, como reguladora de los posibles desajustes surgidos en el mercado entre oferta y demanda, fue más que revisada por el autor en este escrito. Profundamente convencido de que la propia esencia del capitalismo es tender a la creación de desequilibrios, especialmente durante las crisis sobrevenidas por superproducción y reducción del consumo, arguyó como necesaria la intervención de gobiernos y estados para recuperar el equilibrio. Debía ser la iniciativa pública la que, mediante la aplicación de programas económicos, permitiera la recuperación económica en tiempos de recesión, toda vez que no se puede esperar que aquélla se produzca por reajustes económicos automáticos, que consideraba inexistentes. Keynes afirmó en su *Teoría general* que el ahorro no invertido prolonga el estancamiento económico y que la inversión empresarial requiere la creación de nuevos mercados, nuevas tecnologías u otras variables independientes del tipo de interés o del ahorro. Debido a que la inversión empresarial no es siempre constante, y menos en una crisis cíclica de la economía, la estabilidad de los ingresos y las deseables situaciones de pleno o alto nivel de empleo, no garantizadas como se pensaba hasta entonces por la reducción temporal de los salarios, tendrían que ser procuradas por el aumento del gasto público o la reducción de las cargas impositivas, actuaciones que deberían actuar como agentes compensadores de inversiones privadas insuficientes, siempre que se produjeran éstas. Keynes, además, analizó la interrelación existente entre todos los elementos económicos (producción, consumo, inversión, salario, moneda, empleo, interés) y afirmó que cualquier alteración en alguno de ellos repercute en los demás, proponiendo las medidas de política económica que habrían de ser adoptadas en cada caso por los gobiernos.

John Maynard Keynes fue alumno de Alfred Marshall y defensor de la economía neoclásica hasta la década de 1930. La Gran Depresión sorprendió a economistas y políticos por igual. Los economistas siguieron defendiendo, a pesar de la experiencia contraria, que el tiempo y la naturaleza restaurarían el crecimiento económico si los gobiernos se abstenían de intervenir en el proceso económico. Por desgracia, los antiguos remedios no funcionaron. En Estados Unidos, la victoria en las elecciones presidenciales de Franklin D. Roosevelt (1932) sobre Herbert Hoover marcó el final político de las doctrinas del *laissez-faire.*

Se necesitaban nuevas políticas y nuevas explicaciones, que fue lo que en ese momento proporcionó Keynes. En su ya citada *Teoría general* (1936), aparecía un axioma central que puede resumirse en dos grandes afirmaciones: (1) las teorías existentes sobre el desempleo no tenían ningún sentido; ni un nivel de precios elevado ni unos salarios altos podían explicar la persistente depresión económica y el desempleo generalizado; (2) por el contrario, se proponía una explicación alternativa a estos fenómenos que giraba en torno a lo que se denominaba demanda agregada, es decir, el gasto total de los consumidores, los inversores y las instituciones públicas. Cuando la demanda agregada es insuficiente, decía Keynes, las ventas disminuyen y se pierden puestos de trabajo; cuando la demanda agregada es alta y crece, la economía prospera.

A partir de estas dos afirmaciones genéricas, surgió una poderosa teoría que permitía explicar el comportamiento económico. Esta interpretación constituye la base de la macroeconomía contemporánea. Puesto que la cantidad de bienes que puede adquirir un consumidor está limitada por los ingresos que éste percibe, los consumidores no pueden ser responsables de los altibajos del ciclo económico. Por lo tanto, las fuerzas motoras de la economía son los inversores (los empresarios) y los gobiernos. Durante una recesión, y también durante una depresión económica, hay que fomentar la inversión privada o, en su defecto, aumentar el gasto público. Si lo que se produce es una ligera contracción, hay que facilitar la concesión de créditos y reducir los tipos de interés (substrato fundamental de la política monetaria), para estimular la inversión privada y restablecer la demanda agregada, aumentándola de forma que se pueda alcanzar el pleno empleo. Si la contracción de la economía es grande, habrá que incurrir en déficit presupuestarios, invirtiendo en obras públicas o concediendo subvenciones a fondo perdido a los colectivos más perjudicados.

2.7 Economía analítica

Tanto la teoría neoclásica de los precios como la teoría keynesiana de los ingresos han sido desarrolladas de forma analítica por matemáticos, utilizando técnicas de cálculo, álgebra lineal y otras sofisticadas técnicas de análisis cuantitativo. En la especialidad denominada econometría se une la ciencia económica con la matemática y la estadística. Los económetras crean modelos que vinculan cientos, a veces miles de ecuaciones, para intentar explicar el comportamiento agregado de una economía. Los modelos econométricos son utilizados por empresas y gobiernos como herramientas de predicción, aunque su grado de precisión no es ni mayor ni menor que cualquier otra técnica de previsión del futuro.

El análisis operativo y el análisis *input-output* son dos especialidades en las que cooperan los expertos en análisis económico y los matemáticos. El análisis operativo subraya la necesidad de plantear los problemas de una manera sistemática. Por lo general, se trata de coordinar los distintos departamentos y las diferentes operaciones que tienen lugar en el seno de una corporación que dirige varias fábricas, produciendo muchos bienes, por lo que hay que utilizar las instalaciones de forma que se puedan minimizar los costos y maximizar la eficiencia. Para ello se acude a ingenieros, economistas, psicólogos, estadísticos y matemáticos.

Según su propio creador, el economista estadounidense de origen ruso Wassily Leontief, las tablas *input-output* "describen el flujo de bienes y servicios entre todos los sectores industriales de una economía durante determinado periodo". Aunque la construcción de esta tabla es muy compleja, este método ha revolucionado el pensamiento económico. Hoy está muy extendido como método de análisis, tanto en los países socialistas como en los capitalistas.

3- SISTEMAS ECONÓMICOS

En toda comunidad organizada se mezclan, en mayor o menor medida, los mercados y la actividad de los gobiernos. Es más, el grado de competencia de los mercados varía, desde aquellos en los que sólo opera una empresa, ejerciendo un monopolio, hasta la competencia perfecta de un mercado en el que operan cientos de minoristas. Lo mismo ocurre en cuanto a la intervención pública, que abarca desde la intervención mínima al regular impuestos, crédito, contratos y subsidios, hasta el control de los salarios y los precios de los sistemas de economía planificada que imperan en los países socialistas.

Incluso en las sociedades en las que se defiende a ultranza la planificación de la economía se ha tenido que modificar la postura oficial y se hacen concesiones a la empresa privada. Por ejemplo, la Unión Soviética permitía a sus agricultores, aunque fuese a través de empresas colectivas, vender las cosechas de sus parcelas privadas. Durante la dominación comunista en Polonia, casi todas las granjas estaban en manos privadas. En Yugoslavia se permitió la gestión de las fábricas por los trabajadores bajo el mandato del mariscal Tito, que al mismo tiempo asentaba la evolución de su gobierno hacia sistemas de economía mixta, alejados de las premisas dominantes en la Unión Soviética.

En las economías de mercado también se producen este tipo de divergencias. En casi todas existe monopolio estatal sobre las líneas aéreas y los ferrocarriles. Incluso en los países en los que el Estado no tiene empresas públicas, como en Japón, su influencia sobre la actividad económica es enorme. En Estados Unidos, el más firme defensor de la economía de mercado, el gobierno ha tenido que intervenir para evitar la quiebra de empresas en crisis, como Lockheed y Chrysler; de hecho, ha convertido a los principales fabricantes de armamento en empresas públicas *de facto*. Muchos economistas estadounidenses han tenido que aceptar la existencia de una economía mixta: combinación de iniciativa privada e intervención del gobierno.

3.1 Libre empresa

Las principales diferencias entre la organización económica planificada y la capitalista radica en quién es el propietario de las fábricas, granjas y el resto de las empresas, así como en sus diferentes puntos de vista sobre la distribución de la renta o la forma de establecer los precios. En casi todos los países capitalistas, una parte importante del producto nacional bruto (PNB) la producen las empresas privadas, los agricultores e instituciones no gubernamentales como universidades y hospitales privados, cooperativas y fundaciones.

Aunque existe una fuerte oposición en los países industrializados al control de precios y a la planificación de la economía, los gobiernos han tenido que recurrir a este tipo de medidas en casos de emergencia, como durante la II Guerra Mundial. Sin embargo, en las economías de libre mercado se considera que la propiedad pública de medios de producción y la intervención pública en la fijación de precios son excepciones, que se deben evitar, a las reglas de la propiedad privada y de la fijación de precios a través de mercados competitivos.

3.2 Economía planificada

La visión totalmente opuesta a la anterior es la que prevalece en los países socialistas, donde predomina la tendencia hacia la planificación centralizada de la economía. Aunque cada vez se tolera más la existencia de empresas privadas, y a pesar de que ninguna economía planificada ha podido funcionar sin cierto grado de privatización de la agricultura, la ideología dominante favorece la planificación estatal, al menos en teoría, para fijar los precios, la propiedad pública de las fábricas, las granjas y las grandes redes de distribución, públicas.

En teoría no existe ninguna razón que impida a una sociedad democrática optar por una planificación centralizada de la producción, los precios y la distribución de la renta. Sin embargo, la experiencia demuestra que la planificación central de las economías ha ido en general acompañada del control del partido político. No obstante, existen importantes diferencias en el grado de control entre los distintos países socialistas, e incluso en un mismo país a lo largo del tiempo. Y también se puede constatar que el capitalismo a veces ha ido acompañado de regímenes políticos totalitaristas.

Los principales problemas a los que se enfrenta el capitalismo son el desempleo, la inflación y las injustas desigualdades económicas. Los problemas más graves de las economías planificadas son el subempleo o el masivo empleo encubierto, el racionamiento, la burocracia y la escasez de bienes de consumo.

3.3 Economías mixtas

En una situación intermedia entre la economía planificada y la economía de libre mercado se encuentran los países socialdemócratas o liberal socialistas. Entre ellos destacan las democracias de los países escandinavos, sobre todo Suecia. En este país la actividad económica recae en su mayor parte sobre el sector privado, pero el sector público regula esta actividad, interviniendo para proteger a los trabajadores y redistribuir la renta entre los de mayores y los de menores ingresos.

Por otra parte, Yugoslavia constituyó otro ejemplo importante de economía mixta entre la décadas de 1950 y 1980. Aunque el partido comunista institucional seguía ejerciendo un férreo control, la censura fue escasa, la emigración no estaba prohibida, existía libertad de cultos y una mezcla de propiedad pública, cooperativismo y propiedad privada, que crearon una economía bastante próspera.

4- PROBLEMAS ECONÓMICOS ACTUALES

Entre 1945 y 1973 las economías de los países industrializados de Europa occidental, Japón y Estados Unidos crecieron lo suficiente para aumentar el nivel de vida de sus ciudadanos. En algunos lugares menos industrializados también se produjo un crecimiento similar, sobre todo en los del Sureste asiático. Este crecimiento se debió a una serie de circunstancias. Tras la destrucción del tejido económico ocurrida durante la II Guerra Mundial, se produjo una expansión económica sin precedentes, gracias, entre otras, a la ayuda financiera que Estados Unidos concedió a los países de Europa occidental y a Japón. Las multinacionales estadounidenses realizaron fuertes inversiones en todo el mundo. Es probable que los factores que más contribuyeron a su desarrollo fueran los bajos precios y la abundancia de los productos energéticos (sobre todo petróleo).

4.1 Problemas energéticos

En 1973 la creciente demanda internacional de petróleo hizo que los precios se dispararan. Ese año, la Organización de Países Exportadores de Petróleo (OPEP), que controlaba la producción mundial, aprovechó su poder para elevar los precios. Las políticas llevadas a cabo por la OPEP redujeron las posibilidades de crecimiento económico tanto de los países industrializados como de los países en vías de desarrollo que no tenían reservas petrolíferas. El barril de petróleo bruto costaba en el otoño de 1973 dos dólares; a mediados de 1981 su precio se había multiplicado por 20. Para los países ricos, las importaciones de petróleo suponían una transferencia de rentas y riqueza a los países de la OPEP. Los países en vías de desarrollo importadores de petróleo tuvieron que acudir a la financiación de los grandes bancos de Europa occidental y de Estados Unidos. Asfixiados por el pago de intereses, los países menos industrializados se vieron obligados a frenar sus planes de desarrollo. Aunque la gran caída de los precios energéticos durante la segunda mitad de la década de 1980 benefició a los consumidores de los países importadores, supuso un grave quebranto para los ingresos de los países exportadores menos desarrollados, como México, Nigeria, Venezuela e Indonesia.

4.2 Inflación y recesión

Algunos de los países más desarrollados, como Japón y la República Federal de Alemania, lograron superar la crisis de las décadas de 1970 y 1980 mejor que el resto de los países. Sin embargo, todos los países desarrollados han tenido que enfrentarse al problema de una alta inflación acompañada de altas tasas de desempleo y escaso crecimiento económico. La transformación que impuso la OPEP en el mercado energético mundial agravó los problemas de inflación al elevar los precios del petróleo y, por lo tanto, aumentar el costo de la calefacción y de la producción de importantes bienes que utilizan petróleo en sus procesos de producción, entre los que hay que destacar los fertilizantes químicos, los productos plásticos, las fibras sintéticas y los productos farmacéuticos. Estos precios elevados reducían el poder adquisitivo de la misma manera que lo hubiese hecho un elevado impuesto sobre la renta. La pérdida de poder adquisitivo hizo que el volumen de ventas de bienes de consumo disminuyera, lo que provocó el despido de numerosos trabajadores y la ruina de otros tantos comerciantes, lo que produjo un efecto en cadena perjudicial para toda la economía.

4.3 El papel del gobierno

Estos problemas han fomentado el debate sobre el papel que deben desempeñar los gobiernos. Los partidos de izquierdas de Europa abogan por un mayor control y planificación. Durante la década de 1980, el Partido Conservador de la primera ministra británica, Margaret Thatcher, y el presidente estadounidense Ronald Reagan, ofrecieron una solución bien distinta. Redujeron los impuestos y la regulación por parte del gobierno, y permitieron que las empresas obtuvieran mayores beneficios para que pudiesen emprender nuevas inversiones que aumentaran la productividad y así reanimar la actividad económica. Estas políticas son ejemplo de medidas desde el lado de la oferta, eje de la doctrina que inspiró a ambos políticos.

El razonamiento implícito de esta política es que, al aumentar los estímulos a la inversión, la toma de riesgos y el aumento del trabajo, la tecnología reducirá los costos de las fuentes de energía usadas como alternativa al petróleo y los sectores no relacionados con la energía, como la informática o la agricultura moderna, lo que permitiría aumentar la tasa de crecimiento, gracias a una dinámica innovadora.

4.4 Economías en vías de desarrollo

Los países menos industrializados necesitan la ayuda de los países ricos para poder generar el capital, la tecnología y la organización necesarias para desarrollarse. Asimismo, es necesario que puedan acceder con facilidad a los mercados de los países industrializados para vender sus productos manufacturados y las materias primas que poseen. Sin embargo, la capacidad política de los países ricos para atender estas necesidades depende de que puedan solucionar sus propios problemas, como la inflación, el desempleo y el estancamiento del crecimiento. En los países democráticos, es muy difícil lograr el apoyo de la población para conceder ayuda financiera a otros países cuando el salario medio de los ciudadanos es reducido. Tampoco resulta fácil permitir la entrada de productos del exterior más baratos cuando se considera que son la causa del desempleo nacional. La economía del desarrollo está muy limitada por consideraciones de tipo político.

4.5 Previsiones ante el futuro

A principios de la década de 1990, la desaparición del bloque soviético, unida a la caída de los regímenes de la Europa del Este, subrayaron la tendencia hacia las economías de libre mercado y el alejamiento de la doctrina de planificación centralizada. En un intento por evitar el legado de ineficacia y mala gestión, los países ex socialistas tuvieron que competir con los países en vías de desarrollo para acceder a la ayuda financiera y tecnológica de Occidente.

No hay acuerdo sobre la posibilidad de sostener un crecimiento económico ininterrumpido. Los más optimistas confían en la capacidad para incrementar las cosechas agrícolas y aumentar la productividad en la industria gracias a las innovaciones tecnológicas. Los más pesimistas recuerdan la ley de los rendimientos decrecientes, la falta de control sobre el crecimiento de la población mundial, los enormes gastos en la industria militar y las reticencias de las naciones posindustrializadas para compartir su riqueza y su tecnología con los países más desfavorecidos. Aunque algunos países en vías de desarrollo han logrado elevar sus tasas de crecimiento, la inestabilidad política, la corrupción endémica y los grandes cambios de política económica hacen que las previsiones para el futuro no sean tan optimistas.

Economía centralizada

Economía centralizada, sistema económico en el que la producción y la distribución de la riqueza de un país están dirigidas, fundamentalmente, por el gobierno. Estos sistemas no tienen un grado de control por parte del Estado tan elevado como en las economías de muchos países socialistas (o de los países autoritarios), puesto que se permite que las empresas funcionen independientemente, y también está reconocida la posesión privada de propiedades y de negocios. Ejemplos de economías planificadas son la Alemania nazi, Gran Bretaña durante la II Guerra Mundial, Francia desde 1945 hasta finales de la década de 1970, y la India desde su independencia hasta el inicio de las reformas económicas a principios de la década de 1990. La nacionalización, los subsidios, las políticas de rentas y de precios, así como otras medidas encaminadas a eliminar la competencia, caracterizan las economías planificadas. Recientemente las economías planificadas han perdido adeptos. Se citan los casos de Francia y la India para ejemplificar los efectos adversos sobre la productividad y el desarrollo económico. Actualmente, los diseñadores de la política económica prefieren las economías de libre mercado.

Nueva Política Económica (NEP)

Nueva Política Económica (NEP), política de liberalización económica aplicada de forma temporal en la Unión de Repúblicas Socialistas Soviéticas (URSS) desde marzo de 1921 hasta enero de 1929, si bien en 1928 prácticamente había finalizado su aplicación. La NEP (siglas rusas de *Nóvaia Ekonomícheskaia Política*) fue adoptada para reactivar la economía, incrementar la producción de alimentos y favorecer la creación de empresas después de varios años de guerra civil, y fue concebida como una pausa dentro del proceso de construcción del socialismo en el Estado soviético.

A principios de la década de 1920 la economía soviética atravesaba una grave crisis a causa de la Guerra Civil, que había dado comienzo en 1918, y las duras medidas impuestas por el comunismo de guerra (1918-1921), la política económica que reemplazó la economía de libre mercado por una estructura económica de corte militar. El volumen de producción de 1920 representó menos de una séptima parte del nivel obtenido antes de la Revolución Rusa de 1917; además, la escasez de las cosechas de grano de 1920 y 1921 ocasionó una hambruna en la que fallecieron cerca de cinco millones de personas.

Vladímir Lenin, el máximo dirigente del gobierno soviético, introdujo en marzo de 1921 la NEP para revitalizar la economía del país mediante la liberalización del comercio y la producción agrícola e industrial. El gobierno, en lugar de requisar el excedente de producción agrícola, permitía a los campesinos vender sus productos en un mercado abierto después de pagar un impuesto proporcional a su producción neta. A los agricultores se les permitía arrendar tierras y contratar mano de obra, lo cual estuvo prohibido durante el periodo de aplicación del comunismo de guerra; se privatizaron las pequeñas y medianas empresas, mientras que el Estado seguía siendo el propietario de los llamados "intereses principales": las finanzas, el transporte, la industria pesada y el comercio exterior. El uso del dinero, que había sido sustituido por un sistema de trueque, cuotas y mandatos, se reintrodujo en 1921. La economía soviética creció rápidamente bajo la NEP y hacia 1928 la producción agrícola, la industria y el transporte habían superado los niveles del periodo prerrevolucionario.

Sin embargo, se produjeron ciertos desequilibrios económicos durante la aplicación de este sistema, por lo que el gobierno soviético decidió reinstaurar el control centralizado de la economía. El aumento de los precios de los bienes industriales llevó a los miembros del gobierno a fijar un valor máximo para los artículos no agrícolas a fin de controlar las presiones inflacionistas. El dinero pagado al productor de cereales se vio reducido a mediados de la década de 1920, por lo que los campesinos se negaron a vender su producción a la espera de que aumentara su importe. Pero los controles sobre el valor de los productos industriales y agrícolas resultaron ser ineficaces debido a la actuación de comerciantes particulares que compraban y vendían los artículos de acuerdo con la oferta y la demanda. Bajo la dirección del secretario general del Partido Comunista, Iósiv Stalin, que veía en las actividades de los campesinos y los comerciantes particulares una amenaza para el gobierno, las cuotas de producción agrícola se reimplantaron en 1929, y en 1930 el comercio privado pasó a ser un delito.

Stalin sustituyó la NEP por su propio programa económico basado en los llamados planes quinquenales. En el primero de estos proyectos (1928-1932), la planificación central sustituyó a los mecanismos de mercado y la economía soviética se vio sometida a un estricto control que perduró hasta 1991, año de la desintegración de la URSS.

Economía de libre mercado

Economía de libre mercado, modelo económico según el cual, con la excepción de determinadas actividades consideradas propias del Estado (como la defensa nacional, la promulgación de leyes o el mantenimiento del orden público), todas las actividades y transacciones económicas dependen exclusivamente de la libre iniciativa de los individuos. Una economía de libre mercado es aquella que genera un entorno en el que los individuos son libres de intentar alcanzar sus objetivos económicos en la forma que consideren más adecuada, sin la intervención del Gobierno. En este contexto económico, los individuos toman con libertad decisiones sobre su empleo, la utilización de su capital y el destino de sus recursos; por ejemplo, cómo distribuyen sus ingresos entre ahorro y consumo o cómo distribuyen su consumo entre los distintos bienes disponibles. Pero existen ciertos aspectos relativos al funcionamiento de la economía de mercado que siguen siendo polémicos.

En primer lugar, existe cierta controversia en torno a qué actividades deben dejarse en manos del Estado y cuáles pueden adjudicarse a la iniciativa privada. Así, se suele defender que, puesto que el derecho a la vida, a la libertad y a la protección ante el ataque de un conciudadano es un derecho fundamental, no debe caer en manos del mercado su protección: el derecho a la seguridad y al orden público no deberían depender de la capacidad adquisitiva del individuo. Además, hasta cierto punto los servicios de la ley y el orden constituyen un bien público 'puro', en el sentido de que si una patrulla policial ronda un barrio para evitar robos, protegerá todas las viviendas por el mismo precio, sin tener que incurrir en nuevos costos por el hecho de que se construya una nueva vivienda. No obstante, existen muchas empresas privadas de seguridad y algunos individuos incurren en elevados gastos para garantizar su protección. Un guardia de seguridad contratado por un banco no tiene por qué evitar que se asalte a una anciana en la esquina de la calle. Por lo tanto, es difícil establecer una línea divisoria entre las actividades que deben dejarse en manos del sector público y aquéllas que pueden confiarse a las fuerzas del mercado. En los últimos años se asiste a una rápida proliferación de servicios de seguridad privados —en algunos casos, pequeños ejércitos— que, en opinión de múltiples autores, podría conducir a la extinción de uno de los rasgos fundamentales del Estado-nación: el monopolio de la violencia.

De forma semejante, en muchos países se acepta que los derechos humanos —por ejemplo, el derecho a la vida y, por tanto, a una sanidad pública mínima— requieran que el Estado complemente los servicios sanitarios privados. Se pueden adoptar argumentos similares para defender la educación pública y otro tipo de servicios parecidos. En muchos países que se clasifican como economías de libre mercado el Estado asume numerosas actividades, como el transporte ferroviario, los servicios postales o las concesiones públicas. Incluso en los países donde estos servicios los desempeñan empresas del sector privado se juzga necesaria cierta reglamentación por parte del sector público para evitar que se formen monopolios naturales.

En segundo lugar, incluso cuando las actividades económicas las realizan empresas del sector privado suele existir cierta reglamentación pública. La mayor parte de esta regulación responde con frecuencia a consideraciones de tipo político y filosófico sobre la necesidad de restringir la libertad de los individuos cuando dicha libertad derive en una menor libertad de los demás, es decir, que la libertad de un individuo acaba donde empieza la de otro. Así, por ejemplo, la libertad económica está restringida por leyes que refuerzan las cláusulas de los contratos. En otras palabras, se acepta que en el contexto en el que opera una economía de libre mercado existen regulaciones legales.

Sin embargo, la regulación gubernamental suele ir más lejos, porque puede existir cierto intercambio desigual entre el ejercicio de la libertad y otros derechos fundamentales. Por ejemplo, las regulaciones que restringen la libertad de las empresas para utilizar mano de obra infantil o esclavos, o la emisión de gases tóxicos a la atmósfera o a los ríos, o la venta de productos peligrosos (violando el supuesto de que el consumidor siempre sabe lo que es mejor para él). Así, los distintos puntos de vista sobre el alcance de la intervención del Estado (en defensa, seguridad, orden público, sanidad y educación, entre otros) y el alcance de la regulación por parte del Estado del sector público implican que no existe una definición exacta de lo que es o debiera ser una economía de mercado. Pero también existen fuertes discrepancias sobre los efectos benéficos de una economía de esta índole.

La tradición política occidental establece que la mejor sociedad es aquélla en la que el individuo se responsabiliza de sus propios actos, lo que implica que debe tener la máxima libertad posible para poder tomar decisiones económicas. Supone además que la libertad económica es esencial para que exista libertad política. También se piensa que las economías de mercado son más rentables en términos económicos, pues los mercados crean incentivos para que las personas asignen sus recursos (como el trabajo y el capital) entre las distintas actividades posibles, y también incentiva a los empresarios para que produzcan los bienes y servicios que demandan los consumidores y para que utilicen las técnicas de producción más eficientes. La experiencia de las últimas décadas, sobre todo la caída del bloque socialista, ha demostrado los efectos negativos de una excesiva intervención del Estado.

Al mismo tiempo, se puede alegar en contra de las economías de mercado que la distribución de la renta que genera este sistema puede ser injusta, pues ni siquiera puede evitar la extrema pobreza. También permiten la acumulación de mucha riqueza y poder en unas pocas manos, con amenaza de la libertad política. Por ello, la existencia de economías de mercado no debe hacer olvidar valores sociales básicos y la defensa de la libertad política.

Economía política

Economía política, primer término utilizado para referirse a la economía, utilizado por primera vez en el siglo XVIII, por Adam Smith, David Ricardo, John Stuart Mill y otros padres de la economía. El término resalta el contexto histórico de la formación de los primeros estados-nación de Europa, en el que esta disciplina era considerada como una rama de la política. Adam Smith consideraba que la economía política era el estudio de "la naturaleza y causas de la riqueza de las naciones" mientras que los mercantilistas, coetáneos de Adam Smith y, en menor medida, las teorías de los fisiócratas franceses tenían una clara tendencia política según la cual consideraban que el Estado tenía que enriquecerse para su mayor prestigio y capacidad bélica. El término fue reemplazado por el de "economía" en el siglo XX, coincidiendo con la difusión de la disciplina como ciencia social y con su emancipación del pensamiento político.

El capital

El capital (en alemán, *Das Kapital*), principal obra teórica de Karl Marx, que pasó a formar parte del doctrinario marxista en sus argumentaciones de tipo económico y que marcó un hito en la historia de la economía.

El proceso de redacción y edición de *El capital* fue complejo. Marx comenzó a escribir esta obra en 1862. Su primera intención fue desarrollar un profundo análisis explicativo de los conceptos de capital y capitalismo. Con ello, continuaba un proyecto que ya había iniciado en *Contribución a la crítica de la economía política* (1859) y *Fundamentos de la crítica de la economía política* (1859). Salvo la primera parte (*El desarrollo de la producción capitalista*), publicada en 1867 en Hamburgo, el resto de la obra fue editada tras la muerte de su autor. Ello se debió a que Marx continuó la redacción de *El capital*, en forma de apuntes y anotaciones, hasta 1883. Fue su colaborador Friedrich Engels quien, a partir de aquellos borradores, pudo publicar de forma póstuma la segunda parte (*El proceso de circulación del capital*, 1885), así como la tercera (*El proceso de conjunto de la producción capitalista*, 1894). Más tarde, el político alemán Karl Kautsky publicaría *Teorías sobre la plusvalía* (4 vols., 1905-1910), a partir de manuscritos de Marx que estaban llamados a conformar la cuarta parte de la obra.

En *El capital*, Marx pretendió analizar los orígenes del capitalismo, su más recóndita esencia y los resortes y mecanismos económicos y sociales que generaba y reproducía históricamente. Trataba así de justificar y proporcionar argumentos para la revolución, concepto que ya había desarrollado y defendido en su obra *Manifiesto Comunista* (1848). Para ello, fundamentó su estudio en la búsqueda de las intrínsecas contradicciones del modo de producción capitalista, las cuales encontró a la luz de los conceptos de mercancía, valor, fuerza de trabajo, salario y plusvalía. Llegó a la conclusión de que los trabajadores, cuya única forma de subsistencia era la venta de su fuerza de trabajo, generaban en la producción de cada mercancía un aumento del valor de ésta, no incluido en el precio pagado por su trabajo. En ese incremento de valor que el proletariado añadía a las mercancías producidas con su trabajo se hallaba el fundamento de los cada vez mayores beneficios de la clase capitalista.

Economía política internacional

1- INTRODUCCIÓN

Economía política internacional, disciplina científica que analiza la interacción de la política en la economía entre los Estados del mundo. La más importante de estas interacciones está relacionada con el comercio internacional. Los estudiosos de la economía política internacional examinan también las relaciones financieras, la política regional y la cooperación económica, la política medioambiental, los modelos de inversión de las multinacionales, la ayuda extranjera y las relaciones entre las regiones ricas y pobres del mundo.

Los aspectos militares dominaron el estudio de las relaciones internacionales después de finalizar la II Guerra Mundial en 1945. En las siguientes décadas, la atención se centró en la Guerra fría entre Estados Unidos y la Unión Soviética. Sin embargo, desde 1991, los políticos y especialistas han dedicado una mayor atención a la importancia de la economía política internacional en el estudio de las relaciones internacionales. Los analistas estudian cómo las políticas gubernamentales afectan a las tendencias económicas y por qué los Estados adoptan determinadas políticas económicas. También intentan comprender los fundamentos de la cooperación económica global o regional.

2- TENDENCIAS EN ECONOMÍA POLÍTICA INTERNACIONAL

Desde el final de la II Guerra Mundial, el volumen de las transacciones económicas internacionales ha ascendido de forma constante. Al mismo tiempo, distintas regiones de todo el mundo han experimentado modelos inadecuados de crecimiento económico. Además, han surgido nuevas instituciones internacionales para coordinar esfuerzos y resolver las disputas que han acompañado a esas transformaciones de la economía global.

2.1 Comercio internacional

Desde la década de 1990 el comercio internacional ha crecido hasta ocupar casi el 20% de la producción total de bienes y servicios del mundo. Este volumen comercial equivale a casi cinco veces el gasto militar mundial.

Se han desarrollado asimismo nuevas instituciones para promover y dirigir el comercio mundial. De 1948 a 1995 se negociaron una serie de tratados a través del Acuerdo General sobre Aranceles y Comercio (GATT), que gradualmente redujo los aranceles para la mayoría de productos manufacturados. En 1995 el GATT se convirtió en la Organización Mundial del Comercio (OMC), con mayor autoridad y un mandato más amplio para promover el comercio. Con todo, la mayor actividad política relativa al comercio se concentra en los países industrializados de Norteamérica, Europa occidental y Asia oriental. En conjunto, los países de estas áreas acumulan el 75% del comercio internacional.

2.2 Flujo monetario internacional

El gran incremento en el intercambio de divisas en los mercados internacionales ha transformado igualmente la economía política global. Avanzadas tecnologías de telecomunicaciones unen ahora esos mercados en los principales centros financieros (Tokio, Hong Kong, Zurich y Nueva York). A mediados de la década de 1990, el valor de las transacciones diarias de divisas superaba ampliamente el billón de dólares. Este volumen reduce al mínimo el líquido disponible para los gobiernos nacionales, que han perdido parte de su antigua capacidad de influir en los mercados internacionales defendiendo una determinada divisa.

2.3 Integración internacional

El aumento de la integración internacional ha sido igualmente notable, ocurriendo sus logros más importantes en Europa. La Unión Europea (UE) dio sus primeros pasos a partir de la coordinación de las políticas del carbón y del acero en seis países que, constituidos como Comunidad Europea del Carbón y del Acero (CECA) en París en 1951, redujeron sus aranceles para permitir el libre comercio entre ellos. La UE coordina hoy prácticamente todos los aspectos de las políticas económicas de los Estados miembros, desde el comercio y la inmigración hasta la legislación laboral y la política agraria. El 1 de enero de 2002 doce países de la Unión Europea (España, Portugal, Francia, Italia, Grecia, Alemania, Austria, Holanda, Bélgica, Luxemburgo, Irlanda y Finlandia) abandonaron sus monedas nacionales para adoptar el euro. Trescientos millones de ciudadanos pasaron a formar parte de la Unión Monetaria Europea. El Mercosur (integrado por Brasil, Argentina, Uruguay y Paraguay) y el Tratado de Libre Comercio Norteamericano (formado por Canadá, Estados Unidos y México) son otros ejemplos recientes de integración internacional, en este caso puramente comercial.

2.4 Multinacionales

La naturaleza del comercio internacional se ha modificado radicalmente desde la II Guerra Mundial. Antes, las multinacionales realizaban sus operaciones en un país y sus actividades en otros se limitaban, en un principio, a la venta de productos. Ahora manufacturan productos en cualquier lugar del mundo. Ello permite a las compañías obtener ventajas de diverso tipo en cada Estado: por ejemplo, mano de obra barata, trabajadores calificados, recursos naturales o una legislación fiscal y comercial ventajosa. Las multinacionales han generado mercados globales para sus productos. Su creciente poder amenaza a los distintos gobiernos nacionales, que deben sopesar la necesidad de la inversión y el comercio extranjeros con el deseo de preservar su soberanía y cultura nacionales.

2.5 Crecimiento de las economías asiáticas

Al tiempo que la economía mundial crecía en las décadas de 1980 y 1990, el centro de la actividad económica se trasladaba de Europa y Norteamérica a Asia. Desde su reciente industrialización, Corea del Sur, Hong Kong y Singapur han registrado un crecimiento económico y una prosperidad extraordinarias, utilizando estrategias basadas en el aumento del comercio exterior y de sus exportaciones. China logró una media de crecimiento anual del 10% entre finales de la década de 1980 y principios de la de 1990, utilizando un modelo de desarrollo económico parecido, que ha prolongado en el tiempo y que le coloca como gran candidata a potencia económica mundial en el presente siglo. En cambio, la mayor parte de África ha mantenido una tendencia negativa en sus niveles de vida. El cambio económico global ha alterado también el equilibrio del poder político.

3- EL ESTUDIO DE LA ECONOMÍA POLÍTICA INTERNACIONAL

La economía política internacional se convirtió rápidamente en una disciplina académica en la década de 1980.

3.1 Liberalismo y mercantilismo

Quienes abogan por políticas liberales en economía internacional apoyan la libertad comercial y de mercado, y se oponen a la legislación o a la intervención reguladora por parte de los gobiernos. El compromiso con el libre mercado es la base de la "ventaja comparativa", idea desarrollada por los economistas británicos Adam Smith y David Ricardo a finales del siglo XVIII y principios del siglo XIX. De acuerdo con la teoría de la ventaja comparativa, un país determinado puede producir y exportar determinados bienes y servicios mejor que otro, debido a que posee los recursos naturales y la calificación laboral que se necesita para la producción de esos bienes y servicios. Los Estados se especializarían en la producción de bienes y servicios en los que tienen una ventaja comparativa, utilizando los beneficios obtenidos para importar otros bienes y servicios que precisen. Los liberales argumentan que tales prácticas maximizan la creación de riqueza global y hacen crecer el patrimonio de cada país, aunque no necesariamente la igualdad.

Las políticas mercantilistas, por el contrario, favorecen un mayor control político sobre los mercados y los intercambios. En concreto, abogan por el uso de políticas proteccionistas que incluyan aranceles, subsidios y otras medidas que protejan a las compañías nacionales frente a sus competidoras extranjeras. Los mercantilistas reclaman políticas comerciales, monetarias y de intercambios como base para el fortalecimiento de la posición de fuerza de un país respecto a los otros. En los siglos XVI y XVII, por ejemplo, las monarquías controlaban las economías nacionales en Europa. En esa época, las autoridades consideraban que el excedente comercial (cuando los beneficios de las exportaciones superaban los costos de las importaciones) debía destinarse a la constitución de un fondo de oro o plata, que se podría utilizar cuando los necesitara el ejército en caso de guerra. A los mercantilistas les preocupa menos que a los liberales aumentar la riqueza global. Se centran en la fuerza tanto económica como política de sus países en relación con los rivales.

Los liberales toleran temporalmente la protección de la industria nacional en algunos casos, como cuando la industria automovilística o del acero precisa un tiempo para establecerse antes de poder competir en los mercados globales. Las políticas también se enfocan a la protección de las industrias consideradas esenciales para la seguridad nacional.

3.2 Marxismo

Las ideas de Karl Marx ofrecieron un enfoque filosófico-político completamente diferente para comprender el comportamiento y las políticas económicas. El marxismo incide en la desigualdad de la relación entre clases económicas y la vulnerabilidad de los grupos económicos más pobres para ser explotados por los grupos más ricos y poderosos. Los marxistas ven las relaciones económicas internacionales como una extensión de la lucha de clases entre ricos y pobres. El enfoque marxista ha disminuido su influencia desde finales de la década de 1980, especialmente tras la desintegración del bloque soviético y el proceso de transición al capitalismo en China. Sin embargo, las teorías marxistas aún suscitan el interés de los estudiosos, especialmente en el análisis de las relaciones entre los países ricos y pobres.

4- EL PROBLEMA DE LOS BIENES COLECTIVOS

Los especialistas que estudian cómo cooperan los países a pesar de la falta de un gobierno central a escala mundial dedican una atención especial al denominado "problema de los bienes colectivos". Un bien colectivo es cualquier beneficio del que disfruta un grupo, sin importar en qué medida haya contribuido cada uno de los miembros que lo componen. Cada individuo se enfrenta a la tentación de contribuir en menor medida que los demás al mantenimiento de ese bien colectivo. No obstante, si muchos miembros dejan de cumplir con su responsabilidad, el bien dejará de existir. Por ejemplo, los bancos de pesca de los océanos son un bien colectivo. Cada país se beneficia de ellos, pero si todos los países pescan demasiado, las reservas mundiales decrecerán. En el ámbito de las políticas económicas nacionales, los gobiernos solucionan el problema de los bienes colectivos mediante leyes, como la obligación de pagar impuestos.

El problema de los bienes colectivos afecta prácticamente a todos los ámbitos de los que se ocupa la economía política internacional. En las relaciones comerciales, cada país aprovecha su habilidad para exportar sus productos a otros mercados nacionales, pero puede salir beneficiado si eleva sus aranceles para restringir las importaciones. En el intercambio mundial de divisas, a todos los países les beneficia que exista un tipo de cambio estable, lo que facilita los negocios y el comercio, pero le puede convenir devaluar unilateralmente su propia divisa para rectificar un déficit comercial. Las soluciones a los problemas relacionados con los bienes colectivos en la economía política internacional suelen incluir la formulación de acuerdos y creación de instituciones internacionales que coordinan las acciones de varios países. Los estudiosos "institucionalistas neoliberales" encuentran tales soluciones posibles, aunque imperfectas. Sin embargo, los estudiosos "realistas" son mucho más pesimistas en cuanto a la resolución de los problemas de los bienes colectivos, porque ven a los países más interesados en su propio beneficio y muy motivados por el deseo de aumentar su poder respecto a otros Estados.

5- FUTURO DE LA ECONOMÍA POLÍTICA INTERNACIONAL

En la década de 1990 el liberalismo ha prevalecido sobre el mercantilismo y el marxismo en los debates académicos y políticos relativos a la economía política internacional. La expansión global del comercio internacional, los negocios y el intercambio de divisas ha sustentado en gran parte el argumento liberal sobre los beneficios que supone el libre comercio y los mercados abiertos. Pese a los problemas de los bienes colectivos y otros obstáculos para la cooperación internacional, los gobiernos nacionales y las organizaciones internacionales han encontrado formas eficaces de cooperación.

La economía política internacional se enfrenta a un buen número de retos en las próximas décadas. Aunque la integración regional entre las distintas economías nacionales avanza, ha emergido también un potencial divisor del mundo en tres bloques comerciales rivales: Europa, América y Asia. La cada vez mayor interdependencia entre países ricos y pobres se ha convertido en una rémora mundial, generando un creciente aislacionismo en Estados Unidos, xenofobia contra los inmigrantes en Europa y violentos movimientos islámicos antioccidentales en Oriente Próximo y el norte de África. La estabilidad de la economía global interdependiente se ha visto afectada también por la profunda crisis económica de la antigua Unión Soviética, el deterioro social y económico de África y las oscilaciones de las principales economías latinoamericanas. Por último, debe citarse también la creciente resistencia planetaria a la globalización capitalista. Su expresión más notoria, las multitudinarias manifestaciones que rodean a cualquier reunión de los grandes organismos internacionales, son ya un factor influyente para los líderes del mundo.

Principios de Economía Política y Tributación

Principios de Economía Política y Tributación, principal obra escrita por el economista británico David Ricardo, publicada en 1817 bajo el título *Principles of Political Economy and Taxation.*

Pese a su estructuración, más próxima a la compilación de trabajos o ensayos que a la exposición analítica de una doctrina general, en *Principios* está recogido todo el original pensamiento económico de su autor, especialmente en lo referido a su teoría del valor trabajo y de la distribución de la renta y la riqueza. Respecto a la primera (que posteriormente influiría en Karl Marx), Ricardo concluyó que el concepto de valor está determinado por el trabajo, en tanto que argumentaba que los salarios dependen del precio de los alimentos, éstos de los costos precisados para su producción, los cuales, a su vez, dependen de la cantidad de trabajo necesaria para la producción de los alimentos. Por otra parte, la teoría de la renta expuesta por Ricardo en esta obra se fundamenta en el principio de la productividad de la tierra, a la que otorgaba un papel prioritario en todo sistema económico. Afirmaba que la renta era la parte del producto de la tierra que cada propietario obtiene por la cesión del suelo, elemento caracterizado por su productividad. Como el precio de mercado de los productos viene determinado por el de las unidades cuyos costos de producción hayan sido mayores (los producidos en terrenos menos fértiles), los propietarios de los suelos más productivos verán incrementados sus beneficios en una proporción mayor que aquéllos cuyas tierras, debido al aumento demográfico, tengan que ser explotadas pese a su inferior rentabilidad.

Economías de escala

Economías de escala, ventajas del proceso productivo que permiten reducir el costo medio de la producción a medida que aumenta el producto total. Las economías de escala son las que permiten la producción en serie. Por ejemplo, cuando se imprime un libro, hay que afrontar unos altos costos fijos para comprar la imprenta, pero cuando ésta funciona a pleno rendimiento, el costo de imprimir cada libro es más o menos el mismo. Así pues, si una imprenta cuesta 10.000 dólares, y la impresión de cada libro cuesta 10 dólares, el costo unitario de cada libro será de 20 dólares si se imprimen 1.000 libros, de 15 dólares si se imprimen 2.000 libros, y de 11 dólares se imprimen 10.000 libros. Estos principios también se pueden aplicar a la producción de automóviles: el costo de producir 1.000 automóviles es diez veces menor que el costo de fabricar 100. Para poder aplicar estas economías de escala suele ser necesario realizar una importante inversión inicial; por ejemplo, para aumentar la producción total y reducir los costos unitarios de producción, las empresas fabricantes de automóviles tienen que invertir grandes cantidades de dinero para renovar o modernizar sus cadenas de montaje adquiriendo sofisticados robots. No obstante, las economías de escala tienen límites.

Las economías de escala pueden ser constantes, crecientes o decrecientes. Son constantes cuando la reducción de costos por unidad adicional producida es proporcional y constante, independientemente de la cantidad producida. Son decrecientes cuando las reducciones de costos son cada vez menores según crece la producción. Son crecientes aquellas que permiten siempre mayores ahorros conforme mayor sea el volumen de producción. Estas últimas son infrecuentes, pero pueden darse.

Además de este tipo de economías de escala, denominadas internas, existen economías de escala externas, que a veces se conocen como externalidades positivas. Este tipo de externalidades se producen cuando se crea un nuevo bien o servicio que favorece la venta de otro. Por ejemplo, cuando se crea una revista comercial que ofrece servicios de publicidad gratuita a las empresas, o la publicidad se lleva a cabo por medio de la difusión de artículos sobre ellas.

Economía del desarrollo

1- INTRODUCCIÓN

Economía del desarrollo, rama de la ciencia económica que trata de los procesos de desarrollo. ¿Qué etapas atraviesa una economía desde las formas más simples de organización y producción hasta las complejas organizaciones productivas de los países industrializados modernos? Esta es la pregunta que trata de contestar la economía del desarrollo. En las sociedades primitivas las personas vivían en pequeñas comunidades que se autoabastecían recolectando lo que les ofrecía la naturaleza: alimentos, pieles, leña, etc., hasta que se agotaban los recursos y la comunidad se desplazaba a otro lugar. Uno de los primeros adelantos tecnológicos fue el que permitió la transición de la vida nómada a las sociedades agrícolas sedentarias, que constituyen la base de las sociedades actuales.

Los economistas distinguen entre dos conceptos: *crecimiento,* que permite obtener mayores beneficios utilizando los mismos procesos productivos, y *desarrollo,* que consiste en un crecimiento a partir de un cambio tecnológico y estructural. Por lo común, las primeras etapas que atraviesa una economía se caracterizan por el predominio de la agricultura; más tarde la economía se desarrolla, al adquirir mayor importancia los sectores industriales y de servicios. Entre estos últimos se incluyen la administración, la defensa, los transportes, las finanzas, los seguros, la banca y todas aquellas tareas que no implican la fabricación de bienes, es decir, las desempeñadas por abogados, contables o auditores, profesores o peluqueros.

Una de las etapas más importantes en el desarrollo de las economías es aquella en la que aparecen los mercados y el dinero. Las personas siempre han tenido que alimentarse, pero cuando para ello acuden a un restaurante y pagan para que otra persona les prepare los alimentos, aparece el sector de la hostelería, que pasa a formar parte de lo que se denomina producto interior bruto (PIB). Para que haya desarrollo es imprescindible que la economía se especialice y aparezca la división del trabajo: a medida que las personas van desempeñando funciones más específicas y aumenta el nivel de producción, aumenta a su vez la producción per cápita, o lo que es lo mismo, la productividad de la mano de obra, es decir, del trabajo. Este cambio organizativo es una parte tan importante del progreso tecnológico como la invención de una máquina o un descubrimiento científico.

Otra clave fundamental cuando se habla de desarrollo es la relativa a la pobreza. La economía de un país poco desarrollado suele definirse como pobre: puede crecer y crear riqueza y, sin embargo, dejar a grandes capas de la población sumidas en la miseria. Durante la segunda mitad del siglo XX se empezó a tener conciencia de las dificultades que atraviesan la mayoría de los países en vías de desarrollo, muchos de los cuales fueron antiguas colonias de los países industrializados. Por ello, el término 'economía del desarrollo' ha pasado a ser sinónimo del estudio de las soluciones que podrían aplicarse para erradicar la pobreza en estos países. De igual forma, los historiadores económicos han analizado los procesos de desarrollo de los países industrializados y coinciden en que éstos también fueron en algún momento 'subdesarrollados'. La mayor parte de la historia económica versa, pues, sobre la historia del desarrollo económico.

2- ACUMULACIÓN E INDUSTRIALIZACIÓN

Existen muchas y muy diversas teorías sobre el crecimiento y el desarrollo. Las más básicas subrayan la importancia de los procesos de acumulación de los principales factores de producción: el trabajo y el capital. El otro gran factor productivo, la tierra, es el punto de partida de toda actividad económica. El capital se acumula mediante el ahorro. La teoría parte de la idea de que cuanto más capital per cápita exista, más podrá producir cada persona. Una persona puede excavar con las manos, pero excavará más con un pico y una pala, y mucho más si utiliza una excavadora. Es evidente que no se trata sólo de tener capital, sino de la clase de capital que se utilice y de la efectividad con la que se aplique; por tanto, lo más importante es la tecnología. Las teorías actuales también se interesan por el concepto de capital humano: el capital, además de lo que se invierte en maquinaria e infraestructuras, es también lo que se invierte en las personas; la educación y la buena salud de la población inciden de forma positiva sobre la productividad del trabajo.

Las teorías sobre la acumulación están muy relacionadas con las de la industrialización. Para los expertos en desarrollo, y sobre todo para los intelectuales de países en vías de desarrollo, la industrialización es casi un sinónimo de desarrollo económico. Durante las décadas de 1960 y 1970, cuando los países del Tercer Mundo estaban superando la etapa colonialista y adquiriendo su independencia política, los países industrializados tenían una enorme ventaja: su superioridad económica. Eran los colonizadores, y habían utilizado su poder para frenar el crecimiento de los países del Tercer Mundo, relegándolos a la producción de bienes primarios, obligándolos a producir las materias primas que demandaba el mundo industrial e impidiendo que se convirtieran en economías industriales. El debate sobre el desarrollo contrapone puntos de vista más o menos radicales, que subrayan las dificultades a las que se enfrentan los países menos industrializados del mundo, a otras visiones más ortodoxas que resaltan la importancia del potencial que tiene cada país, aunque necesite la ayuda de los países industrializados.

3- MARXISMO

Karl Marx no estudió directamente el desarrollo, pero sin duda influyó sobre el pensamiento relativo a él. Marx sostenía que el capitalismo fomentaría el desarrollo al romper con los 'modos de producción' precapitalistas que según él predominaban en las colonias. Esta era una de las partes de su teoría por etapas, según la cual las economías progresarían inevitablemente desde el capitalismo, pasando por el socialismo, hasta el comunismo. Las ideas de Marx respecto a las relaciones entre clases sociales y sobre conceptos como explotación o plusvalía, así como la importancia que confería a la acumulación de capital, claves todas ellas de la economía marxista, influyeron aún más sobre las teorías del desarrollo.

4- TEORÍAS DE LA DEPENDENCIA

Existen otra serie de teorías, menos marxistas pero no menos radicales, conocidas como teorías de la dependencia. Están muy difundidas en Latinoamérica, aunque también cuentan con defensores en otros países. Las teorías de la dependencia afirman que los mercados favorecen a los países industrializados, que siguen comprando materias primas baratas a los países en vías de desarrollo. Aquellos poseen la tecnología que estos necesitan; y también el suficiente poder económico para permitir la entrada de bienes procedentes de estos países sólo cuando les conviene. Este planteamiento fortaleció la creencia del Tercer Mundo en las virtudes del desarrollo autóctono. Los países menos industrializados sólo podrían crecer si se protegían de las exportaciones del mundo industrializado mediante barreras arancelarias. Las inversiones realizadas por las empresas multinacionales terminarían perjudicando a estos países, por lo que se desconfiaba de ellas: puesto que los mercados no eran capaces de fomentar un crecimiento equilibrado ni un cambio estructural, los gobiernos debían intervenir más en la planificación para promover el crecimiento económico, lo que implicaba que las empresas del sector público realizaban aquellas inversiones que el sector privado no arriesgaba. Para algunos economistas, la ayuda exterior de los países industrializados era incluso contraproducente: se trataba de un instrumento neocolonialista que intentaba consolidar el predominio de los países industrializados.

5- TEORÍAS 'ORTODOXAS'

El punto de vista de la mayoría de los economistas occidentales es bastante opuesto al anterior; según estos, los mercados impulsan el desarrollo, y las políticas de intervención pública de los países menos desarrollados resultan, a la postre, un mal remedio. De hecho, los intentos por mantener bajos los precios agrícolas, y por forzar el ahorro de los agricultores para obtener plusvalías, impiden el crecimiento del sector agrícola. Y el estudio de la historia económica demuestra que este crecimiento es crucial para una futura industrialización. Aunque es posible que los mercados generen el tipo de desarrollo al que aspiran estos países, sus gobiernos no tienen la capacidad de gestionar las actividades económicas que emprenden. La inversión extranjera fomenta el desarrollo y permite transferir conocimientos tecnológicos. La ayuda exterior proporciona el ahorro suplementario y las divisas que los países pobres no pueden obtener por sus propios medios.

6- ASPECTOS INTERNACIONALES DEL DESARROLLO

La radicalización de las posturas políticas hizo que la cuestión del desarrollo se convirtiera en una batalla más de la Guerra fría. Existía una pugna entre el bloque occidental y el soviético para lograr aliarse con los países del Tercer Mundo, de la que formó parte la retórica sobre si el capitalismo era explotador o beneficioso. Sin embargo, muchos países del Tercer Mundo no querían entrar en esta pugna, por lo que se unieron y crearon la Organización de Países No Alineados, que tuvo un gran protagonismo durante la década de 1970. Estos países exigían la creación de un Nuevo Orden Económico Internacional, en el que se corrigieran las injustas relaciones económicas que denunciaban los países en vías de desarrollo. En el transcurso del periodo en que los países exportadores de petróleo crearon el cártel de la OPEP —que se identificaban con el Tercer Mundo— alcanzaron un poder considerable, se llegó a pensar que por fin los países menos desarrollados se encontraban en igualdad de condiciones para lograr sus objetivos.

Pero los precios del petróleo cayeron; los consiguientes cambios en los mercados financieros dieron lugar al problema de la deuda externa, que debilitó y dividió a los países menos desarrollados. A finales de la década de 1970 los nuevos líderes de los países más industrializados de Occidente —Ronald Reagan, Margaret Thatcher, Helmut Kohl— aplicaron políticas conservadoras que hicieron desaparecer del mapa político internacional el tipo de cooperación económica internacional implícita en el Nuevo Orden Económico.

7- TEORÍA Y REALIDAD

Si se observa la realidad económica de los países menos desarrollados, se constata una amplia variedad de situaciones. En el lado más positivo se sitúan los países del Sureste asiático, algunos países exportadores de petróleo de Oriente Próximo y unos cuantos países latinoamericanos. En el lado opuesto se sitúan los grandes países de Asia meridional —Bangladesh, Pakistán y, en menor medida, la India— y la mayoría del África subsahariana. ¿A qué se deben estas diferencias? Desde luego, no a su situación geográfica: Corea del Sur, uno de los países más prósperos en la actualidad, era considerado un caso perdido en el año 1950. Argentina tenía en la década de 1930 un nivel de vida parecido al de Australia y una estructura económica también similar. Sin embargo, Australia es hoy un país mucho más próspero que Argentina. Muchos países africanos han experimentado retrocesos en sus niveles de desarrollo durante las décadas de 1980 y 1990, y en este momento están peor situados que en el pasado. El crecimiento de la población de estos países, a diferencia del resto del mundo, sigue siendo muy dinámico. Ninguna de las grandes teorías del desarrollo puede explicar esta amplia variedad de situaciones, aunque todas ellas aportan valiosas sugerencias.

El éxito de las economías del Sureste asiático ha influido mucho en las teorías del desarrollo desde la década de 1970. Estos países no compartían el pesimismo del Tercer Mundo sobre la exportación. A pesar de las protecciones arancelarias de los países industrializados, lograron ganar cuotas de mercado de bienes industriales, se especializaron en productos y mercados de alta tecnología y lograron con ello un rápido crecimiento económico, primero para los 'cuatro dragones' —Hong Kong, Corea, Singapur y Taiwan—; y luego para otros países de la zona: entre ellos, Indonesia, Malaysia y Tailandia. Era evidente que la dependencia no había impedido su desarrollo. De todos modos este crecimiento se realizó gracias al atraso de las condiciones laborales y salariales, que diferían en gran medida de las de países como Argentina o Brasil, donde la clase trabajadora industrial y del sector servicios goza de mayor calidad de vida.

En lugar de lograr un rápido crecimiento, los países cuyos gobiernos intervenían de forma decisiva en la economía impusieron grandes barreras al comercio internacional: partían de modelos de desarrollo autárquico y a finales de la década de 1980 presentaban un cuadro económico poco envidiable. La recesión mundial sacó a la luz sus puntos flacos: déficit presupuestarios y de balanza de pagos insostenibles, altas tasas de inflación, problemas de deuda externa y escaso o nulo crecimiento económico. Todo ello hacía evidente la necesidad de cambiar de políticas. El hecho de que las economías socialistas estuviesen abandonando sus sistemas de economía planificada y aplicando reformas orientadas a restablecer los mecanismos de mercado también influyó en ese cambio de actitud.

Empezó a surgir un consenso mundial en torno a la previsión de que las fuerzas del mercado ayudarían a acelerar los procesos de desarrollo en las economías menos industrializadas, aunque sigue sin haber acuerdo respecto al grado de intervención que deben asumir los gobiernos en este proceso. Durante la década de 1980 y principios de la de 1990, países tan distintos como China, India, Brasil o Tanzania impusieron reformas orientadas al restablecimiento del libre mercado. La experiencia de los países del Sureste asiático era considerada, por algunos, como el triunfo de las economías de mercado; pero para otros no era más que la demostración de que las ventajas de los mercados se podían combinar con una intervención gubernamental efectiva.

En Latinoamérica durante la década de 1990 se registraron tasas de crecimiento significativas, pero inferiores a las conseguidas antes de 1980. El aumento de la demanda mundial y los bajos tipos de interés favorecieron la prosperidad económica en esta zona, permitiendo reducir los niveles de inflación y los déficit de los gobiernos. Todavía persisten, con todo, graves problemas sin resolver: la desigualdad en el reparto de la riqueza, así como la inestabilidad financiera y monetaria de algunos países han puesto en entredicho este crecimiento. La crisis de México en 1994, la brasileña de 1999 y, poco después, la de Argentina han puesto de relieve problemas financieros importantes. Latinoamérica sigue teniendo una enorme dependencia del exterior, y del dinero que le aportan organismos como el Fondo Monetario Internacional o el Banco Mundial, para crecer. Dinero que en su mayor parte se destina a pagar los desorbitados intereses de la deuda que estos países contrajeron en la década de 1980.

En el caso del África subsahariana, el fracaso del desarrollo es motivo de preocupación entre los expertos. La experiencia nos ha enseñado mucho sobre los procesos de desarrollo, pero sin una intervención pública eficaz, sin unas políticas de desarrollo bien diseñadas y -en ausencia de mano de obra sana, calificada y con un adecuado nivel de educación- todo este aprendizaje no servirá de nada: la principal lección que tiene que extraer la economía del desarrollo es que hay que otorgar mayor importancia al factor humano y al desarrollo político.

Economía mixta

Economía mixta, sistema económico de mercado en el que participan tanto el sector privado como el sector público. Desde la caída del bloque socialista en la Europa del Este y en la antigua Unión Soviética, y el apoyo a la empresa privada en países como China y Vietnam, puede decirse que no existe ningún país que no participe de un régimen de economía mixta. Pero puede afirmarse también que incluso cuando el comunismo estaba en pleno apogeo había cierta actividad privada en estos países.

En los últimos años muchos gobiernos están intentando reequilibrar la actividad de ambos sectores reduciendo el tamaño del sector público mediante la privatización de empresas controladas por el Estado (o al menos una parte de la misma). De los diversos temas relacionados con las privatizaciones el más importante es el relativo al tamaño que debe tener el sector público en la actividad económica. En general, es más fácil convencer a la opinión pública de que una empresa química o unas líneas aéreas se gestionan de forma más eficiente en el sector privado que convencer a la población de que es mejor privatizar el transporte ferroviario, los servicios de correos o las empresas suministradoras de agua o electricidad. Por supuesto, se puede recurrir a una gestión o administración conjunta estableciendo controles sobre las empresas privatizadas o concediendo subvenciones o subsidios estatales para asegurar que se garantizan los servicios de interés público (por ejemplo, el mantenimiento de servicios de correos en zonas rurales remotas). Pero esta gestión mixta no es sencilla. Por ejemplo, puede ser incompatible proteger los intereses de los consumidores y conseguir dinero para invertir en la empresa. Además, si se conceden subvenciones es posible que muchas se sientan atraídas a ejercer presión sobre el Gobierno para que declare su empresa como de interés público y les sean concedidas más ayudas. A veces los subsidios reducen los incentivos para mejorar la eficiencia, por lo tanto algunos directores de empresas privatizadas deciden presionar para que les sean concedidas cada vez más subvenciones.

Otro de los factores importantes relacionados con las privatizaciones es conocer a quién se debe vender la empresa y cuál debe ser su precio.

Economía mundial

1- INTRODUCCIÓN

Economía mundial, conjunto de actividades económicas que se llevan a cabo en todo el mundo. Hoy en día, la forma de ganar dinero en un país, de obtener ingresos y gastarlos o ahorrarlos para obtener riqueza, depende de cómo se gane dinero, se gaste y se ahorre en el resto de los países. Estos vínculos internacionales han existido desde hace mucho tiempo pero, debido al cambio de naturaleza de estos vínculos, a su intensificación y ampliación, la economía mundial actual es muy distinta a la economía internacional del pasado.

En el feudalismo un granjero podía sentirse parte íntegra de una economía local muy delimitada y distinta de la del pueblo de al lado, porque casi todo lo que consumía y lo que utilizaba se había fabricado en su pueblo, y pagaba la renta a un terrateniente local; era una economía de carácter local, aunque se comerciara con otros pueblos e incluso con otros países; durante el siglo XIX el desarrollo del capitalismo, de los nuevos Estados nacionales como Alemania e Italia y de los nuevos conceptos de identidad nacional, como en Japón durante la etapa Meiji, hicieron que predominara la economía nacional sobre la mundial. Una de las ideas que más caracterizaban este dominio era que la situación económica de los ciudadanos de un país quedaba reflejada en las actividades que se desarrollaban en él, y eran las importaciones y exportaciones las que mostraban la fortaleza o debilidad de un país. El predominio de la economía nacional tuvo su máxima vigencia en el periodo transcurrido entre 1945 y mediados de la década de 1970, debido a los principios del keynesianismo, que impulsaron a los gobiernos a intentar alcanzar objetivos económicos precisos, como la búsqueda del pleno empleo de los recursos mediante medidas de política económica. Pero para alcanzar estos objetivos debían tener en cuenta el contexto internacional e instituciones económicas como el Fondo Monetario Internacional (FMI), que intentaba fortalecer la capacidad de cada país para alcanzar sus propios objetivos económicos. La idea de economía nacional sigue existiendo, pero en la actualidad la economía de cada país (y de cada provincia, región, ciudad o pueblo del país) se enmarca en el contexto de la economía mundial, donde las condiciones económicas existentes en una región afectan a las de otras, predominando la idea de economía global sobre la de economía local.

Por lo tanto, cuando se habla de economía mundial no sólo se está hablando de los vínculos internacionales, que han existido desde el nacimiento del comercio, sino que se afirma que la producción, el consumo, la inversión, las finanzas y cualquier otra actividad económica se organizan a escala mundial, por lo que las condiciones mundiales determinan las condiciones locales. Esto implica que las instituciones nacionales tienen mucho menos poder para influir sobre su propia actividad económica. Los gobiernos tienen un limitado margen de maniobra para variar el nivel de empleo o cambiar el saldo de la balanza de pagos por medio de su política fiscal o su política monetaria. Tienen que cooperar con otros gobiernos o, en el caso de los países con economías débiles, ajustarse al entorno económico mundial con las condiciones impuestas por las instituciones internacionales, concretamente el Fondo Monetario Internacional y el Banco Internacional para la Reconstrucción y el Desarrollo (BIRD). Las empresas nacionales han sido sustituidas por grandes multinacionales. Los sistemas bancarios nacionales han quedado subordinados a las empresas financieras internacionales que operan en los distintos mercados de valores del mundo.

En la economía mundial moderna, las relaciones entre personas, regiones y países no son ni accidentales ni pasivas, sino que son mecanismos de integración activos que intensifican y cambian la vida económica internacional. Existen tres importantes mecanismos que integran la economía mundial: el comercio, la producción y las finanzas.

2- COMERCIO

El comercio internacional se mide con las exportaciones e importaciones de bienes y servicios. Al crecimiento de la producción y la renta mundial se ha unido un crecimiento del comercio internacional desde principios del siglo XIX, por lo que se considera que el comercio internacional es un motor de crecimiento económico, ya sea como causa de este crecimiento o como factor favorecedor del mismo. La relación entre comercio y crecimiento se descubre al analizar los modernos ciclos económicos. En todo el mundo capitalista la producción y la renta cayeron de forma drástica durante la Gran Depresión de la década de 1930, al igual que el volumen de bienes comercializados a escala internacional. En los últimos decenios, desde finales de la II Guerra Mundial en el año 1945, se ha producido un rápido crecimiento económico, con el consiguiente aumento del comercio internacional en todo el mundo. De hecho, el comercio ha crecido a tasas más altas que la producción, sobre todo desde 1983, por lo que el porcentaje de bienes y servicios exportados por cada país ha experimentado un aumento paulatino.

Uno de los aspectos básicos del comercio internacional es que los países se especializan en producir determinados bienes y servicios, exportan aquellos en los que están especializados e importan los demás de otros países. Pero hay que matizar este afirmación cuando se analiza a fondo el complejo comercio internacional. La explicación clásica del comercio internacional se basa en la teoría de la ventaja comparativa, que afirma que los países se especializarán en aquellos bienes y servicios en los que tengan mayores ventajas en costos, es decir, que puedan producirlos con costos relativamente menores que en los demás países. En la primera formulación de esta teoría, realizada por David Ricardo, las diferencias en los costos relativos que existen en cada país para producir determinados bienes se deben a que cada país dispone de tecnologías distintas. En el siglo XX existe una explicación diferente de la ventaja comparativa. Ahora se dice que ésta se debe a las distintas dotaciones de trabajo y capital (factores de producción). Un país que tenga mucha mano de obra pero poco capital, como la mayoría de los países en vías de desarrollo, se especializará en productos que necesiten mucha mano de obra o, en términos económicos, intensivos en trabajo, mientras que los países que tengan una menor dotación de factor trabajo en relación con la cantidad de capital disponible, como los Estados Unidos, se especializarán en bienes intensivos en capital. Las dos versiones de la teoría de la ventaja comparativa defienden que, en general, todos los países mejorarán si se especializan y comercian con otros países. Aunque las dos versiones explican por qué existe el comercio internacional, son demasiado simples para aclarar la compleja evidencia empírica existente.

Uno de los problemas que no puede esclarecer ninguna teoría de la ventaja comparativa es por qué gran parte del crecimiento del comercio internacional desde 1945 se ha producido entre países que tienen dotaciones de capital y trabajo parecidas y disponen de las mismas tecnologías. Por ejemplo, el crecimiento del comercio entre los países de

Europa occidental ha sido enorme. En 1980 las dos terceras partes de las importaciones de las economías de mercado desarrolladas provenían de otros países industrializados; en 1992 el porcentaje era del 75 por ciento. Esta tendencia se consolida con la cristalización del mercado único europeo, entre otros factores.

Un problema relacionado con el anterior es que un gran porcentaje del comercio internacional es comercio intra-industrial. Los países no se especializan en productos distintos que intercambian gracias al comercio, sino que producen bienes muy parecidos, que sólo se diferencian en la marca, y se los intercambian. Un país puede importar una marca de coches del país vecino cuando, a su vez, está exportando su propia marca de coches a ese mismo país. La teoría de la ventaja comparativa basada en las distintas dotaciones de recursos o en distintas tecnologías no puede explicar estos fenómenos. Sin embargo, desde la década de 1970 se han desarrollado nuevas teorías sobre el comercio internacional que explican estos intercambios por la existencia de economías de escala y por el comportamiento competitivo de las grandes corporaciones monopolísticas; la competencia imperfecta, que destaca el papel de la diferenciación de productos en una industria.

Si hay algo por lo que destaca el comercio internacional es por su dinamismo. Aunque el crecimiento de este tipo de comercio ha creado una nueva economía mundial, los patrones de comercio y los bienes intercambiados se han modificado mucho a lo largo del tiempo. En la década de 1970 se produjo un cambio importante en la cantidad de bienes manufacturados provenientes de los países del Sureste asiático: Japón y los nuevos países industrializados de Asia. Las exportaciones de esa región representaban ya en 1992 el 13% del comercio mundial, lo que significa que casi duplicaron su participación desde 1980. Los denominados 'cuatro dragones', Taiwan, Corea del Sur, Singapur y Hong Kong, además de China y los 'nuevos dragones' como Tailandia, Malaysia y Vietnam, constituyen lo que se considera va a ser el futuro centro del poder económico mundial, a pesar de la crisis sobrevenida en 1997. Estos nuevos países industrializados demuestran que lo que se entendía por países menos industrializados, del Tercer Mundo o del Sur ya no depende tanto de las exportaciones de productos básicos o primarios, sino que cada vez más exportan bienes manufacturados o industriales.

El dinamismo del comercio es un elemento esencial del crecimiento económico; la teoría del crecimiento formulada en la década de 1980 subraya el papel de este cambio industrial sobre el comercio, y muestra que los efectos de este cambio se multiplican gracias al comercio internacional. Pero puesto que este crecimiento y este comercio implican cambios en la estructura económica, habrá quien gane y quien pierda; incluso aceptando que existen ganancias netas a largo plazo derivadas del comercio, los procesos de ajuste pueden ser muy duros y perjudicar a algunos países, regiones, empresas o personas. Por ejemplo, se puede demostrar empíricamente que el crecimiento de las exportaciones de bienes manufacturados por parte de los países del sur ha supuesto una especialización de estos países en la producción de bienes manufacturados que requieren una mano de obra poco calificada, y que los países del norte se han especializado en productos que requieren la utilización de mano de obra altamente calificada, lo que ha producido una caída relativa de los salarios que cobran los trabajadores poco calificados en el norte. El abandono de las viejas industrias en el norte, debido a la creciente competencia ejercida por los nuevos países industrializados del sur, puede ser beneficioso para todos a largo plazo, pero a corto plazo puede crear desempleo o reducir los salarios de los trabajadores de estas industrias en el norte. De igual forma, no todos los países del sur se han visto beneficiados por la mayor integración de la economía mundial; a medida que se liberalizaban sus economías algunas industrias desaparecían a causa de la competencia exterior sin que se estuvieran creando nuevas industrias que compensaran esta pérdida. Además, aunque el comercio internacional permite obtener ganancias netas a largo plazo, algunos países han conseguido crecer e industrializarse protegiendo sus economías del exterior, habiendo limitado las importaciones.

La principal característica del actual comercio internacional es su multilateralidad, que contrasta con los acuerdos bilaterales entre países. Esta característica es la que confiere al comercio internacional su carácter de fenómeno global. El comercio multilateral requiere la eliminación de los acuerdos bilaterales entre países. El periodo transcurrido desde 1945 se ha caracterizado por los intentos para eliminar estos acuerdos y las restricciones comerciales. La institución clave en el proceso de creación de un librecambio multilateral a escala mundial ha sido el Acuerdo General sobre Aranceles y Comercio (GATT) que permitía que los países negociaran reducciones arancelarias y la eliminación de las barreras no arancelarias al comercio. La ronda de negociaciones iniciada en 1986, la llamada Ronda Uruguay, finalizó en 1993. Una de las decisiones que se tomaron en esta ronda de negociaciones fue la creación de una nueva institución internacional, la Organización Mundial del Comercio (OMC), encargada de vigilar el cumplimiento de los acuerdos alcanzados en materia de comercio internacional. A raíz de la firma de estos acuerdos el comercio internacional creció en 1994 un 12%, cuando alcanzó la cifra récord de cuatro billones de dólares. Más recientemente, durante el año 2000 el comercio mundial aumentó también un 12%.

3- PRODUCCIÓN

Es frecuente pensar que el comercio internacional se reduce al intercambio de bienes finales, pero lo cierto es que un porcentaje elevado de las transacciones se produce intercambiando bienes producidos en varios países y ensamblados en otro, que a su vez, exportará el bien final a otros. Este proceso refleja la globalización del proceso de producción, y se debe a la planificación de ésta por parte de las grandes corporaciones multinacionales que producen cada componente del bien final en el país con mejores condiciones para su fabricación.

Esta división de la producción empezó a tener importancia en la década de 1970, y se ha generalizado desde entonces al implantar un nuevo sistema productivo mundial que constituye la base de la economía. Su relevancia y alcance pueden entenderse mejor comparando las modernas fábricas de automóviles, que ensamblan distintos componentes fabricados en varios países, con las fábricas integrales, relacionadas con Henry Ford y el fordismo que, hasta la década de 1970, fabricaban todas las piezas del coche, desde la carrocería hasta los asientos pasando por la tapicería. Otro ejemplo relevante es el de la industria textil, reestructurada durante las últimas décadas, de forma que un proceso se realiza en un país, el siguiente en otro distinto y el vestido final se cose en un tercero. Esta división productiva ha sido un motor importante de los cambios producidos en la división internacional del trabajo, ya que la mano de obra de cada país se ha especializado en la realización de componentes y piezas de un determinado producto.

La globalización de la producción se ha conseguido gracias a la inversión en otros países (inversión extranjera directa) realizada por las multinacionales que poseen y gestionan fábricas e instalaciones productivas en varios países. Estas multinacionales (o corporaciones transnacionales) constituyen la empresa-tipo de la actual economía mundial. Como producen a escala internacional, venden productos en todo el mundo e invierten en muchos países, se puede decir que no tienen país de origen, sino que pertenecen a la economía mundial; el hecho de que su residencia fiscal esté en un país u otro es un mero formalismo.

Las empresas multinacionales propietarias de instalaciones productivas en varios países existen desde hace mucho tiempo. Durante el siglo XIX (y durante la segunda mitad del siglo XX) las inversiones extranjeras directas de las empresas europeas y estadounidenses eran muy numerosas. Sin embargo, la característica distintiva de las multinacionales a partir de la década de 1970 es precisamente la división productiva a escala internacional. En lugar de crear fábricas en otros países, las multinacionales han creado redes de fábricas especializadas en una parte del proceso de producción como subdivisiones o departamentos del proceso organizado a escala mundial. Otro cambio importante es que antes las multinacionales tenían su domicilio fiscal en Estados Unidos o en un país de Europa occidental, y ahora muchas son japonesas o coreanas; cada vez son más las domiciliadas en países poco industrializados.

4- FINANZAS

Las finanzas son con seguridad la fuerza vinculante más poderosa de la economía mundial, pero también la más volátil, ya que los flujos financieros se desplazan y varían más rápido que los bienes manufacturados o las instalaciones productivas. La operación financiera internacional más sencilla es la compraventa de divisas, cuyo intercambio supera ampliamente el billón de dólares diarios. Este movimiento de divisas es mucho mayor que el generado por los importadores y exportadores de todo el mundo. La mayor parte de estas transacciones las realizan los bancos, las grandes corporaciones y las personas que intercambian activos financieros en unidades monetarias de un país para comprar activos de otro, en función de los tipos de interés esperados y de los distintos tipos de cambio. Una alta proporción de estas transacciones constituyen un arbitraje, un control y una evaluación del funcionamiento de las economías nacionales, ya que los inversores financieros mueven grandes sumas de dinero de un país a otro para aprovechar la más mínima diferencia entre precios o tipos de interés.

Los inversores cambian divisas para comprar y vender depósitos bancarios, letras de cambio y otros títulos valores a corto plazo, bonos y participaciones de empresas en distintos países, así como activos no financieros del tipo de los bienes raíces. Por ello, existe una tendencia a que los tipos de interés o los precios de los títulos valores, bonos y participaciones de un país dependan de los precios y tipos de interés del resto de los países; es decir, los tipos de interés de un país ya no dependen sólo de las condiciones económicas que imperan en ese país, sino de la confrontación de todas las fuerzas económicas que determina la economía mundial. Este arbitraje tiende a reducir las diferencias entre los distintos tipos de interés y precios vigentes en cada país y en cada mercado.

En las últimas décadas los gobiernos han ido eliminando los controles y restricciones a los movimientos de capital entre países, liberalizando los mercados financieros mundiales. En la década de 1970, cuando todavía existían muchas restricciones a los movimientos de capital, surgió un nuevo mercado internacional, sin ninguna restricción, para depósitos bancarios y bonos en eurodólares (es decir, que eran depósitos —o bonos— en dólares pero no depositados en Estados Unidos), y en otras euromonedas. Estos mercados constituyen el primer mercado financiero internacional, pero, desde finales de la década de 1970 y, sobre todo, desde mediados de la década de 1980, los países han ido desmantelando sus controles sobre los movimientos financieros, aunque este proceso no es total.

La creación de un mercado financiero mundial desde principios de la década de 1970 se ha visto acompañada de una mayor volatilidad de los tipos de cambio, de los tipos de interés y de los precios de los activos financieros. En algunos casos las fluctuaciones financieras en un mercado han contagiado al resto de los mercados, subrayando el carácter internacional de los mismos. Por ejemplo, la caída en la Bolsa de Nueva York, conocida como el lunes negro de octubre de 1987, repercutió en todos los mercados financieros del resto del mundo. En menor medida, la rápida caída de precios en el Mercado de Valores de México a principios de 1995 provocó un descenso en los mercados emergentes del resto de Latinoamérica y de algunos países asiáticos.

A medida que crecen los mercados financieros internacionales aparecen nuevos tipos de contratos que, a su vez, se intercambian en los mercados internacionales. Los mercados de productos financieros derivados incluyen los mercados de opciones, de futuros, de créditos *swap* (también llamados créditos de dobles: los que se conceden los bancos centrales entre sí para solucionar una falta de liquidez transitoria de divisas) u otros productos derivados del activo original. El activo financiero original puede consistir en una cantidad de divisas, un instrumento financiero a corto plazo, bonos, acciones de empresas, o materias primas, y el volumen de negocios del mercado de derivados puede afectar a los precios internacionales de los activos originales. Los mercados de derivados permiten a los inversores reducir el riesgo de la inversión debido a la volatilidad del mercado, pero también permiten la proliferación de operaciones especulativas, lo que aumenta los riesgos de todo el sistema financiero internacional, como se demostró en 1995 con la quiebra del Barings, un banco comercial londinense.

Aunque existen muchos argumentos para defender que el crecimiento de las finanzas internacionales igualará los tipos de interés y los precios de los activos financieros de muchos países, la complejidad de los mecanismos financieros ha impedido que se creen relaciones estables, por lo que algunos consideran que los mercados financieros internacionales actúan de forma irracional.

5- LA ECONOMÍA MUNDIAL

Las condiciones económicas predominantes en un país dependen en gran medida de lo que ocurra en la economía mundial. Ésta se materializa en el comercio internacional, la producción global y las finanzas internacionales. Otros vínculos integradores de las diferentes economías nacionales en una única economía mundial son las migraciones y la difusión internacional de la tecnología. Aunque todas estas fuerzas vinculan sus economías con una economía mundial, el resultado no es homogéneo, como lo demuestra el desigual crecimiento económico de los distintos países, al permitir que algunos crezcan muy deprisa, mientras que otros se empobrecen. En los últimos veinte años la brecha entre países ricos y pobres no ha dejado de crecer: si en 1980 el 25% más próspero de la población mundial consumía el 75% de los recursos del planeta (y viceversa), hoy es el 80% más pobre el que sobrevive con el 20% de la riqueza existente.

Economía planificada

Economía planificada, sistema económico caracterizado por una fuerte regulación y planificación por parte del Estado y generalmente asociado con los países socialistas. La caída del socialismo en los países de Europa del Este en 1989, y en la Unión de Repúblicas Socialistas Soviéticas (URSS) en 1991, pudiera servir como argumento para mostrar no sólo que la planificación centralizada de la economía, o el proyecto comunista ha fracasado, sino que además es inviable. Un juicio más sereno, que tenga en cuenta las particulares características políticas y económicas de estos países, no establecería generalizaciones tan tajantes. En primer lugar, no se puede valorar la efectividad de la planificación central basándose en los logros económicos y, en segundo lugar, la asociación de centralización con socialismo o comunismo sólo tiene sentido cuando se trata de mostrar que era el único sistema económico alternativo al capitalismo.

El sistema de planificación centralizada no se implantó en la URSS tras la Revolución Rusa de 1917 sino cuando Iósiv Stalin se hizo con el poder y el control del Partido Comunista de la Unión Soviética (PCUS), a mediados de la década de 1920. Hasta entonces, la supervivencia de la Revolución se produjo gracias a la ayuda económica recibida de los movimientos revolucionarios existentes en los países industrializados de Europa central y occidental, vencedores en la I Guerra Mundial. El aislamiento del nuevo Estado, una vez finalizada la revuelta sin haber logrado los resultados esperados, obligó al gobierno bolchevique a diseñar políticas económicas más pragmáticas que teóricas. Con el objetivo a corto plazo de reconstruir la economía, los objetivos a medio plazo consistían en lograr un desarrollo económico gradual fomentando un crecimiento equilibrado en todos los sectores industriales. La victoria de Stalin sobre la corriente más izquierdista de Trotski supuso una política en gran medida industrializadora. Esta política tenía tres aspectos políticos y económicos interrelacionados:

- La colectivización forzosa del sector agrícola controlado por granjas estatales (a partir de 1931),
- El control centralizado de la economía mediante planes quinquenales (a partir de 1929), y
- La neutralización de la oposición reformando el sistema político (a partir de 1926).

La colectivización pretendía eliminar la dependencia alimenticia del sector industrial suprimiendo los pequeños propietarios agrícolas y aumentando el excedente del sector.

Ante el rechazo de los agricultores, la colectivización se realizó a la fuerza, mediante masivas deportaciones de campesinos. La prohibición de los mercados y la centralización de la toma de decisiones económicas pretendían maximizar el uso de los recursos destinados a la industria.

Esta política tuvo importantes efectos negativos sobre el nivel de vida medio de la población; pero la oposición al gobierno fue eliminada convirtiendo el monopolio transitorio del PCUS en un monopolio indefinido, haciendo del partido el único medio de prosperar, prohibiendo la oposición interna y convirtiendo los sóviets (o consejos de trabajadores), que hasta entonces habían sido órganos legislativos independientes, en organismos dependientes del partido. Todas estas medidas supusieron abandonar los principios de los bolcheviques durante la Revolución de 1917, y su efecto más importante fue que convirtió al PCUS en el único partido dirigente.

Los efectos sobre la economía fueron enormes. Alentados por la imperiosa necesidad de una rápida industrialización, forzada por el grupo dirigente como condición imprescindible para defenderse de la amenaza de Occidente, la estructura económica del país cambió de manera drástica en muy poco tiempo. En 1913, la producción percápita rusa era comparable a la de Rumania, representando el 50% de la producción británica de ese mismo año; su grado de industrialización respecto a la población era comparable al de Gran Bretaña en 1810. Partiendo de una economía que a finales de la década de 1920 era más pobre que la británica, la economía soviética era (a finales de la década de 1970) tres veces y media más rica que la de Gran Bretaña. En 1950 la producción equivalía al 33% de la producción estadounidense; mediada la década de 1970, representaba el 70%. De ser un gigante subdesarrollado, la URSS se convirtió en la segunda potencia industrial mundial. Su eficiencia productiva (medida en producción percápita) pasó de ser el 50% de la media europea de 1929 a ser del 75% en 1950, y del 90% en 1970. La planificación central de la economía permitió aumentar la tasa de acumulación. Esta rápida industrialización no sólo permitió sufragar los enormes gastos de Defensa desde 1945 hasta la década de 1980, sino que permitió que la URSS emprendiera numerosas acciones militares en el exterior, destacando su papel en la II Guerra Mundial para derrotar en la década de 1940 al Ejército Alemán.

La economía centralizada permitió una rápida acumulación, pero no logró alcanzar objetivos económicos eficientes. Los planes quinquenales tenían que ser, a la fuerza, planes agregados porque no se podía realizar un plan para cada uno de los doce millones de bienes que produce una sociedad industrial. Al permitir un cierto grado de discreción en cada sector, industria o empresa, los planes agregados sólo podían aplicarse de forma eficaz en función de los objetivos generales que inspiraban el plan. La eficiencia de una planificación agregada dependía de los objetivos políticos. Al premiar a los empresarios o administradores en función de su capacidad para cumplir los objetivos del plan, existía un fuerte aliciente para solicitar más materias primas de las necesarias y subestimar la capacidad productiva de la fábrica.

Al suprimirse todos los procesos democráticos, ni los sindicatos ni los sóviets podían denunciar estas prácticas. Por lo tanto, y aunque de manera paradójica, la centralización provocó un desarrollo desequilibrado incompatible con una planificación eficiente. En efecto, si la planificación económica pretende racionalizar la utilización de los recursos para lograr determinados objetivos, y por lo tanto requiere una información exacta y una aplicación cooperativa, imaginativa y motivada, sería erróneo definir la economía centralizada del régimen estalinista como una economía 'planificada'.

Además, debido a la posición monopolista de los productores, no existían incentivos para adaptarse a las variaciones de la demanda o para mejorar la calidad de los productos. Estos desequilibrios microeconómicos se veían agravados por los desequilibrios macroeconómicos: a menudo, los gastos salariales superaban con creces los ingresos provenientes de las ventas efectivas. Aunque la inflación se evitaba gracias a los controles de precios, los efectos del desabastecimiento se hacían patentes en las grandes colas ante los comercios, las estanterías vacías de las tiendas y la escasez de materias primas en los procesos de producción. Para algunos consumidores, esto se traducía en un exceso de rublos que no podían gastarse y que hubieran vaciado las existencias de cualquier tienda de haber existido un producto que comprar. Para los directores, temerosos de no cumplir con los objetivos de los planes, la amenaza de no poder disponer de las materias primas necesarias para la producción (englobando la mano de obra o fuerza laboral calificada) les llevaba a acudir al mercado negro. De esta forma, la eficiencia de los planes se veía, una vez más, debilitada. Por lo tanto, aunque la planificación de la economía podía eliminar algunas de las deficiencias inherentes a las economías de mercado que hacían de éstas unos sistemas indeseables (debido al desempleo, la subutilización de recursos, las importantes desigualdades distributivas en los ingresos y las dramáticas fluctuaciones económicas generadas por los ciclos económicos), cuando no estaba respaldada por el apoyo popular ni tenía instrumentos de control democráticos, sólo podía eliminar las anteriores deficiencias generando otras nuevas.

Este sistema se exportó al resto de Europa del Este a partir de 1945. La derrota de la Alemania nazi añadió nuevos problemas a la planificación. Con una economía devastada por el esfuerzo bélico y las necesidades de reconstrucción, y con entre 20 y 50 millones de bajas humanas, las intenciones iniciales de Moscú no consistían en someter a los países liberados bajo un sistema colonialista, sino en obtener ayuda de Occidente para la reconstrucción mientras que mantenían y ayudaban a gobiernos no comunistas, pero afines, en los países de su entorno. En 1947, cuando la Unión Soviética decidió no incorporarse al Plan Marshall, desconfiando de las intenciones de Occidente, Moscú cambió su estrategia, imponiendo por la fuerza gobiernos comunistas en los países que habían quedado bajo su esfera de influencia.

En materia económica, el objetivo era copiar el mecanismo de economía centralizada, reforzar el autoabastecimiento para eliminar la dependencia comercial de Europa Occidental, y crear relaciones comerciales bilaterales con cada país, creando así una dependencia económica con la URSS. Los objetivos de Moscú eran más estratégicos que económicos: se trataba de crear un 'cinturón de seguridad' que protegiera a la Unión Soviética de un eventual ataque por parte de Occidente, aún a costa de subsidiar las exportaciones de energía (gas o petróleo entre otros) e importar bienes industriales sobrevalorados. Tras la llegada de los comunistas al poder en 1949, China adoptó una estrategia similar, que fue adaptada literalmente por los gobiernos comunistas de los países del denominado Tercer Mundo.

La creación del Consejo de Ayuda Mutua Económica (CAME o COMECON) se realizó entre la República Democrática de Alemania, Checoslovaquia, Polonia, Rumania, Bulgaria, Hungría y la Unión Soviética. Más tarde se adhirieron Cuba y Vietnam del Norte. Debido a sus diferentes estructuras económicas, grados de desarrollo, niveles de tecnología y estructuras de la propiedad, estos países podían haberse beneficiado comerciando de forma multilateral entre ellos, pero los intereses de la URSS impidieron esta situación. La ausencia de mecanismos eficientes que determinaran la ventaja comparativa de cada país y la distribución de los beneficios derivados de este comercio, llevaron a la desconfianza mutua. La ausencia de una unidad monetaria convertible y comercializable hizo imposible la creación de un comercio equilibrado y justo. Por ello, el desarrollo económico se realizó sin tener en cuenta las posibilidades de especialización productiva internacional.

El nacionalismo económico reapareció a raíz de las tensiones entre los países menos desarrollados del bloque soviético, y fue, en parte, responsable del primer enfrentamiento entre la URSS y Yugoslavia. En el resto de los países bajo influencia soviética, la caída de las economías planificadas fue más dramática: la economía planificada de Camboya, impuesta en la década de 1970 por el Jemer Rojo inspirado por el maoísmo, costó cientos de miles de vidas; de forma análoga, la colectivización de la agricultura en Etiopía fue responsable de la terrible escasez de alimentos que en la década de 1980 padeció este país.

Desde principios de la década de 1960 se hicieron patentes los problemas que generaba la planificación de la economía, por lo que se pusieron en marcha numerosas reformas. Yugoslavia desarrolló su propio modelo de socialismo de mercado, con una gestión de las empresas por parte de los trabajadores y cierto grado de competencia en los mercados.

China padeció los efectos nefastos de varios experimentos de planificación central, como el Gran Salto adelante, pero, tras la muerte de Mao Zedong en 1976, inició una importante liberalización de la economía, restableciendo la propiedad privada en la agricultura y fomentando la empresa privada orientada hacia la exportación, lo que suponía aumentar el mecanismo del mercado en la economía. En China las reformas han permitido un aumento espectacular de la tasa de crecimiento económico

En la Federación Yugoslava el resultado de estas reformas fue la desintegración. La reforma más completa que se llevó a cabo en un país perteneciente al COMECON tuvo lugar en Hungría a raíz de la invasión soviética y la sangrienta represión de la revolución de 1956. El nuevo mecanismo económico otorgaba cierta independencia a los empresarios, obligaba a las empresas a operar en función de los beneficios y medía la eficiencia en términos de rentabilidad, permitiendo en gran medida que fuera el mercado el que determinara los precios de los bienes, permitiendo asimismo cierto grado de apertura al comercio internacional. Sin embargo, los resultados no fueron los esperados: se generaron profundos desequilibrios debido a que los sectores liberalizados distorsionaban el buen funcionamiento de los sectores que seguían rigiéndose por la planificación central; los empresarios aprovecharon las oportunidades que ofrecía el mercado para enriquecerse, empeorando la distribución de la renta y creando lo que se vino a denominar una 'burguesía roja' las empresas que incurrían en pérdidas fueron nacionalizadas si su importancia estratégica impedía su desaparición y se creó un importante mercado negro (todos estos acontecimientos también aparecieron en China a medida que sus reformas y el grado de liberalización de la economía aumentaban).

Además, existía un temor en todos estos gobiernos a que las reformas económicas generaran una demanda de liberalizaciones en el ámbito político, como ocurrió en Checoslovaquia en 1968 y en Polonia en 1980, lo que constituía una amenaza a todo el sistema. Los conservadores de los círculos de poder y los miembros de la nomenklatura que veían amenazados sus privilegios, consideraban que las reformas sólo serían posibles tras una catástrofe que justificara la eliminación de la oposición al régimen.

Fueron estos temores los que, en parte, provocaron la destitución de Nikita Jruschov en la URSS y los 'años de estancamiento económico' de las décadas de 1970 y principios de 1980, bajo el mandato de Leonid Brezhnev. Estos años coincidieron con la desaceleración generalizada del nivel de actividad económica en la URSS. En parte reflejo de una falta de dinamismo del sistema, la desaceleración de las tasas de crecimiento fue la consecuencia del agotamiento de la economía, reflejando la necesidad de negociar una transición desde un crecimiento de tipo 'extensivo', que dependía de encontrar nuevos recursos, hasta un crecimiento 'intensivo', dependiente de aumentos y mejoras en la productividad. La URSS continuaba sin poder realizar esta transición: la disponibilidad de tecnología occidental era limitada, y su aplicación tampoco era fácil, pues la estabilidad y rigidez del mercado de trabajo en los países soviéticos, baluarte social del partido comunista, no permitía una rápida adaptación de nuevas técnicas. El importante gasto en Defensa agravó los problemas generados por la desaceleración de la actividad. Mientras que Estados Unidos dedicaba entre el 5 y el 6% de su producto interior bruto (PIB) a gastos improductivos en Defensa, el estado más pequeño de la Unión Soviética dedicaba entre el 12 y el 15 por ciento.

Esta situación insostenible dio lugar a la política de la *perestroika*, o 'reforma económica' de Mijail Gorbachov, y su contrapartida política denominada *glasnost*, o 'transparencia': la supresión parcial de la censura y el fomento de la crítica positiva, que pretendía también debilitar a los opositores a las reformas. Sin embargo, los efectos de estas medidas fueron incontrolables, despertando los sentimientos nacionalistas de las distintas minorías que convivían en la URSS y, más tarde, provocando una revuelta por parte de los mineros y los trabajadores de los transportes públicos.

 El fallido golpe de Estado de los conservadores en 1991 marcó el final de la URSS. Para entonces, las revueltas de 1989 habían provocado la caída del socialismo en Europa del Este. Los defensores del socialismo eran una minoría; casi todos los reformistas llegaron a la conclusión que el sistema no tenía reforma posible; los burócratas del partido comunista y los directivos de las empresas se reconvirtieron ocupando lugares destacados en la dirección de la incipiente economía de mercado, mientras que los trabajadores no tenían ideales que defender tras decenios de desencanto y desilusión. La pauta estalinista, estímulo de la industrialización forzosa, había llegado a su fin en Europa; en China sólo sobrevive como ideal político, alejado de la realidad que representa la política económica aperturista que lleva a cabo el país.

Elasticidad

Elasticidad (economía), capacidad de reacción de una variable en relación con cambios en otra. Este término mide la variación porcentual que experimenta una al cambiar otra. Estas variables son cuantitativas. Se recurre a este concepto, acuñado por Alfred Marshall, para examinar la relación entre precios y demanda, o entre diversos factores que conciernen y afectan a la producción.

Existen diversas técnicas para medir la elasticidad. La elasticidad precio de la demanda mide cómo la variación (marginal) del precio de un bien afecta a la cantidad demandada de ese bien, cuando todos los demás factores permanecen constantes. Se calcula dividiendo el cambio porcentual en la cantidad demandada por el cambio porcentual del precio. Por ejemplo, si el precio de un bien aumenta a 106 desde un precio base 100 (el cambio es del 6%), y la cantidad demandada cae de 100 a 90 (una reducción del 10%) la elasticidad será igual a 10/6, es decir, 1,66. Como el resultado es superior a 1 se dice que la demanda del bien es elástica respecto al precio del mismo, y la demanda caerá proporcionalmente más que el aumento del precio; por lo tanto, aunque el precio del bien ha aumentado, el gasto total en el consumo de ese bien disminuirá. Si el resultado fuera menor a 1, la demanda del bien no sería elástica respecto al precio, por lo que la demanda de ese bien disminuiría, proporcionalmente, menos que el aumento del precio; por lo tanto, el gasto total en el consumo de ese bien aumentará a pesar del aumento del precio del mismo.

La elasticidad cruzada del precio y de la demanda mide cómo evoluciona y se modifica la demanda de un bien cuando cambia el precio de otro. La elasticidad cruzada se calcula dividiendo el cambio porcentual de la cantidad demandada del bien X ante una variación porcentual del precio del bien Y. Si los bienes son sustitutivos (por ejemplo, distintas marcas de automóviles) el aumento del precio de la marca X puede aumentar las ventas de la marca Y, por lo que la elasticidad cruzada será positiva. Si los bienes son complementarios, por ejemplo, los ordenadores o computadoras y el *software*, el aumento del precio de uno disminuirá las ventas del otro, por lo que la elasticidad cruzada será negativa. Si los bienes son independientes, por ejemplo, teléfonos y cepillos de dientes, por mucho que aumente el precio de uno no variará la demanda del otro, por lo que la elasticidad cruzada será cero.

La elasticidad demanda-renta mide cómo afectan las variaciones de la renta a la cantidad demandada de un bien. Se calcula dividiendo la variación porcentual de la demanda por la variación porcentual de la renta. Un producto tendrá una elasticidad demanda-renta superior a 1 cuando el incremento de la demanda es superior al incremento de la renta de los consumidores. Los bienes de lujo suelen tener una elasticidad demanda-renta muy elevada. Los bienes de baja calidad tienden a tener elasticidades demanda-renta negativas, ya que las personas dejan de comprar estos bienes cuando sus ingresos les permiten comprar otros de mayor calidad.

La elasticidad de sustitución registra la facilidad con la que se puede sustituir un factor de producción por otro; por ejemplo, utilizar más máquinas y menos trabajadores. Si los salarios aumentan más que el costo de las máquinas, la elasticidad de sustitución será positiva. Habrá situaciones en las que no se pueda realizar esta sustitución: por ejemplo, cuando la fábrica está mecanizada; en este caso, la elasticidad será cero. La relación marginal de sustitución técnica (RMST) de un factor productivo por otro, mide la cantidad de un determinado factor productivo que hay que añadir al proceso de producción para mantener constante el producto obtenido, a pesar de la disminución infinitesimal de otro factor de producción.

Fusión

Fusión (economía) o Concentración, la unión de dos o más empresas en una única corporación. En el mundo de los negocios, las fusiones se llevan a cabo cuando se prefiere suprimir las empresas existentes y crear una nueva entidad jurídica. No hay que confundir fusión con Oferta Pública de Adquisición (OPA), en la que una empresa absorbe a otra, conservando su personalidad jurídica anterior. En este tipo de actuaciones se puede pagar a los accionistas de la compañía absorbida ya sea con dinero o mediante acciones de la que realiza la OPA. En las fusiones se suelen emitir bonos. El comprador adquiere los activos y pasivos de la empresa fusionada. Cuando se concentran dos empresas de un mismo sector se habla de integración horizontal, y cuando lo hacen dos en la que una es proveedora de la otra, se habla de integración vertical.

Las fusiones suelen realizarse para evitar la quiebra de una compañía, reducir la competencia (aumentando la concentración del mercado) o para facilitar la diversificación de la producción. En casi todos los países existen leyes que condicionan las fusiones, regulan el grado de competencia entre las empresas y evitan la aparición de monopolios.

Intervencionismo

Intervencionismo (economía), actitud de los poderes públicos tendente a actuar de manera positiva sobre la economía y la sociedad para la consecución de los fines que se hayan establecido. En política económica, es una forma de corregir las limitaciones y fallos del mercado.

Aunque la vida económica no es más que un conjunto de decisiones e intervenciones de los agentes, se reserva esta expresión a las que son realmente significativas, como es el caso de las del sector público en una economía nacional. El intervencionismo de los poderes públicos se caracteriza por su constancia y sus objetivos, definidos con anterioridad a la acción. Estos objetivos son opciones políticas generalmente admitidas, como es el caso del crecimiento económico, la distribución de rentas, el reequilibrio social, el desarrollo territorial, la regulación de fluctuaciones. La consecución de estos objetivos en un modelo social predeterminado exige alterar el comportamiento de los mercados y orientar la evolución de la economía.

Inversión

Inversión (economía), gastos para aumentar la riqueza futura y posibilitar un crecimiento de la producción. La materialización de la inversión depende del agente económico que la realice. Para un individuo o una familia, la inversión se puede reducir a la compra de activos financieros (acciones o bonos) así como la compra de bienes duraderos (una casa o un automóvil, por ejemplo), que, desde el punto de vista de la economía nacional (sin tener en cuenta las transacciones internacionales), no se consideran como inversión. En principio, la riqueza total de un Estado no aumenta cuando lo hace la cantidad de activos financieros que poseen los ciudadanos del mismo país, porque estos activos representan pasivos de otros ciudadanos. La compra y venta de estos activos refleja un cambio de propiedad de los activos existentes (o del producto que generan). Por lo mismo, la compra de bienes de capital de segunda mano tampoco constituye una nueva inversión en la economía nacional. Esto es así porque su compraventa no implica una creación neta de ingresos, puesto que también implican sólo un cambio de propiedad de activos existentes cuya producción ya había sido contabilizada el año que se fabricaron.

Además, según las normas de contabilidad nacional que aplican casi todos los países, las compras de las economías domésticas (familias e individuos particulares) en bienes de consumo duraderos, como automóviles y electrodomésticos, no deben incluirse en el apartado de inversión, sino en el de consumo privado. Esto se debe a las convenciones contables aceptadas y a motivos de conveniencia estadística, ya que se parte del supuesto de que estas transacciones no sirven para incrementar el producto nacional. De la misma forma, la compra de automóviles por parte de un gobierno no se incluye en la inversión del país.

Para la economía nacional, la inversión —o formación bruta de capital en términos de contabilidad nacional— supone un aumento del *stock* de capital real del país, sobre todo del productivo, como fábricas, maquinaria o medios de transporte, por ejemplo, así como el aumento del capital humano como mano de obra calificada. Si excluimos de la contabilidad la variación de inventarios estamos hablando de formación bruta de capital fijo. Si tenemos en cuenta la depreciación (el consumo del capital), hablamos de formación neta de capital. Así pues, aunque la compra de un automóvil por un individuo particular no constituye inversión nacional, la compra de medios de transporte por una empresa sí será considerada como inversión porque se utilizará para aumentar el capital productivo de la comunidad. Existe una excepción importante: la compra de vivienda nueva sí es formación bruta de capital, aunque su utilización no aumenta el producto nacional.

En tanto en cuanto el capital nacional incluye el capital humano, se puede defender que la inversión en éste debiera contabilizarse como inversión. Esto implica que habría que incluir los gastos en educación como parte de la inversión y no como parte del consumo (ya sea privado o público).

La definición de cuáles son los factores determinantes del nivel de inversión es una de las cuestiones más polémicas de la economía. Hay diversos planteamientos. Por un lado, la 'teoría del acelerador' vincula el nivel de inversión anual a los cambios necesarios en la estructura del capital de una economía debidos a los cambios en la producción. Esta teoría, añadida a otros supuestos, tiene mucha importancia para ciertas teorías relativas a los ciclos económicos. Otro planteamiento, la 'teoría neoclásica de la inversión', se centra en el estudio de la fijación del equilibrio del *stock* de capitales en función de variables como el nivel de actividad, los precios de los bienes finales, los costos de los bienes de capital y el costo de oportunidad del capital (determinado por el tipo de interés que podría haberse obtenido invirtiendo el mismo dinero en activos financieros). El nivel de inversión estará determinado por el deseo de eliminar la diferencia entre el *stock* de capital disponible y el deseado para unos valores fijos de las variables que determinan este último. Se ha intentado a menudo descubrir las relaciones entre estas variables y la función de producción de la economía, pero las dificultades econométricas son enormes, entre otras cosas porque las estimaciones del *stock* de capital no son muy precisas y porque la inversión en un periodo concreto (por ejemplo, un año) reflejan el intento de alcanzar el nivel de capital deseado. En tanto en cuanto las variables que determinan este nivel de capital cambian de modo constante, y en tanto en cuanto la inversión puede realizarse a lo largo de varios años, la interpretación de las variaciones pasadas en el nivel de inversión y en las variables determinantes de ésta resulta una interpretación muy compleja. Otros planteamientos subrayan la importancia de las expectativas de la empresa y la de la incertidumbre asociada con cualquier inversión; otras teorías se centran en las necesidades de liquidez de la empresa. Todas estas teorías no se excluyen entre sí; puesto que las empresas varían sus ritmos de inversión, así como la cuantía de ésta, el análisis de los determinantes de la inversión depende de cuándo y en qué circunstancias se realice.

Paridad

Paridad (economía), igualdad o equivalencia. En economía y en el mundo de los negocios el concepto de paridad tiene varias acepciones.

Una forma de comparar el nivel de vida entre distintos países es atendiendo al producto interior bruto (PIB) per cápita en términos de la paridad del poder adquisitivo (PPA) que tiene en cuenta el costo de la vida en cada país. Se considera que la PPA es una medida más adecuada para comparar los niveles de vida que el PIB per cápita convertido a una solo unidad monetaria, como por ejemplo el dólar. Los resultados pueden ser muy distintos. Por ejemplo, al comparar el nivel de vida de Australia y Gran Bretaña con Suiza utilizando el PIB per cápita de cada país en dólares tenemos que el nivel de vida de los dos primeros no alcanza al 50% del nivel de vida de Suiza; sin embargo, si realizamos la misma comparación utilizando la paridad del poder adquisitivo el nivel de vida de los primeros representa el 76% del registrado en Suiza.

El término paridad se utiliza con frecuencia al hablar de tipos de cambio. Cuando el patrón oro estaba en vigor tras la conferencia de Bretton Woods en la que se creó un sistema de tipos de cambios fijos para los países miembros del Fondo Monetario Internacional (FMI), la paridad o equivalencia de las monedas reflejaba el tipo de cambio entre dos unidades. Por ejemplo, si una libra esterlina valía dos dólares estadounidenses la paridad era de una por dos.

La noción de paridad también aparece en las negociaciones colectivas cuando los empleados pretenden conservar la igualdad en sus salarios, es decir, mantener su poder adquisitivo y/o las condiciones establecidas entre los miembros de un grupo y los de otro grupo de trabajadores. El intento de mantener la paridad salarial con otro colectivo de trabajadores puede deberse a una discriminación histórica, o a que la evolución del trabajo desempeñado por cada grupo coincida de tal forma que ya no se justifica la diferencia de salarios. Es evidente que la pretensión de mantener la paridad o equivalencia salarial siempre viene acompañada de una petición de aumento de sueldo o de mejoras en las condiciones de trabajo. En algunas ocasiones es la propia ley la que establece esta paridad, promoviendo una legislación sobre la igualdad salarial para exigir que las mujeres que realicen el mismo trabajo que los hombres deban percibir el mismo salario.

Utilidad

Utilidad (economía), satisfacción o beneficio que se puede obtener al realizar una transacción económica; la utilidad es la base del valor que un individuo confiere a los bienes y servicios que consume. En teoría, la utilidad es el fundamento de toda la actividad económica, pero todavía no se ha logrado un método o procedimiento capaz de medir o calcular con precisión la utilidad de un bien o servicio, aunque son numerosos los intentos de obtenerla. Esta dificultad para medir la utilidad proviene en concreto de la variedad de comportamientos económicos. Sin embargo, a lo largo de la historia de la economía el concepto de utilidad ha tenido una importancia destacada porque su creación permitió a Alfred Marshall y a sus discípulos superar las limitaciones de la teoría del valor trabajo y de otros modelos que partían de los factores de producción y de la demanda como factores claves en la determinación de los precios y de los demás indicadores del valor. También permitió el análisis económico de factores intangibles o psicológicos que afectan a la valía de las cosas, superando el análisis de los determinantes materiales al que se habían limitado los economistas anteriores. Los primeros teóricos de la utilidad intentaron desarrollar métodos para medir o cuantificar este concepto; más tarde, la teoría de la 'utilidad ordinal' permitió superar la dificultad de cuantificar la utilidad, al establecer que sólo es relevante en economía en tanto que permite establecer las preferencias relativas de los consumidores hacia las materias primas o los bienes y los servicios. El concepto de utilidad marginal fue la primera aplicación de la teoría de la utilidad, realizada por Alfred Marshall, que ha permitido analizar muchos problemas de oferta y demanda. Marshall reconocía que el dinero tiene utilidad por sí mismo, y por lo tanto también es un bien de consumo.

Beneficios

Beneficios, en Economía, diferencia entre el gasto y el ingreso, siendo este último mayor que el primero. Existen diversos procedimientos para determinar uno y otro, y en esa medida se puede hablar de diversos conceptos asociados al término "beneficios": beneficio de explotación, beneficio antes de impuestos, beneficio bruto. Lo contrario a los beneficios son las pérdidas, que se producen cuando en la realización de una actividad económica los ingresos son menores que los gastos. La teoría económica ha considerado tradicionalmente que, en una economía de mercado, el principal incentivo para la producción y el trabajo es la maximización de beneficios. Sin embargo, la teoría de la empresa ha puesto en duda la universalidad de esta proposición. Las empresas japonesas, normalmente, prefieren maximizar su cuota de mercado antes que maximizar sus beneficios, por lo menos a corto plazo.

La economía mundial

Las cosas habituales que damos por sentadas a menudo nos ponen en contacto con gentes y lugares distantes. Por ejemplo, pensemos en la ropa que se pone, un día cualquiera, una oficinista de Tijuana, México, y en el desayuno que toma cada mañana. Tras levantarse y asearse, se viste con un suéter y un par de pantalones caquis. Bebe un café y come un plátano antes de encaminarse al trabajo. Cada uno de esos productos tiene un origen distinto, en diferentes lugares del mundo, que forman parte de la rutina diaria de esta mujer.

Comencemos con el suéter. Su historia se inicia con las ovejas paciendo en las llanuras de Australia. Allí se esquiló su lana, y en una planta textil australiana se convirtió en hilo y se tiñó. El hilo fue trasladado a una fábrica en España, donde se tejió y confeccionó siguiendo un patrón concebido por un diseñador de moda italiano. Desde España, ese suéter viajó hasta un almacén en las inmediaciones de Ciudad de México y, luego, a un centro comercial de Tijuana, donde la mujer lo compró.

El algodón con el que se han hecho los pantalones caquis procede de un campo de Pakistán. Este algodón fue cosechado y desmotado en una localidad cercana y, posteriormente, transportado hasta Karachi, donde trabajadores de una fábrica lo tejieron y terminaron en la tela caqui. En una factoría indonesia, una mujer que trabaja para un vendedor americano cortó esos pantalones, enviados finalmente al almacén de la compañía de venta al por menor en Los Ángeles, donde fueron adquiridos por el vendedor de un pequeño comercio de Tijuana, donde captaron la atención de la mujer.

El grano de café se cultivó en las montañas de Kenia, donde los asalariados de una plantación lo cosecharon, secaron y descascarillaron para producir el grano de café que se embarcó en las costas africanas con destino el puerto de Veracruz. Desde el almacén de un importador de esta ciudad, viajó hasta una fábrica de Colima, donde unos trabajadores lo tostaron y envasaron para distribuir ese café que ha tomado la mujer.

El plátano que adquirió la protagonista de esta historia en el supermercado local, creció en un árbol de Ecuador que, una vez recogido, fue embarcado hacia el mercado mayorista de Los Ángeles y, desde allí, transportado primero a un almacén y, después, al supermercado.

Así, antes de dejar su hogar, esta mujer ha utilizado y consumido productos que la vinculan a personas de los cinco continentes. Aunque quizás no es consciente de ello, el vehículo que conduce, así como las actividades que realiza en su trabajo y fuera de él, pueden hacerle entrar en contacto con trabajadores de otras partes del mundo, que nunca conocerá, pero cuyas vidas están entrelazadas dentro de la compleja red que constituye la economía global.

Historia de la globalización

En la antigüedad, los mercaderes transportaban los bienes más exóticos y caros a través de largas distancias. Las caravanas llevaban la seda china al Imperio romano, y durante la edad media los árabes vendieron marfil de África oriental y especias de Indonesia a los comerciantes de Venecia. De todas maneras, hasta el año 1500 el comercio a larga distancia jugó un papel económico poco importante en algunas partes del mundo, y casi toda la población se suministraba de alimentos y fibras cultivados a escasa distancia de sus hogares.

Una verdadera economía global se empezó a desarrollar en el siglo XV, con la era de los descubrimientos, cuando el esfuerzo político y militar de naciones emergentes y los avances en las técnicas náuticas posibilitaron a los mercaderes europeos establecer una red comercial por todo el mundo. Los europeos levantaron colonias, plantaciones esclavistas y puertos exportadores en regiones tropicales para el cultivo de productos imposibles de conseguir en Europa, como azúcar, tabaco, café y especias. Los europeos también se apropiaron de áreas de América del Norte y Siberia por sus pieles y abundante madera.

Durante el siglo XIX, la industrialización en Europa y América del Norte incrementó el volumen y la importancia del comercio internacional. Los países desarrollados importaban materias primas y alimentos de todo el mundo, y exportaban bienes manufacturados. Debido a que los propietarios de los negocios en los países industrializados retenían los beneficios generados por el comercio y la manufactura, las gentes de otras partes del mundo no podían proveerse de la tecnología necesaria para competir con las industrias de Europa y América del Norte. Sin esta nueva tecnología, continuaron vendiendo materias primas y adquiriendo bienes manufacturados. La principal excepción a este mecanismo fue Japón, cuyo fuerte gobierno protegió a los productores locales de la competencia foránea y encaminó el capital del país hacia el sector industrial. En el siglo XX, el mundo estaba dividido en dos partes desiguales: los países industrializados y el resto del mundo, donde los primeros dominaban económica y militarmente.

En el siglo XX, ciertos nuevos desarrollos aceleraron la vía de la globalización y fortalecieron los lazos económicos entre los países. Uno de los cambios más importantes se debió a la bajada de los costos de transporte, posible por la disponibilidad de combustible barato. Otro desarrollo clave fue el surgimiento de más y más empresas multinacionales, o corporaciones con operaciones económicas en más de un país. Un tercer factor que ha promovido la globalización ha sido la creación de instituciones económicas internacionales, como el Banco Internacional para la Reconstrucción y el Desarrollo (BIRD, integrado en el Banco Mundial), el Fondo Monetario Internacional (FMI) o la Organización Mundial del Comercio (OMC), para ayudar a regular el flujo comercial y monetario entre las naciones. Por último, los avances en las telecomunicaciones y en la informática han facilitado mucho a los empresarios la gestión económica coordinada entre las divisiones corporativas, los clientes y los vendedores en diferentes partes del mundo.

Globalización y desarrollo

Los países en vías de desarrollo de Centroamérica, América del Sur, África y Asia exportaban materias primas y cultivos comerciales (para su venta al otro lado del océano), y compraban bienes manufacturados. La gente de esos países cubría sus necesidades diarias mediante una agricultura de subsistencia y la manufactura a pequeña escala. Poco a poco, su población se hizo cada vez más dependiente de la economía global, porque las manufacturas locales no podían competir con los baratos productos industriales exportados por las naciones desarrolladas (de Europa occidental, Estados Unidos, Canadá, Australia, Nueva Zelanda y Japón). Para reducir su dependencia, numerosos países en vías de desarrollo intentaron fortalecer sus economías creando industrias, obras hidráulicas y carreteras entre los años sesenta y setenta. Algunos impusieron altas tarifas aduaneras y otras barreras comerciales con el fin de proteger a su industria de la competencia de las manufacturas importadas. Sin embargo, los gobiernos, con frecuencia, efectuaron unas inadecuadas elecciones financieras; los proyectos de infraestructura hidráulica y para el tráfico rodado, a menudo, excedieron las necesidades locales; los intereses de los dirigentes políticos prevalecieron, en ocasiones, sobre los del país en cuestiones industriales; y la protección comercial degeneró en la producción de bienes de peor calidad. Como consecuencia, estos productos no podían competir en el mercado mundial con los de los países industrializados, de mayor calidad. Así, numerosos países en vías de desarrollo tenían ingresos reducidos con los que pagar los créditos pedidos para sufragar su expansión.

Un número reducido de países tuvo éxito en su camino hacia la industrialización durante el siglo XX. Los más notables fueron Corea del Sur, Taiwan, Singapur y Hong Kong (RAE). Al igual que Japón en el siglo XIX, establecieron tasas aduaneras y otras barreras para proteger los productos locales de la competencia foránea e invirtieron en desarrollo industrial. Como Japón, se centraron en la venta exterior de sus productos para crear riqueza en sus países. A finales del siglo XX, algunos expertos consideraron a esas economías más bien como desarrolladas que en vías de desarrollo, aunque Corea del Sur ha sufrido un fuerte revés por la crisis financiera de 1997. Siguiendo pautas similares, China ha avanzado rápidamente gracias a un fuerte crecimiento de la exportación de sus manufacturas industriales a finales del siglo XX.

Mientras tanto, las multinacionales del mundo desarrollado se asentaban en ciertos países en vías de desarrollo, donde la mano de obra era barata, en especial en el Sureste asiático, Centroamérica y América del Sur. Estas plantas generaban pocos beneficios a largo plazo para las economías locales. Los beneficios salían del país hacia los accionistas multinacionales. Además, los países en vías de desarrollo se vieron forzados a participar
en una "subasta a la baja" para atraer al capital multinacional inversor. Si un país en vías de desarrollo o su población exigían mayores salarios, mejoras en las condiciones de trabajo o en la protección ambiental, las multinacionales a menudo trasladaban la producción a otro país con menores costos.

A finales del siglo XX, numerosos países en vías de desarrollo, en especial en África, todavía carecían de un sector industrial fuerte. Estas naciones continuaban con la exportación de cultivos comerciales y materias primas, cuyos ingresos les permitían importar los bienes manufacturados y servicios de los que carecían. Un énfasis en la exportación de esos productos provocó incrementos en la producción. Con las mejoras en el transporte, los países comenzaron a competir en la venta de los mismos productos, por lo que más bienes y una competencia creciente hundieron los precios. Este ciclo perpetuó la pobreza.

Ante la imposibilidad de atraer la inversión y de pagar las importaciones, numerosas naciones deudoras apelaron al Banco Mundial y al Fondo Monetario Internacional en las décadas de 1980 y 1990 para ampliar los plazos de amortización de los créditos y solicitar otros nuevos. Como contrapartida, estos países debían presentar un plan de reforma que incluyera programas de privatización y una reducción de los gastos públicos. Estas medidas tendían a asegurar el pago de la deuda, pero fueron, a menudo, penosas.

El destino de las economías socialistas

A principios del siglo XX, la Unión de Repúblicas Socialistas Soviéticas (URSS) creó una economía estatalizada, libre de la presión competitiva del mercado mundial. El Estado impuso fuertes limitaciones a la libertad individual. Este sistema, denominado socialismo de Estado, al principio elevó el nivel de vida de la población y, tras la victoria soviética en la II Guerra Mundial, este modelo económico se introdujo tanto en Europa oriental como en otras partes del mundo.

La falta de competencia del mercado y de libertad intelectual hizo que los países socialistas estuvieran menos evolucionados desde un punto de vista económico que los países desarrollados tecnológicamente. La URSS y la Europa oriental encaminaron sus recursos hacia una carrera armamentística con los Estados Unidos y otras naciones. El nivel de vida se estancó y la economía entró en retroceso. A finales de los años ochenta, sus habitantes exigieron el fin del socialismo, entrando en la economía global de mercado.

Tras medio siglo sin competencia, en general, la industria de los antiguos países socialistas no podía competir en el mercado mundial. Sólo los países que habían mantenido algunas formas de propiedad privada, que tenían unas buenas infraestructuras, y que sus gobiernos poscomunistas regularon las reformas económicas —como Polonia y Hungría— parecían acercarse a la categoría de países desarrollados. Otros, en especial los de Asia central, seguían los esquemas de las naciones en vías de desarrollo.

La globalización de la agricultura

Con el desarrollo de la refrigeración y el abaratamiento del transporte a larga distancia a finales del siglo XX, cada vez son más numerosos los agricultores que compiten en el mercado global. La harina de panificación, por ejemplo, puede provenir de trigo cultivado en América del Norte, América del Sur, Europa o Australia, indistintamente, con las premisas de buena calidad y bajo precio. Con tractores y otros medios mecánicos, un agricultor puede producir igual que docenas de trabajadores manuales. Esto hace posible que la agricultura mecanizada de América del Norte, Europa y Australia, donde los costos laborales son elevados, venda más en el mercado mundial que los productores a pequeña escala de los países en vías de desarrollo, con menores costos de mano de obra. Además, los países desarrollados, en especial los Estados Unidos, exportan excedentes agrícolas —básicamente trigo, con dificultades para su cultivo en los países de clima tropical— a países en vías de desarrollo de África y otros lugares, con fuertes subsidios o incluso gratis, como ayuda alimentaria.

En el ámbito local, los cultivos alimentarios no pueden competir con esas baratas importaciones de alimentos. Los cultivadores a pequeña escala de muchos países en vías de desarrollo, incapaces de sobrevivir, se vieron obligados a vender sus tierras a productores mayores que podían afrontar la mecanización. Otros, redujeron los cultivos destinados al mercado local en beneficio de productos comerciales, como bananas, café, cacao y caña de azúcar, que no pueden ser cultivados en los climas más fríos de los países industrializados. Por ello, fueron numerosos los países en vías de desarrollo, en especial de África, que pasaron a depender de los alimentos importados.

La globalización de la industria y los servicios

A finales del siglo XX, los departamentos de investigación, desarrollo, comercialización y gestión financiera de una empresa no precisaban localizarse en el mismo lugar o, incluso, en el mismo país. El incremento de las actividades terciarias o de servicios dominaba la economía de los países más desarrollados, mientras que la industria perdía importancia. Con el fin de reducir costos, las compañías trasladaron algunas labores de manufactura a países en vías de desarrollo, donde los salarios eran inferiores. Esto ocurría especialmente con las actividades dedicadas al textil o al ensamblaje de piezas.

Otras actividades continuaban realizándose en los países desarrollados, porque requerían una mano de obra especializada o una proximidad al mercado. Como ejemplos, cabe citar todas aquellas ligadas a la sanidad, los servicios financieros, la venta al detalle, la ingeniería y el software, consideradas actividades de servicios. Este sector crecía en importancia en las economías desarrolladas de América del Norte, Europa, Australia, Nueva Zelanda y Japón, mientras que la industria lo hacía con rapidez en los países en vías de desarrollo. Las clases de manufacturas que permanecían en los países más desarrollados incluían la construcción, el tratamiento de alimentos y actividades tecnológicas que comprendían la maquinaria o la elaboración de ciertos productos químicos.

Muchos de los países desarrollados se agruparon formando grandes bloques comerciales, o uniones económicas, para promover su prosperidad mutua. Como ejemplos, cabe mencionar a la Unión Europea (UE) y a la zona de libre comercio establecida por el Tratado de Libre Comercio Norteamericano (TLC). Estos bloques comerciales ampliaron así sus áreas de mercado, dentro de las cuales las compañías podían operar sin tasas aduaneras u otra clase de barreras.

Un mundo único

Los hechos acontecidos en un país pueden repercutir en cualquier otro lugar del mundo. Como muestra, a finales de la década de 1990, una notable recesión económica en Japón se difundió al Sureste asiático. Los países de esta región contaban con los bancos japoneses para hacer crecer sus economías y con sus consumidores, que constituían un mercado fundamental para sus productos. La recesión obligó a los bancos japoneses a restringir sus inversiones y compras, lo que hizo vacilar a otras economías asiáticas. Además, otros inversores extranjeros se asustaron y retiraron sus capitales del Sureste asiático, por lo que miles de tailandeses, indonesios y de otros países vecinos perdieron sus empleos al contraerse sus economías.

Mientras tanto, la economía de los Estados Unidos crecía constantemente. A la vez que caían las economías asiáticas, sus monedas perdían valor frente al dólar estadounidense y sus exportaciones eran más competitivas. Numerosas compañías asiáticas buscaron mejorar sus resultados mediante la exportación de bienes a los Estados Unidos, y, a finales de años noventa, los consumidores estadounidenses adquirieron numerosos productos asiáticos baratos. Esto terminó por resultar positivo para los inversores y trabajadores asiáticos, que confiaron en el poderoso mercado estadounidense para sanear sus hundidas economías. De hecho, en 1999, la larga recesión japonesa dio señales de finalizar.

Sin embargo, estas aparentes buenas noticias tuvieron su aspecto negativo. La economía japonesa en crecimiento atrajo inversores extranjeros que alzaron el valor del yen japonés frente al dólar y, con ello, el precio de los bienes japoneses en los mercados internacionales. Un yen poderoso trajo dos peligros. Primero, que las exportaciones japonesas fueran demasiado caras, posibilitando una caída de sus ventas y una nueva recesión en Japón. Segundo, que mientras los bienes japoneses subían su precio en dólares, el peligro de inflación en los Estados Unidos aumentaba. Una creciente inflación en los Estados Unidos conllevaría el incremento de la tasa de interés y provocaría una caída de la bolsa, deteniendo su expansión económica. Si flaqueara la economía estadounidense, sus efectos negativos afectarían a inversores y exportadores de todo el planeta.

Por todo el mundo, tanto los países ricos como los pobres se han vuelto más interdependientes económicamente y se enfrentan a problemas que afectan a todos ellos. El último ejemplo de un reto conjunto es el ecológico. Altos niveles de consumo y un desarrollo económico muy rápido han provocado graves impactos medioambientales, como el agotamiento de los recursos, la contaminación y la transformación de los hábitats naturales para su aprovechamiento económico. A largo plazo, el éxito de la globalización depende de su habilidad para llevar la prosperidad económica a toda la población mundial sin originar mayor daño ambiental.

Política económica

1- INTRODUCCIÓN

Política económica, conjunto de medidas adoptadas por los poderes públicos (principalmente el gobierno de un Estado) para influir en la marcha de una economía. Algunas medidas, como el presupuesto, afectan a todas las áreas de la economía y constituyen políticas de tipo macroeconómico. Otras afectan en exclusiva a un sector específico (como por ejemplo, la agricultura) y constituyen políticas de tipo microeconómico. Ambos tipos de medidas se interrelacionan, puesto que cualquier decisión que afecte a la economía en su totalidad tiene efectos sobre sus distintos sectores económicos y aquella política que afecte sólo a un sector, repercute también sobre el conjunto.

2- MEDIDAS DE POLÍTICA ECONÓMICA

Las políticas de corte microeconómico son tan variadas que resulta imposible mencionarlas todas. Pueden estar dirigidas a un sector, a una industria, a un producto o a varias áreas de la actividad económica. Por ejemplo, una política microeconómica puede ser la nacionalización o la privatización de los ferrocarriles, la prohibición de exportar cuero o el cierre de las tiendas los domingos. También forman parte de la política microeconómica la regulación del mercado de trabajo (como, por ejemplo, obligar a que se establezca igualdad salarial entre sexos), el equilibrio entre la producción y venta de ciertos productos, como por ejemplo las medicinas, o la ordenación de distintas actividades, como el depósito de dinero en los bancos. Algunas políticas microeconómicas pretenden reglamentar el funcionamiento de la economía, otras van encaminadas a favorecer a ciertos sectores o actividades específicas. Existen fuertes vínculos entre las distintas políticas sociales, en especial las que afectan a la educación o a la sanidad pública, que pretenden mejorar la salud, el nivel educativo y la productividad de las personas. En general, las políticas microeconómicas crean el marco legal en el que deben operar los distintos mercados, porque de lo contrario las fuerzas de la competencia generarían graves injusticias de tipo social.

El alcance de la política macroeconómica depende del sistema económico existente, del marco legal del país y del tipo de instituciones. El sistema puede ser capitalista o comunista, puede tratarse de una economía de libre mercado o una economía planificada, preindustrial o industrializada. También existen importantes discrepancias entre los economistas sobre el grado de intervención del gobierno. Algunos defienden la política del *laissez-faire* ("dejad hacer") y confían en el buen funcionamiento de las fuerzas del mercado al destacar la mala gestión del sector público. Otros consideran que el gobierno puede cubrir las deficiencias del mercado. Para éstos, la política económica debe eliminar las fluctuaciones, reducir el desempleo, fomentar un rápido crecimiento económico, mejorar la calidad y el potencial productivo, reducir el poder monopolístico de las grandes empresas y proteger el medio ambiente. Cuanto más evidente se hace que los mercados tienen efectos positivos y negativos sobre la economía, mayor es la presión para que los gobiernos actúen mediante una política económica que corrija las deficiencias de los mercados.

Sin embargo, la política económica puede resultar contraproducente si el diagnóstico de los problemas económicos es erróneo o si el diseño de la política que se aplica no es el adecuado para el problema que se pretende resolver. Por ejemplo, la política de empleo parte de una serie de supuestos sobre las causas del desempleo que se desconocían hasta que John Maynard Keynes afirmó que éstas radicaban en una insuficiencia de la demanda. La solución, a partir de este supuesto, consistía en aumentar el poder adquisitivo o, cuando el nivel de empleo se acercaba al pleno empleo, reducirlo. De igual forma, la política de control de la inflación depende de los supuestos que se establezcan sobre los factores causantes del aumento de los precios, y estos casos serán distintos según la hipótesis que se considere: de Milton Friedman, según la cual la inflación se debe a un crecimiento excesivo de la oferta monetaria, es decir, de la cantidad de dinero en circulación, o lo que es lo mismo, la hipótesis monetarista; o si la que se considera es la que defiende que la causa de la inflación es el exceso de demanda, el alto nivel de empleo o el elevado precio de las materias primas. Casi toda la teoría económica intenta demostrar las virtudes de la llamada "mano invisible" que dirige el funcionamiento de los mercados para después analizar los fallos del mercado y las medidas de política económica que pueden solucionar tales conflictos.

La política macroeconómica más importante es la que intenta fijar la demanda, al actuar sobre la presión que se deriva de los recursos de la comunidad; ejerce el control del poder adquisitivo y, por tanto, de la demanda, que por lo general se regula mediante la política monetaria y medidas fiscales. Desde el punto de vista monetarista se controlan los tipos de interés que cobran los bancos y la cantidad de crédito que pueden conceder; también se regula la tasa de crecimiento de la cantidad de dinero en circulación. En algunos casos estas acciones se complementan restringiendo las condiciones de las compras a plazos, alargando o reduciendo los plazos de amortización. Desde el punto de vista fiscal, el gobierno puede variar su sistema impositivo o la cantidad de impuestos que cobra para favorecer unas actividades y frenar otras, ya sean los gastos de consumo o el nivel de inversión. O también puede reducir (o aumentar) su propio nivel de gastos con el fin, de nuevo, de variar el nivel de demanda. Con todas estas medidas el gobierno modifica la estructura del mercado, al cambiar el funcionamiento del mismo sin regular sus fuerzas. El gobierno puede intervenir directamente regulando el nivel de demanda efectiva mediante el racionamiento, la concesión de licencias o limitando el nivel de consumo; puede también regular el proceso productivo promulgando distintas leyes, obligando a los empresarios a atender ciertas reivindicaciones de los trabajadores, regulando los requisitos que deben cumplir los productos destinados al consumo, o productos finales, o controlando los acuerdos entre distintas empresas. Estas intervenciones pueden influir en toda la actividad económica, como cuando se limita la duración de la jornada laboral, o pueden influir en una única industria o actividad, en cuyo caso se trataría de una política microeconómica y no macroeconómica.

En tiempos de guerra, o en las economías planificadas de corte comunista, la política económica es más severa y la intervención gubernamental mucho mayor. La política económica consiste, en este caso, en planificar de manera centralizada todo lo concerniente al proceso de producción, en lugar de dejar que sean los productores y los consumidores los que establezcan sus preferencias en los mercados, convirtiendo los precios en indicadores de estas tendencias.

Aunque casi toda la política económica la diseña el gobierno, algunos aspectos dependen de otras instituciones. Por ejemplo, la estabilidad de precios y el control de la oferta monetaria son dos tipos de medidas que dependen de la autoridad monetaria, es decir, del banco central. Además, el éxito que tenga la política económica no es algo que dependa únicamente de la acción del gobierno, sino que depende en gran medida de las reacciones de los agentes económicos, de su comportamiento y de la confianza que tengan en la administración, algo que el gobierno mismo no puede controlar, y menos a corto plazo. El impacto de la política económica también depende de la calificación y del nivel de conocimiento de las personas que propongan las distintas medidas. Puesto que el diseño de la política económica depende del trabajo de muchas personas, ministerios e instituciones, es imprescindible que exista una buena coordinación entre ellos.

3- POLÍTICA ECONÓMICA Y MUNDIALIZACIÓN DE LA ECONOMÍA

El problema de la coordinación cobra especial importancia cuando la política económica afecta a las relaciones internacionales. En las relaciones entre dos países hay que contemplar distintas facetas puesto que intervienen varios factores económicos como los tipos de cambio, los aranceles, las relaciones que se reflejan en la balanza de pagos, la inversión, el comercio, problemas de doble imposición y las leyes sobre propiedad intelectual, entre otros. Un cambio en cualquiera de estos factores supondrá repercusiones sobre la economía nacional que pueden ser de la máxima importancia, por lo que es necesario coordinar los distintos aspectos de la política nacional y la política internacional. La economía mundial está cada vez más interrelacionada (sirvan los casos de los países miembros de la Unión Europea o del Mercosur como ejemplos de las múltiples áreas de integración o cooperación económica) y la inversión y los movimientos de capital son cada vez mayores, por lo que las restricciones internas —debido a los condicionamientos del mercado— son también más determinantes. En este ámbito las decisiones de carácter general se ven afectadas e influyen a su vez en todos los órdenes de las respectivas economías nacionales. Con este fin los políticos de todo el mundo se reúnen cada vez con más frecuencia. Estas reuniones, excepcionales antes de la II Guerra Mundial, se convocan ahora de un modo regular, ya sea en instituciones internacionales, como en el seno de la Unión Europea, la Organización para la Cooperación y el Desarrollo Económico (OCDE), el Fondo Monetario Internacional (FMI), el Banco Mundial y la Organización Mundial del Comercio (OMC), o en otras más específicas (por ejemplo, las reuniones del Grupo de los Siete) o regionales. La política económica puede coordinarse en estas instituciones o en las distintas cumbres, donde se pueden tomar medidas en contra de aquellos países que no consigan ajustar sus políticas a los acuerdos tomados en los distintos encuentros. La Unión Monetaria Europea ha conseguido diseñar una política monetaria única, que ejecuta el Banco Central Europeo, y que afecta a todos los países miembros del euro.

Existen fuertes discrepancias respecto a cuál debe ser el carácter de la política económica; ¿debe diseñarse una política económica automática o, por el contrario, es mejor diseñar una política económica discrecional en función de los factores que la condicionan? Algunos expertos en la materia defienden que hay que lograr el equilibrio presupuestario o, al menos, limitar los déficit. Otros proponen que el banco central establezca un límite a la tasa de crecimiento de la oferta monetaria. Otros especialistas defienden que el desempleo debe mantenerse por debajo de determinado porcentaje de la población activa. Todas estas recomendaciones no sólo reflejan una falta de confianza en la clase política que decide las distintas medidas que se han de aplicar en este área, sino que además atribuye a las autoridades económicas la potestad de controlar de forma ilimitada distintos aspectos de la economía.

4- PRESENTE Y FUTURO DE LA POLÍTICA ECONÓMICA

A partir de la década de 1970 la política macroeconómica ha cambiado de forma drástica. Existe una tendencia a limitar el papel de los gobiernos y a reducir el poder del Estado, sobre todo en lo que concierne a su capacidad de gasto; cada vez es mayor el escepticismo existente sobre la capacidad de la administración pública para gestionar de un modo adecuado la actividad económica, y la confianza en el control de la demanda como medio para estabilizar el nivel de empleo es aún menor. Se subraya la necesidad de actuar en la siguiente dirección: aumento de la competencia, incentivo de la innovación y de las empresas, promover el atractivo exterior de la economía nacional para atraer la inversión extranjera y, sobre todo, intentar mejorar la educación y el nivel de formación de los trabajadores. El antiguo acuerdo en torno a la capacidad del control de la demanda para influir sobre la actividad económica ha desaparecido, y se vuelve a reivindicar la idea, anterior a la II Guerra Mundial, de que es más efectivo tratar de actuar sobre la oferta.

Recesión

Recesión, disminución o contracción del nivel de actividad económica. Se dice que una economía sufre una recesión cuando disminuye de un modo significativo la producción y el nivel de empleo. Pero la definición de lo que es o no es 'significativo' resulta bastante arbitraria. Algunos lo definen en términos de tiempo —por ejemplo, una caída del producto nacional bruto (PNB) durante tres trimestres consecutivos—. Otros economistas lo definen en términos cuantitativos —por ejemplo, la tasa de disminución de la producción o el empleo.

Otra forma de definir la recesión parte del diferencial entre producción real y 'potencial' de producción de la economía. Pero a su vez esta producción 'potencial' no puede establecerse de forma objetiva. El procedimiento más utilizado consiste en hacer una estimación de la 'tendencia' de la tasa de crecimiento de la economía de forma que se pueda establecer cuál sería el crecimiento si continúa esta inclinación. Pero el periodo de tiempo utilizado para estimar esa tendencia sigue siendo arbitrario. Además, existen diferentes formas de calcularla para examinar un mismo periodo.

Aunque no existe una medida única para evaluar el impacto de una recesión, se puede analizar ésta a partir de las estadísticas relativas al nivel de desempleo o al nivel de puestos de trabajo sin cubrir, aunque la interpretación de estos datos es también subjetiva. Las estimaciones del capital no utilizado son aún más arbitrarias.

Las recesiones pueden tener distintas causas. En los modelos de los ciclos económicos las recesiones son 'endógenas' o 'interiores', en tanto que forman parte inherente de la estructura económica y no están provocadas por factores externos a la economía. Por ejemplo, según un modelo simple de ciclo económico, una economía, tras un periodo de producción y empleo crecientes, sufrirá un proceso de ajuste que provocará sin duda un decrecimiento del nivel de producción. En otro ejemplo, las oportunidades para invertir en negocios rentables se agotarán, lo que provocará una disminución de la inversión. También puede ocurrir que el aumento de la producción provoque un aumento de la demanda de dinero que a su vez presionará al alza los tipos de interés, haciendo que decaiga o disminuya la inversión.

Las recesiones también pueden tener causas 'exógenas' o 'exteriores' —es decir, que los factores que provocan la recesión no son factores económicos—. Entre estas causas se puede mencionar, por ejemplo, un cambio en la política del Gobierno para evitar un 'recalentamiento' de la economía, y por tanto un aumento de las presiones inflacionistas. Las recesiones también pueden deberse a un cambio de las condiciones económicas, como ocurrió en la crisis del petróleo de 1972-1973 que provocó, por vías directas e indirectas, la recesión de la década de 1970, que afectó entre otros países a Venezuela y México. Las economías pequeñas que dependen de los mercados exteriores o de los precios de unos pocos bienes que exportan pueden sufrir una recesión si los precios de estos bienes disminuyen.

La secuencia que sigue una recesión depende, en gran medida, de los factores que la originan y de la economía que padece dicha situación de recesión. Hasta hace poco, durante una recesión la producción disminuía más que el empleo. Esto se debía a que las empresas confiaban en que el Gobierno emprendería una política expansiva para evitar que la recesión se prolongara, y los empresarios no deseaban prescindir de sus trabajadores por miedo a no poder encontrar la mano de obra necesaria cuando la economía se recuperara. Sin embargo, durante las últimas décadas se ha perdido la confianza en la voluntad y el poder de un gobierno para reanimar la economía, por lo que las recesiones de la década de 1980 han sido más graves y han generado mayores tasas de desempleo. También ha ocurrido este fenómeno en muchos países latinoamericanos como Argentina y Brasil, donde el fin de las privatizaciones ha coincidido con una alarmante tasa de desempleo.

Macroeconomía

1- INTRODUCCIÓN

Macroeconomía, rama de la economía especializada en el análisis de variables agregadas, como la producción nacional total, la renta, el desempleo, la balanza de pagos y la tasa de inflación. La diferencia principal con la microeconomía es que ésta se encarga de estudiar la composición de la producción, así como los factores determinantes de la oferta y demanda de bienes y servicios, cómo se intercambian en los mercados y cómo se determinan sus precios relativos.

En macroeconomía es crucial tener claro el concepto de producto nacional, o renta nacional, es decir, lo que se conoce como producto nacional bruto (PNB), que mide en términos monetarios lo que se produce en un país, la producción final, que se tiene que corresponder, por definición, con la demanda final. Es importante evitar la doble contabilidad de la producción: no se debe contabilizar la producción de bienes intermedios, porque aparecerían dos veces; como bienes intermedios y como parte del valor de los bienes finales. Sin embargo, existen distintas interpretaciones sobre los acuerdos internacionales relativos a lo que se puede considerar como bien intermedio y sobre lo que se considera actividad productiva. Estas diferentes interpretaciones requieren, sin embargo, un análisis muy específico que queda muy lejos del núcleo de la teoría macroeconómica. Ésta se centra en estudiar la composición del PNB, con independencia de los convenios internacionales y su interpretación, y del análisis de los determinantes de la estabilidad económica, así como de las relaciones entre variables agregadas.

El PNB "potencial" en determinado momento depende de la cantidad de factores de producción disponibles —trabajo y capital— y de la tecnología. Estos tres elementos cambian con el tiempo; el análisis de su modificación a largo plazo constituye el núcleo de una rama de la macroeconomía conocida como teoría del crecimiento. Pero, para un momento concreto, en un análisis estático en el que el capital, la formación profesional, la formación de la mano de obra y la tecnología vienen dados, la producción *corriente* dependerá de la utilización del capital y de la mano de obra disponibles. Así, esta producción podrá ser inferior a la potencial si existe desempleo o subutilización del capital disponible. Y al contrario. Un PNB superior a la renta potencial creará tensiones en el mercado de trabajo e inflación, porque la demanda de factores de trabajo y capital de las empresas superará la oferta disponible.

2- TEORÍA KEYNESIANA Y DESEMPLEO

Desaprovechar o utilizar por debajo de sus posibilidades la mano de obra origina problemas sociales, por lo que la teoría macroeconómica se ha centrado en estudiar las causas y consecuencias del desempleo. Hasta la publicación en 1936 de *La teoría general sobre el empleo, el interés y el dinero,* de John Maynard Keynes, la explicación clásica de las causas del paro o desempleo afirmaba que éste se debía a estructuras rígidas en el mercado de trabajo que impedían que los salarios bajaran hasta el nivel de "equilibrio". La idea que subyace en este modelo afirma que cuando existe desempleo masivo en el mercado de trabajo, la disponibilidad de los trabajadores sin empleo debe reducir los salarios hasta el punto de que algunos no estarían dispuestos a trabajar (por lo que se reduciría la oferta de mano de obra) y que las empresas estarían dispuestas a aumentar su plantilla a medida que el menor costo a pagar (el salario) hiciera rentable la contratación. Sin embargo, si existe rigidez o inflexibilidad que impida que los salarios caigan hasta ese punto en el que la oferta y la demanda se igualen, el desempleo no se reducirá. Entre éstas se pueden citar, por ejemplo, la acción de un sindicato que obliga a imponer un salario mínimo, o la legislación que obliga a que exista dicha remuneración.

La principal innovación de Keynes consistió en afirmar que el desempleo puede deberse a una insuficiencia de la demanda y no a un desequilibrio en el mercado de trabajo. Esta insuficiencia se puede producir porque la inversión planeada (la inversión que quisieran realizar los empresarios) es menor que el ahorro disponible. Éste constituye una "salida" de dinero del flujo circular de la renta, creada mediante la producción de bienes y servicios y utilizada para comprar esos mismos bienes y servicios. Esta salida de ingresos reduce el nivel de demanda agregada. La inversión real (también llamada formación de capital), que es la que permite producir maquinaria, fábricas o viviendas, tiene el efecto contrario —supone una entrada de dinero en el flujo circular de la renta— por lo que tiende a incrementar la demanda total de bienes y servicios.

En los primeros modelos "clásicos" sobre desempleo, como el antes descrito, no se tenía en cuenta la posible insuficiencia de la demanda agregada en el mercado de bienes y servicios. Se pensaba que cualquier diferencia entre el ahorro planeado y la inversión planeada se eliminaría mediante un ajuste de los tipos de interés. Por ejemplo, si el ahorro planeado era superior a la inversión planeada los tipos de interés disminuirían. Además, esto reduciría la oferta de ahorro y al mismo tiempo aumentaría la demanda de inversión porque las empresas estarían dispuestas a endeudarse con menores costos para comprar maquinaria u oficinas. En otras palabras, las variaciones de los tipos de interés serían la fuerza que equilibraría el mercado de bienes, al igual que las variaciones de, por ejemplo, el precio de las manzanas serían la fuerza que equilibraría la oferta y demanda de este producto.

Por el contrario, el modelo keynesiano subraya la importancia de las variaciones en el nivel de producción y empleo como movimientos equilibradores que permitirían igualar la inversión y el ahorro, determinándose así el nivel de equilibrio de la renta nacional total y de la producción nacional. Pero éste no tiene por qué corresponderse con el punto en que la oferta de trabajo es igual a la demanda. Es más, según Keynes, una disminución de los salarios en esta situación no ayudaría a reducir el desempleo por toda una serie de razones que expuso, fundamentalmente, en el capítulo 19 de *La teoría general.* Por supuesto, Keynes no fue el primer economista que señaló como causa del desempleo la insuficiencia de la demanda agregada en el mercado de bienes. Como él mismo reconocía, Thomas Robert Malthus y otros economistas ya habían apuntado hacia este tipo de causas. Además, al mismo tiempo que Keynes publicaba su obra, y de manera independiente, el gran economista polaco, Michal Kalecki, divulgaba una teoría señalando las mismas razones.

La "revolución keynesiana" implica que, en la terminología macroeconómica, el "mercado de bienes" estaría en una situación de equilibrio de "subempleo" al no permitir el equilibrio del mercado de trabajo. Por lo tanto, en este último, los empresarios no contratan a los trabajadores que necesitarían para maximizar beneficios si hubiera suficiente demanda en el mercado de bienes. Durante los siguientes años los macroeconomistas analizaron conceptos como "equilibrio de subempleo", o "demanda de trabajo limitada".

Durante las últimas décadas la teoría de Keynes ha sido perfeccionada. Por ejemplo, aunque se sigue discrepando sobre la relevancia de la rigidez de los salarios, se han logrado importantes adelantos en cuanto a la explicación de las causas de esta rigidez sin tener que recurrir al argumento de los sindicatos o de la reglamentación gubernamental del salario mínimo. Al principio parecía difícil reconciliar la noción de rigidez de salarios con el supuesto económico clásico según el cual las personas intentan maximizar su utilidad, que implicaría, en teoría, que estarían dispuestas a aceptar un salario menor con tal de poder trabajar. Sin embargo, al ampliarse el número de variables analizadas y tener en cuenta otras como la maximización a largo plazo del bienestar, la lealtad, el orgullo y otro tipo de variables sociológicas y psicológicas, se ha podido reconciliar el desequilibrio en el mercado de trabajo con los supuestos clásicos del comportamiento maximizador.

Otro importante aspecto de la moderna teoría macroeconómica parte de la importancia que Keynes otorgaba al efecto de la incertidumbre sobre el comportamiento económico. Se trata de analizar la información asimétrica para explicar el desempleo agregado, utilizando también algunos de los elementos de la teoría de juegos. Por ejemplo, las empresas contratarían más mano de obra si supieran con seguridad que el resto de las empresas iba a hacer lo mismo, de forma que el consiguiente aumento de los salarios pagados permitiría aumentar la demanda agregada de la economía y, por tanto, la demanda de sus productos. Al no existir ningún mecanismo que permita tomar este tipo de decisiones colectivas favorables para todos, el resultado es un equilibrio de subempleo que comparte algunas características de la situación del "dilema del prisionero", en la que cada empresa individual decide, de forma egoísta, asegurarse sus propios beneficios, a pesar de que si se pusiese en común la información y se tomaran en conjunto las decisiones se podrían asegurar mayores beneficios para todos. Otras teorías sobre el mercado de trabajo —como la teoría del trabajador "interior-exterior", que subraya el conflicto de intereses entre los trabajadores en paro y los empleados con poder para negociar sus salarios— permiten mejorar la comprensión sobre su funcionamiento.

El énfasis del keynesianismo en la demanda como determinante clave del nivel de producción a corto plazo permitió avanzar en otras áreas de la macroeconomía. En parte se pudo iniciar el desarrollo de la contabilidad nacional y de conceptos tales como el gasto total en consumo, en formación de capital (producción de maquinaria, fábricas), en consumo público y en exportaciones e importaciones, que constituyen los elementos clave que componen la "demanda final" agregada (en contraposición con la demanda de bienes intermedios) de la economía. El planteamiento keynesiano también permitió realizar el análisis de los determinantes de estos elementos clave de la demanda final, al desarrollar, por ejemplo, la teoría de la demanda agregada de consumo y sus relaciones con los niveles de ingresos, así como su dependencia de los tipos de interés existentes.

3- OFERTA MONETARIA

Esta dependencia del consumo de los tipos de interés es, en especial, relevante por el papel que desempeñan los tipos como determinantes del equilibrio del "mercado de bienes". Por lo tanto, la teoría monetaria es una parte esencial de la teoría macroeconómica, pero también es origen de algunas de las discrepancias más importantes entre los economistas. Según la visión keynesiana, el tipo de interés es, en esencia, una variable monetaria cuya función principal en un mundo de incertidumbre se limita a equilibrar la oferta y demanda de dinero y no a equilibrar la inversión y el ahorro planeados. Esta interpretación de la función del dinero permite analizar las variaciones en los deseos de tener dinero líquido dependiendo del tipo de interés y, por lo tanto, determina la velocidad de circulación monetaria. Esto subraya la importancia de los determinantes a corto plazo de los tipos de interés que contrasta con la visión clásica según la cual, a largo plazo, los tipos de interés dependen de las fuerzas "reales" de la productividad y el ahorro. Este último planteamiento se ajustaba de modo perfecto al modelo clásico del mercado de trabajo, en el que el nivel de empleo dependía de las fuerzas reales: el deseo de los individuos de sacrificar su tiempo libre a cambio de obtener ingresos (determinante de la oferta de trabajo) y de la productividad del trabajo (determinante de la demanda de mano de obra). El planteamiento keynesiano que afirma que los tipos de interés son un fenómeno monetario reflejaba el interés del economista británico por el corto plazo; la mayoría de los economistas están de acuerdo en que, a largo plazo, el tipo de interés medio —descontada la inflación y los impuestos— tiende a aproximarse a la tasa de retorno real a largo plazo de los activos financieros.

Por el contrario, y partiendo del supuesto de que la demanda de dinero dependa de la riqueza —y el dinero es una forma más de obtenerla—, se ha defendido que un aumento de la oferta de dinero reducirá los tipos de interés, lo que, a su vez, estimulará la inversión y, por tanto, la demanda agregada. Por lo tanto, una forma alternativa para reducir el desempleo consiste en aumentar la oferta monetaria. Sin embargo, y aunque existen diferentes explicaciones —como suele suceder en economía— sobre los efectos del dinero, casi todos los defensores del monetarismo están de acuerdo en que los efectos de estos métodos para incrementar la producción sólo serían efectivos de modo transitorio, sobre todo porque un aumento de la oferta monetaria, sin otras variaciones, provocaría un incremento de la inflación. Algunas escuelas de pensamiento económico, en particular las que postulan las "expectativas racionales", llegan incluso a afirmar que la población se daría cuenta de la interdependencia entre oferta monetaria y nivel general de precios, lo que provocaría que los intentos de reducir el desempleo mediante el aumento de la oferta de dinero no serían efectivos ni siquiera a corto plazo.

4- INFLACIÓN

La teoría monetaria también está relacionada con otro elemento clave de la macroeconomía, la inflación. Durante varias décadas tras la II Guerra Mundial se aceptaban dos tipos de teorías de la inflación: de demanda y de costos. Esta última destaca como principal causa de la inflación el excesivo aumento de los salarios en relación con el incremento de la productividad, mientras que la primera teoría achaca la inflación al exceso de demanda en el mercado de bienes. Este exceso de demanda suele producirse por un crecimiento excesivo de la oferta monetaria. Un concepto esencial de la teoría de la inflación desde mediados de la década de 1950 es la denominada "curva de Phillips", que relaciona el nivel de desempleo con la tasa de inflación. La curva sugiere que un menor desempleo presionará al alza los salarios, permaneciendo todo lo demás igual. Si se acepta que puede existir una relación estable entre empleo e inflación, la sociedad deberá elegir entre varias combinaciones de tasa de inflación y nivel de desempleo. Sin embargo, muchos economistas dudan de que exista esta posibilidad de intercambiar empleo por inflación y, afirman que, de ser posible, la curva de Phillips se desplazaría de tal forma que la mayor inflación no se vería acompañada por un menor desempleo y que, para poder disminuir la tasa de desempleo por debajo de la "tasa natural" habría que aceptar continuos aumentos de la inflación. Otros economistas dudan de que exista una relación estable entre nivel de desempleo y demandas de salarios reales y, por tanto, dudan que exista una "tasa natural de desempleo". También hay muchos que defienden que esta tasa natural de paro existe, pero que varía con el tiempo.

El comportamiento de la economía estadounidense durante los años noventa puso en evidencia esta teoría. Su PIB creció constantemente a tasas muy altas, mientras el desempleo caía hasta niveles que en economía se consideran prácticamente cero, y la inflación permanecía bajo control. Esto se puede explicar debido al fuerte incremento de la productividad durante esos años. Las nuevas tecnologías permitieron a los trabajadores mejorar sustancialmente su rendimiento y también a las compañías gestionar mejor su negocio.

5- OTROS FACTORES

Los macroeconomistas también se ocupan de analizar, como ya se ha señalado, los determinantes principales de la demanda final, como la inversión "real", que se diferencia de la inversión en activos financieros, la cual sólo afecta de forma indirecta al nivel de demanda de la economía. Otro componente clave de la demanda final es el gasto público y el alcance de la política fiscal como instrumento estabilizador de la economía en un contexto de pleno empleo sin inflación, marco de análisis fundamental en macroeconomía. Para completar el estudio de los principales componentes de la demanda agregada la macroeconomía debe tener en cuenta los factores de equilibrio externo, es decir, el saldo entre exportaciones e importaciones y los determinantes de éstas, sobre todo los tipos de cambio. Las exportaciones estimulan la demanda de forma análoga a la que se produce en la formación de capital. Las importaciones constituyen una salida de rentas, porque satisfacen la demanda nacional sin generar renta que se pueda reciclar para crear más demanda.

6- TEORÍAS MODERNAS

Las teorías que estudian cómo operan los determinantes de la demanda final total son la base de los modelos macroeconómicos de la economía que se utilizan para realizar previsiones económicas sobre la producción, el empleo y las demás variables macroeconómicas. Durante los últimos años estas previsiones no se han verificado, por lo que el estudio de las causas de los errores ha permitido redefinir y revisar los modelos y las teorías. Por ejemplo, ahora se presta mucha más atención al papel del crédito al consumo y de la riqueza acumulada para estudiar el comportamiento del gasto y ahorro de los consumidores, así como la importancia de las expectativas de futuro. Por supuesto, es posible que alguno de los cambios efectuados en los modelos conduzca a nuevos errores, pero sólo podrá determinarse a través del tiempo. Sin duda los modelos macroeconómicos seguirán siendo revisados, al igual que se continuarán analizando las causas de los errores en las predicciones. El hecho de que la teoría pueda evolucionar hasta un punto en que se logren hacer previsiones económicas más o menos fiables es algo que quizá no se podrá saber con absoluta certeza. Es posible que algunas de las preguntas que se planteen los economistas continúen sin respuesta.

Ciclos económicos

1- INTRODUCCIÓN

Ciclos económicos, término utilizado para referirse a los cambios que se producen en la economía: es frecuente que las expansiones que se producen al mismo tiempo en muchas actividades de la economía sean seguidas de una recesión, también general, cuya recuperación se une a la fase de crecimiento de un nuevo ciclo.

2- FASES DEL CICLO ECONÓMICO

Aunque no es predecible la duración de un ciclo, sus fases sí pueden anticiparse. Muchos economistas citan cuatro: auge, recesión, depresión y recuperación, por utilizar los términos creados por el economista estadounidense Wesley Mitchell, que dedicó su carrera al estudio de los ciclos económicos.

Durante el periodo de auge se hace patente el aumento de la producción. El nivel de empleo, los salarios y los beneficios crecen en paralelo. Los directivos de las empresas muestran su optimismo mediante la inversión para aumentar la producción. Sin embargo, a medida que continúa el auge empiezan a surgir obstáculos que impiden que éste se prolongue. Por ejemplo, crecen los costos de producción, y la falta de materias primas puede limitar la producción; se elevan los tipos de interés, así como los precios, y los consumidores reaccionan al alza comprando menos. A medida que el consumo se queda por debajo del nivel de producción, aumenta el número de productos almacenados, lo que provoca una caída de los precios. Las empresas productoras empiezan a ahorrar y despiden a los trabajadores. Estos factores conducen a un periodo de recesión. Los empresarios se vuelven pesimistas según van cayendo los precios y los beneficios, y deciden ahorrar el dinero en vez de invertirlo, con lo que se suceden los cortes de producción y el cierre de fábricas, hasta que el desempleo se generaliza. Llega la fase de depresión.

La recuperación de la depresión puede estar provocada por varios factores, incluyendo la reaparición de la demanda de consumo, la liquidación de los inventarios o una acción gubernamental para estimular la actividad económica. A pesar de que la recuperación suele ser lenta y desigual al principio, inmediatamente gana fuerza. Los precios suben más rápido que los costos. El nivel de empleo crece, proporcionando un mayor poder adquisitivo. La inversión en las industrias de bienes de consumo aumenta. El optimismo invade la economía, el deseo de aventurarse en nuevos negocios reaparece. Se ha iniciado un nuevo ciclo.

De hecho, el ciclo económico no siempre se produce de una forma tan clara como en el modelo que acabamos de exponer, y no hay dos ciclos iguales, sino que varían considerablemente de uno a otro, tanto en lo que respecta a la dureza como a su longevidad. Se pueden producir ciclos mayores y menores, con duraciones variables.

La depresión económica más dura y generalizada se produjo en la década de 1930. La Gran Depresión afectó primero a Estados Unidos, pero se difundió rápidamente por Europa occidental. De 1933 a 1937 los Estados Unidos empezaron a recuperarse de la depresión, pero la economía volvió a caer de 1937 a 1938, antes de alcanzar de nuevo sus niveles normales. Esta recaída se denominó recesión, término que actualmente se prefiere al de liquidación. La verdadera recuperación económica no se hizo patente hasta principios de 1941.

3- CICLOS ESPECIALES

Además del ciclo económico tradicional, a veces se producen ciclos especiales en algunas industrias. Por ejemplo, se considera que el sector de la construcción tiene un ciclo que dura entre dieciséis y veinte años. La prolongada construcción de barrios marginales agravó dos de las peores depresiones económicas en Estados Unidos. Por otro lado, el aumento de la actividad constructora muchas veces ha ayudado a estimular la recuperación de una depresión.

Algunos economistas creen que existe un ciclo a largo plazo, que dura aproximadamente cincuenta años. Los estudios sobre las tendencias económicas durante el siglo XIX y el principio del siglo XX fueron realizados por el economista ruso Nikolai Kondratief, quien analizó el comportamiento de los salarios, las materias primas, la producción, el consumo, las exportaciones e importaciones y otras variables económicas en Francia e Inglaterra. Los datos que recogió y analizó parecen establecer la existencia de ciclos a largo plazo. Estas "olas" de expansión y contracción se produjeron durante tres periodos de una media de cincuenta años cada uno: 1792-1850, 1850-1896 y 1896-1940. Sin embargo, no son estudios definitivos.

4- CAUSAS DE LOS CICLOS

Los economistas no intentaron determinar las causas de los ciclos económicos hasta que la creciente dureza de las depresiones económicas se convirtió en una de las principales inquietudes de finales del siglo XIX y principios del XX. Se sugirió que había dos factores externos que podían ser los causantes de los ciclos: las manchas solares y las inclinaciones psicológicas. La teoría de manchas solares del economista británico William Jevons llegó a ser aceptada por casi todo el mundo. Según Jevons, las manchas solares influyen sobre las condiciones meteorológicas, pues tras periodos de manchas solares las condiciones climatológicas suelen ser más duras. Jevons pensaba que las manchas solares determinaban la cantidad y calidad de las cosechas, y de esta manera influían sobre la economía.

Una teoría psicológica de los ciclos económicos formulada por el economista británico Arthur Pigou establecía que el optimismo o pesimismo de los dirigentes económicos podía influir en las tendencias de la economía, y algunos políticos han aceptado decididamente esta teoría. Por ejemplo, durante los primeros años de la Gran Depresión el presidente Herbert Hoover intentó mostrarse optimista en público respecto a la fuerza inherente a la economía norteamericana, con la esperanza de estimular la recuperación.

Se han desarrollado diversas teorías económicas sobre las causas de los ciclos económicos. Según la teoría del subconsumo, que se relaciona con el economista británico John Hobson, la desigualdad en los ingresos provoca el declive económico. Los mercados se ven inundados con bienes que los pobres no pueden comprar, al tiempo que los ricos no pueden consumir todo lo que está a su alcance. Por lo tanto, los ricos acumulan sus ahorros sin reinvertirlos en la producción, puesto que existe una demanda insuficiente de bienes. Esta acumulación del ahorro rompe el equilibrio económico y provoca un ciclo de cortes en la producción.

El economista austriaco-americano Joseph Schumpeter, un propulsor de la teoría de la innovación, relacionaba el auge de los ciclos económicos con la aparición de nuevos inventos que estimulaban la inversión en las industrias productoras de bienes de consumo. Puesto que estos nuevos inventos se desarrollan de manera desigual, las condiciones de la economía tienen que ser alternativamente expansivas y recesivas.

Los economistas Friedrich von Hayek y Ludwig von Mises, nacidos en Austria, se adscriben a la teoría de la sobreinversión, al sugerir que la inestabilidad es la consecuencia lógica del aumento de la producción hasta el punto en el que se utilizan recursos ineficientes. Entonces los costos aumentan y, si no pueden trasladarse a los consumidores, los empresarios reducen la producción y despiden trabajadores.

Una teoría monetaria de los ciclos económicos realza la importancia de la oferta de dinero dentro del sistema económico. Puesto que muchos negocios tienen que pedir dinero prestado para funcionar o para aumentar la producción, la disponibilidad y el costo del dinero influye en sus decisiones. Sir Ralph George Hawtrey sugería que los cambios de los tipos de interés determinaban que los empresarios incrementaran o redujeran sus inversiones de capital y de esta manera afectaban a los ciclos económicos.

5- EFECTOS ACELERADORES Y MULTIPLICADORES

Una relación fundamental en todas las teorías de las fluctuaciones cíclicas económicas es la que se da entre inversión y consumo. Las nuevas inversiones tienen lo que se denomina un efecto multiplicador, es decir, el dinero invertido en pagar a los proveedores y a los asalariados se convierte en el ingreso de éstos, que a su vez se convierte en el ingreso de terceros a medida que los asalariados y los proveedores gastan la mayor parte de sus ingresos. De esta forma se pone en marcha una onda expansiva.

Análogamente, el creciente nivel de ingresos gastado por los consumidores tiene un efecto acelerador sobre la inversión. Una mayor demanda crea mayores incentivos para aumentar la inversión en la producción, con el fin de responder a esta demanda. Estos dos factores también pueden operar negativamente, cuando una menor inversión disminuye aún más el ingreso total y la menor demanda de consumo reduce la cantidad de gasto en inversión.

6- REGULACIÓN DE LOS CICLOS

En casi todos los países desde la Gran Depresión se han puesto en práctica medidas que ayudan a evitar las duras recesiones económicas. Por ejemplo, el seguro de desempleo proporciona a la mayoría de los trabajadores algunos ingresos cuando se quedan sin trabajo. La seguridad social y las pensiones pagadas por muchas organizaciones proporcionan algunos ingresos a una serie de trabajadores jubilados. Aunque no son tan poderosos como lo fueran antaño, los sindicatos siguen siendo un obstáculo contra la caída acumulada de los salarios que agravó las anteriores depresiones económicas. Existen mecanismos para garantizar los precios de las cosechas (como la política agrícola común de la Unión Europea) que protegen a los agricultores de las desastrosas caídas de sus ingresos.

El Gobierno también puede intentar intervenir directamente para contrarrestar las recesiones. Existen principalmente tres técnicas disponibles: la política monetaria, la política fiscal y la política de rentas. Los economistas discrepan profundamente respecto a la elección de la técnica adecuada.

Algunos economistas como el americano Milton Friedman y otros defensores del monetarismo prefieren la política monetaria, que es adoptada por los gobiernos conservadores. La política monetaria consiste en controlar a través del banco central la oferta de dinero y los tipos de interés, que determinan la disponibilidad y el costo de los préstamos para las empresas. En teoría, la restricción de la oferta monetaria ayuda a reducir la inflación y el aumento de la oferta ayuda a recuperarse de una recesión. Cuando la inflación y la recesión se producen simultáneamente, —un fenómeno denominado estanflación— es difícil saber qué política monetaria aplicar.

El economista americano John Kenneth Galbraith considera que las medidas más efectivas son las fiscales, como una mayor imposición a los ricos, y una política de rentas que busque mantener a bajos niveles tanto los precios como los salarios, en función del crecimiento de la productividad. Las políticas económicas no han tenido mucho éxito en el periodo posterior a la II Guerra Mundial.

Depresión

Depresión (economía), periodo durante el cual un país industrializado presenta una producción y unas ventas reducidas, y al mismo tiempo altas tasas de desempleo y de quiebras empresariales. Una depresión es el punto más bajo de un ciclo económico. Casi todas las teorías económicas modernas consideran que las depresiones son el resultado de una caída de la demanda, junto a una disminución de la inversión y de los salarios, que reducen el nivel de consumo. El keynesianismo destaca por su análisis de las condiciones que crean y prolongan las depresiones. Sin embargo, la economía marxista siempre ha considerado las depresiones como el síntoma de la propia naturaleza del capitalismo. La depresión más importante se produjo en 1929 y fue conocida como la Gran Depresión, pero se han producido otras depresiones (o recesiones) a lo largo de la historia, sobre todo a partir de la crisis de los precios del petróleo de 1973.

Sectores económicos

Sectores económicos, división de la actividad económica de un Estado, atendiendo al tipo de proceso que implique. Desde la publicación de las obras del australiano Colin Clark en 1940, las actividades económicas se dividen en tres grandes sectores denominados primario, secundario y terciario.

· El sector primario agrupa las actividades que implican la extracción y obtención de materias primas procedentes del medio natural (agricultura, ganadería, minería, silvicultura y pesca). Es propio de las zonas rurales.

· El sector secundario incluye las actividades que suponen la transformación de las materias primas en productos elaborados, es decir, la industria y la construcción (por ejemplo, siderurgia, sector agroalimentario, etc.; la producción de bienes de consumo en general). Se localiza principalmente en zonas urbanas.

· El sector terciario, finalmente, es un conjunto mal definido que incluye todas las actividades y prestación de servicios que no pertenecen a los otros dos sectores y que podrían considerarse como actividades de suministro de bienes inmateriales a las personas, a las colectividades o a las empresas. Este sector agrupa los servicios mercantiles y no mercantiles, especialmente el comercio (al por mayor y al por menor), el negocio de automóviles y las reparaciones, el alquiler de viviendas, el correo y las telecomunicaciones, los seguros, el turismo, la sanidad, la educación, la cultura y los servicios ofrecidos por las administraciones públicas. Normalmente, en los países desarrollados más del 60% de la población activa trabaja en este sector productivo.

La división de la economía en distintos sectores permite estudiar su evolución a lo largo del tiempo, pero sigue siendo bastante convencional. Las fronteras entre sectores suelen ser imprecisas. Por ejemplo, es muy difícil determinar si las actividades de servicios presentes en el seno de las organizaciones industriales (servicios informáticos o de gestión) pertenecen realmente al sector terciario o, a la inversa, si la utilización de productos industriales en los servicios (transportes, telecomunicaciones) no modifica la definición del sector secundario.

Así, a estos tres sectores tradicionales de la economía (primario o agrario, secundario o industrial y terciario o de servicios) se les empieza a añadir un nuevo sector, el cuaternario, que aglutina actividades empresariales y políticas con un alto grado de especialización y relacionadas con la gestión y distribución (compra, venta y alquiler) de la información, el bien económico fundamental. La sociedad se centraba antes en actividades materiales de tipo industrial y ahora se aglutina en torno a tareas que tienen que ver con el valor intangible de la información, tales como la dirección, la alta investigación, las nuevas tecnologías y la toma de decisiones. Se dice que ha surgido una nueva sociedad en el nuevo milenio, la sociedad de la información (cuyos antecedentes se encuentran en el concepto de Daniel Bell sobre la sociedad postindustrial) o la sociedad del conocimiento, que plasma la revolución tecnológica que se vive, de similares proporciones a la industrial de finales del siglo XVIII. Se consideran dentro del sector cuaternario las empresas que tradicionalmente se integran en el sector industrial, pero que están ligadas con las tecnologías de la información, como los fabricantes de ordenadores, programas de ordenador y nuevas tecnologías (como los CAD/CAM, SIG, GPS, los portales de Internet, etc.); las actividades relacionadas con las finanzas (cuestiones bancarias y bursátiles, seguros, grandes negocios mercantiles, etc.); algunos consideran también dentro del cuaternario ciertos trabajos ligados a la información, como el realizado en las editoriales, los medios de comunicación, las bibliotecas, consultorías y hasta las empresas telefónicas. Muchos asocian este sector sólo con el ocio y la cultura; otros pocos con los receptores de subvenciones y pensiones. El sector cuaternario sólo aparece en las ciudades de gran tamaño y dinamismo económico (como las conurbaciones y megalópolis) y en las regiones socialmente más avanzadas.

Renta nacional

1- INTRODUCCIÓN

Renta nacional, en teoría económica, ingresos netos totales obtenidos por la población de un país al producir el output nacional de bienes y servicios durante un periodo de tiempo, normalmente el año natural.

2- CÁLCULO DE LA RENTA NACIONAL

Las cifras de la renta nacional provienen de la cifra básica denominada producto nacional bruto (PNB), y son el resultado de una serie de sumas y restas a partir de esa cifra. Los economistas suelen calcular las cifras de renta desde dos perspectivas distintas. En una de ellas las cifras de renta son la suma total anual pagada a los factores de producción: la renta de la tierra, los salarios del trabajo, los intereses del capital y los beneficios de los empresarios. Una segunda perspectiva para el cálculo de la renta nacional es el valor monetario total neto de la producción nacional de bienes y servicios. La igualdad entre renta nacional y producto nacional se debe a que la renta y el producto son dos caras de la misma actividad de producción.

Una preocupación de índole estadística se refiere al cálculo del valor. La dificultad deriva del hecho de que el valor de un producto final incluye el de sus partes integrantes. Se tiene por lo tanto que evitar la doble contabilización de forma que se incluya únicamente el valor del producto final.

De la cifra que expresa el valor de la renta nacional se excluye el valor de las transacciones que no reflejan un pago a los factores de producción o que no añaden valor al producto nacional, como pueden ser las herencias, los regalos o las ganancias de capital provenientes de los activos.

Las estadísticas de la renta nacional pueden tomarse como un índice de la prosperidad de una nación si los precios utilizados para calcular la renta y el producto son un indicador razonable del bienestar económico del país y de los cambios en los precios y en la calidad de los bienes. Al comparar los totales de la renta nacional para varios años hay que prestar atención al poder adquisitivo de los valores que representan estas cifras o, como se suele denominar, a la renta nacional real.

3- RENTA PERSONAL

Derivada de las cifras de renta nacional, la renta personal es la cantidad de dinero recibida por los individuos para su uso particular. Se compone de todo tipo de ingresos: sueldos y salarios, ingresos de los propietarios y rentistas, dividendos, cobro de intereses y transferencias recibidas. Este último concepto incluye pensiones, seguros de desempleo y pagos provenientes de los servicios sociales. En los últimos años las transferencias recibidas han sido una parte creciente de la renta personal. Cuando se restan la totalidad de impuestos pagados, el remanente se denomina renta disponible, que se puede gastar o ahorrar. A través de la medición de estas cifras de ingresos, el Gobierno determina cuánto dinero de la renta es disponible y cómo se tiene que distribuir.

Una medida habitual de la prosperidad económica de una nación es su renta anual per cápita. Según un informe del Banco Nacional del Trabajo de Italia, la renta per capita en 2001 iba desde los 38.600 dólares estadounidenses de Suiza (la más alta del mundo) hasta los 180 de la República Democrática del Congo, desde esta perspectiva el país más pobre de la Tierra.

Distribución de la renta

Distribución de la renta, reparto del dinero y de los demás beneficios derivados de la producción de bienes y servicios dentro de una economía. La actividad económica de un país proporciona un producto que se traduce en ingresos obtenidos por los factores de producción utilizados para obtener el bien. Estos factores de producción son cuatro: la tierra, el trabajo, el capital y el empresariado. Según esto, los ingresos obtenidos por cada uno de estos factores se clasifican como la renta pagada por la utilización de la tierra, los sueldos y salarios obtenidos por los trabajadores, los tipos de interés que remuneran al capital y los beneficios que reciben los empresarios. La distribución de la renta se encarga de analizar la cuantía de cada uno de ellos.

Sin embargo, la tierra y otros tipos de capital (por ejemplo, la maquinaria o las infraestructuras públicas) suelen agruparse en un concepto de capital más amplio, de forma que la renta nacional total se divide en dos grandes categorías, una referida a las rentas del trabajo (sueldos y salarios) y otra relativa a las rentas empresariales y a la remuneración del capital (intereses y beneficios). Aunque los métodos modernos de contabilidad nacional desglosan con bastante detalle la distribución de la renta nacional entre todos los factores productivos, los estudios tradicionales se encuentran con que el desglose se limita a diferenciar entre rentas del trabajo y beneficios.

Sin embargo, la diferencia conceptual entre estos dos tipos de ingresos no está muy clara. Por ejemplo, los ingresos recibidos por el propietario de una tienda son mixtos: recibe ingresos por su trabajo (salario), una renta por el valor de su propiedad y unos intereses por los capitales invertidos. Por lo tanto, para estimar la variación de la distribución de la renta a lo largo de los años hay que realizar una serie de supuestos sobre cómo se reparten los ingresos no derivados del trabajo entre los distintos tipos de ingresos. La interpretación de los datos de las tendencias a largo plazo sobre la distribución de la renta entre los factores productivos es todavía más ardua, debido a las dificultades para distinguir entre rentas laborales y rentas del capital, puesto que gran parte de los salarios constituyen una remuneración al capital humano que algunos logran gracias a la educación superior y a la experiencia profesional adquirida en el mercado de trabajo.

Así, la tendencia general hacia el aumento de la distribución de la renta para los trabajadores experimentada durante el siglo XX no debe interpretarse como una distribución más equitativa de la renta. En parte, esta tendencia refleja una reducción del empleo autónomo debido, sobre todo, a una disminución de la agricultura y al descenso del número de pequeños comercios de venta al por menor. Los capitalistas son hoy trabajadores asalariados, lo que aumenta de forma artificial la percepción de ingresos de este factor. Además, en tanto en cuanto gran parte de este factor es mano de obra calificada, parte de los ingresos deben imputarse al capital humano.

Por lo tanto, aunque cómo se distribuye la renta entre los factores productivos ha sido (y sigue siendo) un aspecto importante del debate político, no siempre permite analizar la distribución de la renta nacional de forma equitativa. Por ello es necesario buscar datos que reflejen la proporción de cada tipo de ingresos que reciben las economías domésticas (familias e individuos). Si los datos están bien recogidos, es posible determinar los diferentes ingresos entre familias grandes y pequeñas (equidad horizontal) y los diferentes ingresos entre familias homogéneas (equidad vertical). Para que sean fiables deben reflejar ingresos netos (descontados los impuestos). También hay que tener en cuenta las transferencias recibidas del sector público. Pero estas estimaciones no son siempre exactas. Algunos países tienen datos detallados y fiables para realizar buenas estimaciones sobre la distribución de ingresos netos de impuestos entre familias clasificadas por tamaños. Los datos más comunes relativos a la distribución igualitaria de la renta reflejan la dispersión de ingresos, es decir, comparan los ingresos que recibe cada tipo de trabajador. Estos datos suelen presentarse por deciles (10%); se agrupan los trabajadores en función del 10% con mayores ingresos, y después el siguiente 10%, y así hasta el último decil. También se pueden representar con una única cifra; hasta ahora se utilizaba casi siempre el índice de Gini (por el estadístico italiano Cerrado Gini), pero éste ha sido reemplazado por el índice de Atkinson (del economista británico A.B. Atkinson), que tiene diversas ventajas respecto al anterior: proporciona, por ejemplo, la medida estadística de la desigualdad de rentas incorporando un valor explícito que refleja el grado de aversión a la desigualdad.

Producto Interno Bruto (PIB)

Producto interior bruto (PIB), concepto económico que refleja el valor total de la producción de bienes y servicios de un país en un determinado periodo (por lo general un año, aunque a veces se considera el trimestre), con independencia de la propiedad de los activos productivos. Por ejemplo, la producción de las empresas españolas instaladas en Argentina es parte del PIB argentino y no del español. Casi todos los países industrializados consideran que el PIB es el mejor indicador de la actividad económica pero, hasta principios de la década de 1990, Alemania, Japón y Estados Unidos preferían utilizar el producto nacional bruto (PNB), que es la suma total de todos los ingresos percibidos por los residentes de un país, independientemente de dónde se sitúen sus activos productivos; así, los ingresos percibidos por una empresa española radicada en Argentina se considerarán parte del PNB español, y no del argentino.

El PIB engloba el consumo privado, la inversión, el gasto público, la variación en existencias y las exportaciones netas (las exportaciones menos las importaciones). Al principio, el PIB pretendía reflejar la aportación a la producción de un país de los distintos sectores: agricultura, industria y servicios. En los países más industrializados, los servicios representan entre el 60% y el 70% del PIB, la industria entre el 25% y el 40% y la agricultura menos del 5%. Por supuesto, siempre hay excepciones. La contribución de la agricultura al PIB supera el 5% en Irlanda, España y Nueva Zelanda, por ejemplo. La contribución de los servicios al PIB estadounidense supera el 70% y en Japón la industria representa más del 40% de su PIB.

El PIB suele calcularse a precios de mercado. Sin embargo, si se restan los impuestos indirectos y se suman los subsidios y las transferencias del Estado se obtiene el PIB al costo de los factores, lo que permite una visión más precisa de la remuneración de cada factor de producción. También puede calcularse a precios constantes (lo más habitual) o a precios corrientes (que no tienen en cuenta los efectos de la inflación). El PIB se puede establecer de tres maneras: sumando el valor de todos los bienes y servicios producidos; sumando todos los gastos invertidos en bienes y servicios; o sumando la remuneración de todos los factores productivos. En teoría, los tres métodos de cálculo deben ofrecer un mismo resultado, puesto que la producción tiene que ser igual al gasto, que a su vez es igual a los ingresos. Sin embargo, es imposible calcular con absoluta precisión el PIB, aunque sólo sea porque siempre existe cierta economía sumergida (actividades no declaradas de forma oficial); por ejemplo, en Italia existe una importante economía sumergida estimada en torno al 20% de toda la actividad económica, aunque para algunos analistas es algo superior.

Uno de los indicadores del nivel de vida de un país viene dado por el PIB per cápita, que no es más que el valor del PIB total dividido por el número de ciudadanos. Esta cifra suele darse en dólares estadounidenses para facilitar las comparaciones entre países. Si el PIB crece más deprisa que la población, se considera que aumenta el nivel de vida. Si la población crece más deprisa que el PIB se dice que el nivel de vida disminuye. Dado que el PIB per cápita no tiene en cuenta el costo de la vida de cada país, ciertos analistas consideran que es mejor valorar el nivel de vida en función de la paridad del poder adquisitivo (PPA), la cual se establece en una escala de 1 a 100, siendo el poder adquisitivo igual a 100. Otro indicador del nivel de vida es el índice de desarrollo humano, publicado por primera vez por el Programa de las Naciones Unidas para el Desarrollo (PNUD) en 1990. Tiene una escala de 1 a 100 y tiene en cuenta el PIB per cápita, el grado de alfabetización y la esperanza de vida de la población.

Tasa de crecimiento económico

Tasa de crecimiento económico, variable que aumenta o disminuye el producto interior bruto (PIB). Si el PIB crece a un ritmo superior al del crecimiento de la población, se dice que el nivel de vida de ésta aumenta. Si por el contrario la tasa de crecimiento de la población es mayor que la tasa de crecimiento del PIB, podemos afirmar que el nivel de vida de la población está disminuyendo. El crecimiento se puede medir en términos nominales o reales (descontando los efectos de la inflación). Si el PIB nominal ha aumentado a una tasa de crecimiento del 5% y la inflación alcanza una tasa del 4% en el mismo periodo, podemos decir, en términos reales, que la tasa de crecimiento es del 1%, que es el aumento real del PIB.

La tasa de crecimiento económico se utiliza para realizar comparaciones entre distintas economías, o entre una economía y el grupo de países a la que pertenece. Por ejemplo, la tasa de crecimiento de Argentina o Uruguay puede compararse con la media o promedio de los cuatro países integrantes del Mercosur mientras que, para el caso de España, puede ser más interesante comparar su tasa con la de los 15 países integrantes de la Unión Europea.

Balanza de pagos

Balanza de pagos, relación entre la cantidad de dinero que un país gasta en el extranjero y la cantidad que ingresa de otras naciones. El concepto de balanza de pagos no sólo incluye el comercio de bienes y servicios, sino también el movimiento de otros capitales, como la ayuda al desarrollo, las inversiones extranjeras, los gastos militares y la amortización de la deuda pública.

Las naciones tienen que equilibrar sus ingresos y gastos a largo plazo con el fin de mantener una economía estable, pues, al igual que los individuos, un país no puede estar eternamente en deuda. Una forma de corregir un déficit de balanza de pagos es mediante el aumento de las exportaciones y la disminución de las importaciones, y para lograr este objetivo suele ser necesario el control gubernamental. Por ejemplo, un gobierno puede devaluar su moneda para lograr que los bienes nacionales sean más baratos fuera y de este modo hacer que las importaciones se encarezcan (*véase* Devaluación).

El término *balanza de pagos* puede también aludir al registro contable de todas las transacciones económicas internacionales realizadas por un país en un periodo de tiempo determinado (normalmente un año).

Activo y pasivo

Activo y pasivo, riqueza de una empresa y las deudas que pesan sobre sus bienes. En economía y en contabilidad hay que hacer una distinción esencial entre variables flujo y variables *stock* (existencias). Por ejemplo, el ingreso es una variable flujo, por lo que cualquier cifra de ingresos debe referirse a un determinado periodo —la semana, el mes o el año— en el que se define esa variable. Por el contrario, la variable riqueza se considera una variable *stock.* En este supuesto la variable debe definirse en función de una determinada fecha. En contabilidad las variables *stock* (como es la riqueza) aparecen en el balance, en el que se escribirá en una columna los activos, y en otra columna aparecerán los pasivos. Sin embargo, activos y pasivos dependerán del tipo de empresa.

Por ejemplo, los activos de un individuo incluyen la casa, el mobiliario de ésta, las cuentas corrientes en los bancos, los activos financieros (por ejemplo, las acciones que posea) y el dinero en efectivo. También se pueden incluir los planes de pensiones que, sin duda, afectan al comportamiento económico de las familias. También hay pasivos como la hipoteca de la casa o el pago a plazos del coche o de otros bienes, así como otras obligaciones financieras, como puede ser el pago del impuesto sobre la renta.

Cuando se trata de una empresa, la composición de sus activos y pasivos es muy diferente. Entre los activos de una empresa destacan sus fábricas y maquinaria, sus existencias inventariadas de materias primas y productos semiterminados —es decir, aquellos que todavía están inmersos en el proceso de producción— y los bienes finales pendientes de distribución. También hay que añadir las deudas pendientes de cobro, por ejemplo, el cobro de bienes vendidos pero no cobrados, o el cobro de intereses por activos financieros. Pero las empresas valdrán más de lo que representa la suma de los anteriores activos porque, por el hecho de ser una compañía en funcionamiento, tendrá una clientela fija y un nombre conocido que les permitirá vender más que una recién creada. A este activo intangible se le denomina 'fondo de comercio'. En la columna donde se reflejan los pasivos en el balance aparecerán las obligaciones que tendrá dicha empresa: pagos a proveedores y otras obligaciones financieras, como por ejemplo es el pago de impuestos. Además, en tanto en cuanto haya emitido deudas para lograr más capital (es decir, bonos que no son parte del capital social o los depósitos que tienen los bancos) adquiere obligaciones para pagar a los tenedores de los bonos o a los propietarios de cuentas corrientes y otros depósitos bancarios.

Desde el punto de vista del país, de nuevo, los activos y pasivos serán distintos. El balance de un Estado no consistirá en la simple suma de los balances de los individuos y las empresas. Entre los activos de un país hay que incluir el capital nacional, como son las edificaciones públicas (bibliotecas, palacios reales, oficinas ministeriales, etcétera), las infraestructuras públicas de transporte o los recursos naturales (minas, bosques, etcétera) que no aparecerán en el balance de ninguna entidad. También se puede sostener que, puesto que uno de los activos más importantes de un país es su potencial de trabajo, habrá que contabilizar éste de alguna manera. Por supuesto, las obligaciones y pasivos de empresas e individuos de un mismo país se anulan entre sí —la obligación que tiene una persona de pagar determinada cantidad a otra será un activo de esta última. Pero un país puede contar con activos (físicos o financieros) en otro país y los extranjeros pueden disponer igualmente de activos en el país (físicos o financieros). Por lo tanto, la riqueza nacional habrá de considerar los pasivos netos de un país frente a otros.

Plan quinquenal

Plan quinquenal, nombre que designa cada una de las series de programas adoptados por la antigua URSS para el desarrollo de la economía nacional y la vida cultural del país. Como el nombre sugiere, cada plan abarcaba un periodo de cinco años de esfuerzos concentrados en el desarrollo. Otras naciones, incluidas la India y China, han utilizado también los planes quinquenales.

Capitalismo de Estado

Capitalismo de Estado, fase intermedia de acceso al socialismo según la doctrina oficial soviética. La interpretación del marxismo-leninismo realizada por el Partido Comunista de la Unión Soviética (PCUS) establecía diversas etapas desde la revolución hasta el advenimiento del socialismo. En la fase del capitalismo de Estado, el Estado nacido de la revolución se apropiaba del capital y los medios de producción para romper las estructuras del capitalismo tradicional, en el marco político de la dictadura del proletariado. El Estado, controlado por los trabajadores, alcanza así su máxima expresión en el momento previo a su propia desaparición, que se produce al alcanzarse el socialismo.

El marxismo no soviético valoró la fase del capitalismo de Estado como una justificación de la política diseñada en la Unión Soviética por el estalinismo dominante. Se consideró una aberración, pues se percibía la dictadura del partido que latía tras ella, y se argumentó en su contra que el fortalecimiento del Estado sólo conduce a su perpetuación y que el control monopolístico público de los medios de producción provoca distorsiones e ineficacias en la economía.

Proteccionismo

Proteccionismo, política económica que preconiza la salvaguardia de la actividad económica nacional frente a la competencia internacional, a través del establecimiento de procedimientos de control del comercio exterior.

Asociado inicialmente al mercantilismo del siglo XVII, el pensamiento de la economía clásica lo arrinconó durante las primeras décadas del siglo XIX. Las diferencias cronológicas en el inicio de los distintos procesos de industrialización de los países europeos originó un nuevo concepto de proteccionismo: la pujante competitividad de los países ya industrializados condenaría al estancamiento a los que estaban en el curso de las primeras etapas de su proceso de industrialización. Este argumento se empleó después en relación a los países subdesarrollados.

Otra argumentación en favor del proteccionismo es que puede generar el desarrollo de actividades económicas a partir de las actividades protegidas. Ésta es la base de los modernos sistemas que, además de los clásicos cupos de importación y aranceles, incluyen distintos requisitos burocráticos, sanitarios, técnicos y administrativos.

Divisas

1- INTRODUCCIÓN

Divisas, unidades monetarias o dinero extranjero que tienen los bancos de un país. Así, una libra esterlina es dinero en el Reino Unido, pero se considera como una divisa en Estados Unidos. Un depósito de 1.000 dólares en un banco estadounidense perteneciente a una empresa francesa constituye una cantidad de divisas a favor de Francia.

La existencia de divisas se debe a que los diferentes países utilizan distintas unidades monetarias que sólo son de curso legal dentro de su propio territorio, careciendo de valor en otros países. Debido al comercio internacional, a los viajes que las personas realizan al extranjero y a las inversiones que unos países realizan en otros, es necesario poder intercambiar las distintas unidades monetarias. Teóricamente, la cantidad de bienes intercambiados entre dos países y las inversiones que hagan entre sí en el otro país determinarán el valor de sus respectivas monedas.

2- FLUCTUACIONES DE PRECIOS

Las divisas son como cualquier otro bien, por lo que sus precios varían en función de las fuerzas de la oferta y demanda; los tipos de cambio se publican a diario en los principales periódicos del mundo. Mediante un acuerdo a escala internacional se fijaron tipos de cambio fijos, con un estrecho margen de fluctuación para casi todas las monedas, a raíz de la Conferencia de Bretton Woods, acuerdo que estuvo en vigor hasta 1973. En esta fecha se establecieron tipos de cambios flexibles, determinándose así el valor de las distintas monedas en función de la oferta y la demanda.

Cuando el tipo de cambio es flexible e independiente de las intervenciones gubernamentales, el tipo de cambio de una moneda frente a otra, o el precio de una moneda en términos de otra, dependerá de la oferta y demanda totales, y del poder adquisitivo relativo de las dos monedas, es decir, de la posición de los dos países en los mercados mundiales. El oro y la riqueza tienden a salir de los países que compran fuera de sus fronteras más de lo que venden. A veces, las presiones especulativas de distintos agentes económicos afectan a los tipos de cambio. Sin embargo, los gobiernos no suelen permitir que esto ocurra, ni tampoco que los tipos de cambio sean flexibles por completo y dependan en exclusiva de las leyes de la oferta y la demanda. Cuando en un sistema de tipos de cambio flexibles los gobiernos intervienen para fijar el valor de sus monedas se dice que estamos ante una "flotación sucia". Una de las alternativas más destacadas al sistema de tipos de cambios flexibles fue el Sistema Monetario Europeo (SME). Con este sistema los distintos gobiernos de la Unión Europea (UE) intentaron mantener el valor de sus monedas dentro de una "banda de fluctuación" en torno a una paridad central (compuesta por todos los tipos de cambios bilaterales). Hasta 1992 el sistema parecía funcionar a la perfección, todas las monedas fluctuaban dentro de las bandas prefijadas del ±2.25, menos la peseta, y con anterioridad la lira italiana, que tenían un margen mayor del 7,5%. Sin embargo, el sistema se vino abajo a raíz de ataques especulativos. Algunos países abandonaron el sistema (Reino Unido e Italia), y los demás tuvieron que ampliar la banda de fluctuación al ±15%. Los países miembros de la UE se dieron cuenta de lo caro que resultaba defender sus monedas de los ataques especulativos, en términos de pérdidas de reservas (los bancos centrales se ven obligados a vender moneda extranjera y comprar moneda local para evitar la caída), en especial en un marco de libertad total de circulación de capitales y con los mercados financieros internacionales liberalizados por entero. En la Cumbre de Madrid de diciembre de 1995 los países miembros de la UE acordaron continuar el proceso encaminado hacia la Unión Económica y Monetaria (UEM) para crear la moneda única. Ésta, con el nombre de euro, entró en funcionamiento el 1 de enero de 1999 en los mercados financieros. No fue hasta tres años más tarde, el 1 de enero de 2002, cuando el euro comenzó a circular físicamente entre los ciudadanos de los doce países que suscribieron el proyecto de la moneda única.

3- CONTROL DE LOS GOBIERNOS

Cuando las necesidades de divisas de un país exceden sus reservas de divisas, tiene poco oro y no puede acceder a una financiación exterior, el valor de su moneda tenderá a disminuir o a depreciarse. En estas condiciones, el Gobierno puede optar por mantener el tipo de cambio libre y dejar que su moneda se deprecie o por abandonar el sistema de tipos de cambio flexible y establecer controles cambiarios (en cuyo caso es frecuente la aparición del mercado negro). El objetivo de estos controles es limitar la demanda y aumentar la oferta de divisas, con el fin de mantener la estabilidad del tipo de cambio. Estos controles suelen consistir en permitir la utilización de divisas tan sólo para aquellas operaciones de importación que se hayan aprobado con carácter previo, y exigen que todas las divisas obtenidas mediante las exportaciones sean cambiadas por moneda local en el banco central. A partir de la Gran Depresión de la década de 1930, muchos países, sobre todo los países menos industrializados, han limitado su mercado de divisas, activando controles cambiarios. Para ayudar a resolver los desequilibrios de pagos internacionales que surgieron a partir de la II Guerra Mundial, las Naciones Unidas (ONU) crearon en 1946 el Fondo Monetario Internacional y el Banco Internacional para la Reconstrucción y el Desarrollo. El Fondo promueve la estabilidad monetaria y la desaparición de las restricciones al movimiento de capitales al garantizar a los Estados miembros préstamos en divisas para financiar déficit temporales en sus balanzas de pagos. El banco garantiza préstamos a largo plazo a los países miembros para financiar proyectos concretos.

Los cambios acaecidos en los mercados internacionales a partir de 1970, como la crisis del petróleo y el abandono del sistema creado en Bretton Woods, llevaron a un nuevo orden económico internacional, caracterizado por tipos de cambios flexibles y por el abandono del sistema del patrón dólar que marcaba el valor de todas las divisas en función del dólar, cuyo valor quedaba establecido a su vez por el oro, conforme a un sistema de patrón oro tradicional. En muchos países latinoamericanos, la hiperinflación generada durante la década de 1980 llevó a reforzar el tipo de control de cambio. Muchos optaron por atar su moneda al dólar para detener la subida de precios. Años más tarde, algunos países -como Ecuador y El Salvador- han dolarizado completamente sus economías, eliminando su moneda local y adoptando la divisa estadounidense. En Argentina la crisis económica y financiera del año 2001 obligó al Gobierno a abandonar la paridad fija entre el peso y el dólar, después de más de diez años de igualdad.

Econometría

Econometría, rama de la economía que utiliza métodos y modelos matemáticos. El cálculo, la probabilidad, la estadística, la programación lineal y la teoría de juegos, así cómo otras áreas de las matemáticas, se utilizan para analizar, interpretar y predecir diversos sistemas y variables económicas, como el precio, las reacciones del mercado, el costo de producción, la tendencia de los negocios y la política económica.

Teoría del valor trabajo

Teoría del valor trabajo, principio que afirma que el valor de un bien o servicio depende de forma directa de la cantidad de trabajo que lleva incorporado. Adam Smith pensaba que el trabajo era la unidad de medida exacta para cuantificar el *valor*, pero no el factor determinante de los precios. Durante los 25 años posteriores al fallecimiento de Smith, David Ricardo desarrolló la teoría del valor trabajo en sus *Principios de economía política y de la imposición* (1817) en la que afirmaba que todos los costos de producción son, de hecho, costos laborales que se pagan, bien de una forma directa o bien acumulándolos al capital (por ejemplo, maquinaria adquirida gracias al esfuerzo de los trabajadores). Por ello se defendía que los precios dependerían de la cantidad de trabajo incorporado en los bienes o servicios. Sin embargo, el posible fallo de la teoría es que si dos bienes se producen utilizando la misma cantidad de factor trabajo, pero uno de ellos utiliza más factor capital, el productor del bien intensivo en capital tendrá que recoger el valor de este capital e incluirlo en el precio si quiere obtener la misma tasa de beneficios o ganancias que la del productor del bien intensivo en trabajo. No obstante, la teoría del valor basada en el trabajo se convirtió en un principio fundamental en el pensamiento económico de Karl Marx, que suponía que sólo el factor trabajo podía crear valor.

Trabajo

Trabajo, en Economía, esfuerzo realizado para asegurar un beneficio económico. Es uno de los tres factores de producción principales, siendo los otros dos la tierra (o recursos naturales) y el capital.

En la industria, el trabajo tiene una gran variedad de funciones, que se pueden clasificar de la siguiente manera: producción de materias primas, como en la minería y en la agricultura; producción en el sentido amplio del término, o transformación de materias primas en objetos útiles para satisfacer las necesidades humanas; distribución, o transporte de los objetos útiles de un lugar a otro, en función de las necesidades humanas; las operaciones relacionadas con la gestión de la producción, como la contabilidad y el trabajo de oficina; y los servicios, como los que producen los médicos o los profesores.

Muchos economistas diferencian entre trabajo productivo y trabajo improductivo. El primero consiste en aquellos tipos de manipulaciones que producen utilidad mediante objetos. El trabajo improductivo, como el que desempeña un músico, es útil pero no incrementa la riqueza material de la comunidad.

A raíz de la Revolución Industrial a finales del siglo XVIII, casi todos los trabajadores estaban empleados mediante el sistema fabril y prácticas similares. Estos trabajadores estaban explotados económicamente y padecían enfermedades, discapacidades o desempleo. A principios del siglo XIX, la creciente oposición a los costos sociales del capitalismo extremo debido a la filosofía del *laissez-faire*, provocó el desarrollo del socialismo, así como el de movimientos que luchaban contra los excesos cometidos, como en el caso del trabajo infantil. Los trabajadores empezaron a asociarse en sindicatos y cooperativas que les permitieron participar en distintas actividades políticas y protegerse con medios económicos y políticos. Las leyes que regulan el trabajo muestran el éxito y la fuerza de la moderna organización de los trabajadores, al igual que la negociación colectiva y los acuerdos de *closed shop* muestran sus carencias. La economía industrial es ahora una parte integral de las modernas prácticas económicas.

Capital

1- INTRODUCCIÓN

Capital, término genérico que designa un conjunto de bienes y una cantidad de dinero de los que se puede obtener, en el futuro, una serie de ingresos. En general, los bienes de consumo y el dinero empleado en satisfacer las necesidades actuales no se incluyen en la definición económica de la teoría del capital. Por lo tanto, una empresa considerará como capital la tierra, los edificios, la maquinaria, los productos almacenados, las materias primas que se posean, así como las acciones, bonos y los saldos de las cuentas en los bancos. No se consideran como capital, en el sentido tradicional, las casas, el mobiliario o los bienes que se consumen para el disfrute personal, ni tampoco el dinero que se reserva para estos fines.

Desde el punto de vista de la contabilidad, el capital se define como la suma de las propiedades de un individuo o una corporación, en un momento dado, a diferencia de los ingresos derivados de esas propiedades a lo largo del tiempo. Una empresa de negocios tendrá, por tanto, una cuenta de capital (normalmente denominada balance), que refleja los activos de la empresa en un determinado momento, y una cuenta de ingresos que refleja los flujos de activos y pasivos durante un periodo de tiempo determinado.

Para los economistas del siglo XIX, el término 'capital' se refería únicamente a la parte de la riqueza que había sido anteriormente producida. La riqueza no producida, como la tierra o los yacimientos de minerales, no se incluían en la definición. Los ingresos provenientes del capital (según esta definición) se denominaban beneficios o interés, mientras que los ingresos provenientes de los recursos naturales se denominaban rentas. Los economistas contemporáneos, que consideran que el capital es únicamente un conjunto de bienes y dinero que sirve para producir más bienes y dinero, ya no hacen la anterior distinción.

Se pueden distinguir varias clases de capital. Una clasificación muy común distingue entre capital fijo y capital circulante. El capital fijo incluye medios de producción más o menos duraderos, como la tierra, los edificios y la maquinaria. El capital circulante se refiere a bienes no renovables, como las materias primas o la energía, así como los fondos necesarios para pagar los salarios y otros pasivos que se le puedan exigir a la empresa.

Normalmente, una empresa considerará capital líquido todos aquellos activos que puedan convertirse fácilmente en efectivo, como los productos acabados, las acciones y los bonos. Por el contrario, todos aquellos activos que no se puedan convertir fácilmente en efectivo, como los edificios y las máquinas, se considerarán capital fijo.

Otra clasificación importante es la que distingue el capital productivo del capital financiero. La maquinaria, las materias primas y otros bienes físicos constituyen el capital productivo. Los pasivos de la empresa, como los títulos valores y las cantidades a recibir se conocen como capital financiero. La liquidación del capital productivo reduce la capacidad productiva de la empresa, pero la liquidación del capital financiero únicamente afecta a la distribución de los ingresos.

2- TEORÍAS DEL CAPITAL

Los economistas franceses del siglo XVIII, a los que se denomina fisiócratas, fueron los primeros que expusieron un sistema económico. Su trabajo fue posteriormente desarrollado por Adam Smith, de donde surgió la teoría clásica del capital tras su posterior perfeccionamiento por parte de David Ricardo a principios del siglo XIX. Según la teoría clásica, el capital se define como el conjunto de valores creados mediante el trabajo. Una parte de este capital viene dado por los bienes de consumo utilizados por los trabajadores que producen bienes para el consumo futuro. Otra parte está determinada por los bienes de producción utilizados en la producción para obtener rendimientos futuros. La utilización de los bienes de capital aumenta la productividad del trabajo, posibilitando la creación de una plusvalía superior a la que se necesita para mantener la fuerza laboral. Esta plusvalía es el interés o el beneficio que se paga al capital. El interés, o los beneficios, se suman al capital cuando se reinvierten en la producción.

Karl Marx y otros autores socialistas aceptaban la visión clásica del capital añadiendo un importante matiz. Consideraban que sólo podían ser considerados capital los bienes productivos que permitían obtener ingresos independientemente del trabajo realizado por su dueño. Por lo tanto, las herramientas de un artesano o las tierras de un pequeño propietario no podían considerarse como capital en este sentido. Los socialistas defendían que el capital termina siendo una fuerza determinante en la sociedad cuando un reducido grupo de personas, los capitalistas, poseen la mayor parte de los medios de producción, y un grupo mayoritario de personas, los trabajadores, reciben poco más que unos medios de subsistencia como pago por la manipulación de los medios de producción que sólo benefician a sus propietarios.

A mediados del siglo XIX, los economistas británicos Nassau William Senior y John Stuart Mill, entre otros, consideraban que la teoría clásica no era satisfactoria, principalmente debido a que favorecía los argumentos de los socialistas. Para reemplazarla, crearon una teoría psicológica del capital basada en una investigación sistemática de los motivos de la moderación o abstinencia. Partiendo del supuesto de que la satisfacción debida al consumo presente es preferible, psicológicamente, a la satisfacción futura, defendían que el capital se origina en la privación del consumo de aquellas personas que desean un rendimiento futuro que compense su actual abstención. Dado que esas personas están dispuestas a renunciar al consumo presente, la capacidad productiva puede desviarse de la producción de bienes de consumo para producir más medios de producción o bienes de capital; de esta forma se aumenta la capacidad productiva de un país. Por lo tanto, al igual que el trabajo físico justifica el pago de salarios, la abstinencia justifica el pago de intereses o beneficios.

Dado que la teoría de la abstinencia se basa en juicios subjetivos, no puede considerarse como una base válida para el análisis económico objetivo. Concretamente, era incapaz de explicar por qué la tasa de interés o los beneficios son los que son y no otros.

Con el fin de evitar estas deficiencias, el economista austriaco Eugen Böhm-Bawerk, y el británico Alfred Marshall, así como otros autores, intentaron unir la teoría de la abstinencia y la teoría clásica del capital. Coincidían con los teóricos de la abstinencia en que la posibilidad de rendimientos futuros incentivaba a los individuos para que se abstuvieran de consumir ahora y utilizaran parte de sus ingresos para aumentar la producción, pero añadían, en consonancia con la teoría clásica, que la cuantía de los rendimientos depende de las ganancias de productividad resultantes del aumento de capital utilizado en el proceso productivo. Estos aumentos de capital alargan el proceso de producción (en lugar de producir bienes de consumo hay que esperar a terminar de producir los bienes de capital: maquinaria, etcétera), por lo que aumenta el tiempo necesario para obtener rendimientos. Por lo tanto, se pensaba que la cantidad de dinero que se ahorra, y en consecuencia la cantidad de capital creado, dependían del equilibrio entre el deseo de una satisfacción inmediata, derivada del consumo presente, y el deseo de obtener ganancias en el futuro, derivadas de un proceso de producción más largo. El economista estadounidense Irving Fisher fue uno de los que contribuyeron al desarrollo de esta teoría ecléctica del capital.

John Maynard Keynes rechazaba esta teoría porque no conseguía explicar las diferencias entre el dinero que se ahorra y el capital creado. A pesar de que, según la teoría ecléctica y, de hecho, según todas las teorías anteriores sobre el capital, el ahorro siempre tenía que ser igual a la inversión, Keynes demostró que la decisión de invertir en bienes de capital es independiente de la decisión de ahorrar. Si las inversiones no son rentables, se seguirá ahorrando a la misma tasa, pero los individuos, las empresas y los bancos tendrán una fuerte "preferencia por la liquidez", conservando sus ahorros en lugar de invertirlos. La preferencia por la liquidez provocará un desempleo del capital, lo cual, a su vez, provocará un desempleo o desocupación de la mano de obra.

3- HISTORIA DEL CAPITAL

Aunque las teorías sobre el capital son todas relativamente recientes, el capital, como tal, ha existido en las sociedades civilizadas desde la antigüedad. En los antiguos imperios del Lejano Oriente y del Oriente Próximo, y en mayor medida en el mundo grecorromano, se utilizaba el capital en forma de herramientas y equipos sencillos para producir tejidos, cerámica, cristalería, objetos metálicos y muchos otros productos que se vendían en los mercados internacionales. Tras la caída del Imperio romano, la desaparición del comercio en Occidente acarreó una menor especialización en la división del trabajo y redujo la utilización del capital en la producción. Las economías medievales se basaban fundamentalmente en una agricultura de subsistencia, por lo que no se las puede considerar economías capitalistas. Con las Cruzadas empezó a resurgir el comercio. Esta reaparición del comercio se aceleró a escala mundial durante el periodo de los descubrimientos y colonizaciones de finales del siglo XV. El aumento del comercio favoreció una mayor división del trabajo y una mecanización de la producción, estimulando así el crecimiento del capital. Los flujos de oro y plata provenientes del Nuevo Mundo facilitaron el intercambio y la acumulación de capital, estableciendo las bases para la Revolución Industrial, gracias a la cual los procesos productivos se alargaron, necesitando mayores aportaciones de capital. El papel del capital en las economías de Europa Occidental y América del Norte fue tan importante que la organización socioeconómica prevaleciente en estas zonas desde el siglo XVIII hasta el siglo XX se conoce como sistema capitalista o capitalismo.

En las primeras etapas de la evolución del capitalismo, la inversión en fábricas y maquinaria fue relativamente pequeña, siendo el capital predominante el capital circulante o mercantil, es decir, los bienes en circulación. Sin embargo, a medida que la industria iba desarrollándose, el capital industrial, o fijo —por ejemplo, el capital representado por los molinos, las fábricas, las vías férreas y otras instalaciones industriales y de transportes—, fue el que predominó. A finales del siglo XIX y principios del XX, el capital financiero, en forma de pasivos sobre la propiedad de los bienes de capital en todos los sentidos, fue adquiriendo mayor importancia. Al crear, adquirir y controlar estos pasivos, los financieros y los banqueros adquirieron un mayor control sobre la producción y la distribución. Tras la Gran Depresión de la década de 1930, el control financiero fue sustituido, en casi todos los países capitalistas, por el control del Estado. Una gran parte de los ingresos de Estados Unidos, Gran Bretaña y otros países proviene de los gobiernos, los cuales, como sector público, ejercen una notable influencia a la hora de regular estos flujos, por lo que determinan la cantidad y el tipo de capital creado.

Distribución

Distribución, en economía, término aplicado a dos procesos distintos: (1) al reparto entre los miembros de una sociedad del ingreso y de la riqueza nacional; (2) a la asignación del valor de la producción a cada uno de los factores o agentes que intervienen en la misma: el trabajo, la tierra, el capital y los gestores o administradores de las empresas. La división de la asignación de este valor se hace mediante un pago monetario, representado por los salarios, las rentas, los intereses y los beneficios. Los salarios se pagan a los trabajadores y directivos de las empresas; la renta se paga por la utilización de la tierra y por el disfrute de bienes inmuebles; los intereses son el pago por la utilización de capital, y los beneficios son el remanente que reciben los propietarios de las empresas por el hecho de asumir el riesgo.

Estas asignaciones no representan una parte proporcional del total de riqueza. La formulación de las leyes económicas que deben regular la división de la riqueza constituye el problema central de la teoría económica de la distribución.

Los economistas no se ponen de acuerdo sobre cómo se debe realizar esta distribución. Las distintas escuelas de pensamiento económico han formulado distintas teorías a lo largo de la historia. La mayoría defienden que la desigual distribución de la renta se debe, en gran medida, al funcionamiento del mecanismo de la oferta y la demanda. Por ejemplo, un exceso de oferta de algodón disminuirá el precio de este bien por lo que los productores de algodón verán reducidos sus ingresos. También implicará un aumento de la renta real (o poder adquisitivo) de los demandantes, que podrán comprar más cantidad de algodón. De la misma forma, cuando hay mucho capital disponible y la demanda es baja, los tipos de interés tienden a caer. Por lo tanto, disminuye la proporción de renta nacional que obtienen los prestamistas y aumenta la proporción de renta de los prestatarios. Las variaciones en la proporción de renta nacional que reciben los trabajadores también se pueden explicar a partir de la ley de la oferta y la demanda: cuando hay exceso de mano de obra los salarios tienden a bajar, y cuando la oferta de mano de obra es insuficiente, por ejemplo durante una guerra, los salarios suben. Por último, las desigualdades retributivas entre trabajadores también pueden explicarse a partir de la escasez o abundancia relativa de trabajadores calificados; éstos, que suelen ser una minoría, reciben mayores salarios que los trabajadores menos calificados.

Sin embargo, los economistas han identificado otros factores que influyen sobre la distribución de la renta. Entre éstos se encuentran las prácticas limitadoras de la competencia, como los monopolios y los cártels, que aumentan los precios reduciendo de forma artificial la oferta; la negociación colectiva entre empresarios y trabajadores; la legislación sobre prestaciones sociales, como por ejemplo la creación de la seguridad social; la imposición de un salario mínimo o la limitación de la jornada laboral. Estas prácticas aumentan la parte proporcional de renta que recibe un determinado grupo de personas, por encima de lo que recibirían de operar de modo exclusivo la ley de la oferta y demanda. Los impuestos también alteran la composición de la distribución de la renta.

En comercio, la distribución se refiere al transporte de bienes desde las fábricas hasta los almacenes y locales de venta.

Comercio

1- INTRODUCCIÓN

Comercio, transporte de bienes desde un lugar a otro con el fin de intercambiarlos. El economista británico Adam Smith, fundador de la ciencia económica, decía en *La riqueza de las naciones* (1776) que "la propensión al trueque y al intercambio de una cosa por otra" es una característica intrínseca a la naturaleza humana. Smith también señalaba que el aumento de la actividad comercial es un elemento esencial del proceso de modernización. En la sociedad moderna, la producción se organiza de forma que se puedan aprovechar las ventajas derivadas de la especialización y de la división del trabajo. Sin el comercio, la producción no podría estar organizada de esta forma.

En la antigüedad, el transporte de mercancías a larga distancia era caro y arriesgado. Por lo tanto, el comercio se realizaba, generalmente, en mercados locales, siendo los bienes comercializados, fundamentalmente, alimentos y vestidos. Casi todo el mundo gastaba la mayor parte de sus recursos en alimentos, y lo que no producían ellos mismos lo obtenían comerciando. Lo mismo ocurría con los vestidos: la ropa se hacía en casa o se compraba. Además de alimentos, ropa y cobijo, los grupos más ricos empleaban sus ingresos en atuendos vistosos, joyas y obras de arte, lo que provocó un importante comercio de bienes de lujo.

2- RUTA DE LA SEDA

Uno de los primeros y más destacados ejemplos de comercio a larga distancia es el de la Ruta de la Seda entre China y la Roma imperial, que surgió alrededor del año 100 a.C., cuando la dinastía Han logró que gran parte de Asia central fuera una zona segura para el tránsito de caravanas. Los seis mil kilómetros de ruta permitían el transporte de seda china, lana romana, metales preciosos y muchos otros bienes de gran valor provenientes de puntos intermedios de la India y Arabia. También destacaba el comercio marítimo costero, tanto en el golfo Pérsico como en el océano Índico y en el océano Pacífico norte. Los bienes que se enviaban a tan larga distancia solían ser bienes de lujo comercializados mediante intermediarios, ya que rara vez permanecían durante todo el trayecto en las manos del mismo comerciante. La inestabilidad política que invadió todas las zonas por las que transcurría la ruta a partir del siglo V d.C. interrumpió este comercio, que reaparecería durante los periodos de paz.

3- EUROPA MEDIEVAL

Tras la recesión que siguió a la caída del Imperio romano, el comercio empezó a crecer paulatinamente en Europa durante la edad media, especialmente a partir de los siglos XII y XIII. El comercio a larga distancia fue menos peligroso a medida que los comerciantes creaban asociaciones para protegerse durante los largos viajes. Las principales rutas comerciales de larga distancia ponían en contacto el Báltico y el Mediterráneo oriental con el centro y el norte de Europa. De los bosques del Báltico provenían materias primas: madera, alquitrán y pieles. Del este provenían bienes de lujo: especias, joyas y productos textiles. A cambio de estos bienes, Europa occidental exportaba materias primas y bienes manufacturados. Los ingleses vendían prendas de lana, los holandeses arenques salados, en España se producía lana, Francia exportaba sal; el sur de Europa también destacaba por sus vinos, sus frutas y su aceite. Las ciudades italianas y alemanas que cubrían estas rutas promovían y financiaban el comercio. No obstante, durante la edad media, el comercio entre Europa y Asia era escaso, porque el transporte terrestre era caro y los bienes de Europa no tenían valor suficiente para exportarlos al Este.

4- LA EDAD MODERNA

El desarrollo de veleros y de transportes eficientes durante los siglos XV y XVI ayudaron a una rápida expansión del comercio. A medida que descendía el costo de transportar grandes cargamentos a larga distancia, el grano empezó a importarse a gran escala desde el Báltico hasta los Países Bajos y otros países de Europa. Las nuevas rutas oceánicas entre Europa y el Este permitieron importar desde Asia, con menores costos, un mayor volumen de mercancías del que se podía transportar por tierra. El descubrimiento de América creó un comercio de nuevos bienes como tabaco y madera.

La explotación española de las grandes minas mexicanas y peruanas de oro y plata transformó por completo el comercio internacional. Por fin, Europa poseía un bien —los metales preciosos— que tenían una gran demanda en el lejano Oriente. A cambio de los bienes asiáticos, Europa ofrecía monedas de plata acuñadas en México, España, Italia y Holanda. Utilizando la tecnología y las técnicas desarrolladas gracias a la navegación transoceánica, los europeos acapararon el mercado naval asiático. Los veleros europeos transportaban el cobre japonés a China y a la India, los productos textiles de algodón indio al sur asiático y las alfombras persas a la India. El comercio de bienes de primera necesidad creció a una velocidad asombrosa. La importación de tabaco desde los estados de Virginia y Maryland a Inglaterra, por ejemplo, se multiplicó por más de cien durante el siglo XVII.

A medida que crecía el comercio a larga distancia aparecían nuevas formas de organizaciones comerciales. Al principio, las asociaciones informales dieron lugar a asociaciones legales. Por ejemplo, en Holanda, a partir del año 1500 era normal que los propietarios de los barcos fueran los accionistas, y no los capitanes de los barcos. La aparición de las acciones rompió las barreras sociales existentes entre las distintas clases de comerciantes, permitiendo que los individuos dividieran sus bienes entre barcos que tenían distintos destinos. El comercio internacional dejó de estar limitado a aquellos que podían pagarse el viaje. A partir del siglo XVI, los monopolios nacionales sustituyeron a las asociaciones temporales como forma de organización primordial entre comerciantes. Estas grandes empresas, creadas por el Estado, pero gestionadas y pertenecientes a individuos privados, mantuvieron monopolios sobre el comercio con ciertas regiones.

5- LOS EFECTOS DE LA INDUSTRIALIZACIÓN

Ya en 1750 el comercio de bienes de primera necesidad era mucho más importante que el comercio de especias. En los años siguientes, el comercio sufrió una nueva transformación, esta vez debido a la Revolución Industrial. Como la primera Revolución Industrial se produjo en Europa, ésta se convirtió en el centro de una red comercial global durante todo el siglo XIX. Las economías europeas dependían de los mercados extranjeros para conseguir las materias primas que necesitaban, y vender en ellos los bienes manufacturados que producían. Por lo tanto, el crecimiento de la producción industrial fue seguido de una rápida expansión del comercio. Entre 1750 y 1914, el comercio mundial se multiplicó por cinco. Solamente en el siglo XIX, el número de toneladas transportadas vía marítima, a escala mundial, pasó de 4 millones a 30 millones de toneladas. Los comerciantes europeos controlaban la mayor parte de este comercio.

El crecimiento de la industria afectó al comercio de muchas formas. Al principio, el aumento de la producción estimuló el comercio de materias primas. La mecanización de la producción textil europea provocó un enorme aumento de las exportaciones americanas de algodón en bruto. A partir de 1850, también aumentó el comercio de grano, carne y lana. Europa se convirtió en un importador permanente de trigo de Estados Unidos, Australia, Argentina y la India, pagando estas importaciones con sus productos industriales.

Otro aspecto relevante del crecimiento industrial fue la revolución en el transporte terrestre. El desarrollo de la máquina de vapor y la construcción de líneas férreas favoreció el comercio entre la costa y el interior de todos los continentes. Los trenes y ferrocarriles tuvieron una importancia esencial en Estados Unidos, el este asiático y Latinoamérica.

A finales del siglo XIX las principales regiones productivas dejaron de ser los principales mercados de los productos europeos y norteamericanos. Cada vez más, las naciones industriales empezaban a ser consumidoras de productos de las demás, y el comercio entre América y Europa se hizo multilateral. Lo contrario ocurrió con las principales regiones productivas de África, Asia y Latinoamérica: muchas pasaron a formar parte de los imperios coloniales europeos, y casi todas estas regiones empezaron a depender de unos pocos mercados exteriores.

6- LA ÉPOCA DE LAS GUERRAS MUNDIALES

Tanto el comercio nacional como el exterior sufrieron importantes recortes durante la I Guerra Mundial. Se generalizó la imposición de aranceles a productos de importación, teniendo que desmantelarlos durante la siguiente década a través de conferencias internacionales. Sin embargo, esta disminución de los controles aduaneros no siempre implicaba la reducción de las barreras al comercio. Estados Unidos y muchos otros países adoptaron nuevos derechos de aduanas (también denominados derechos arancelarios) durante la década de 1920.

Con la Gran Depresión de 1929, el comercio volvió a perder relevancia. Las políticas comerciales nacionales no variaron durante 1929, pero en 1930 y los años siguientes se impusieron numerosos controles a las importaciones. A partir de entonces aparecieron zonas de influencia comercial: el área de la libra esterlina, que comerciaba fundamentalmente con el Reino Unido, el bloque del oro, cuyo centro era Francia, y las zonas bajo influencia alemana y estadounidense. En este contexto, el comercio nacional e internacional empezó a recuperarse, lenta pero constantemente, y sólo se volvió a interrumpir durante la II Guerra Mundial.

7- EL FINAL DEL SIGLO XX

La reducción de las barreras comerciales y la continuada expansión del comercio internacional son dos logros importantes del periodo posterior a la II Guerra Mundial. Las reducciones de los aranceles comerciales se han logrado gracias al Acuerdo General sobre Aranceles y Comercio (GATT) y a su sucesora, la Organización Mundial del Comercio (OMC), operativa desde el 1 de enero de 1995, así como mediante la creación de uniones aduaneras. Aunque las exportaciones mundiales se han duplicado, en volumen, y han aumentado ocho veces su valor entre 1954 y 1974, este crecimiento no ha sido igual para todos los países. Durante la década de 1950, las exportaciones de los países de Norteamérica y Europa occidental aumentaron rápidamente, mientras que las exportaciones de los países menos desarrollados decayeron. Por el contrario, a partir de 1965 las exportaciones de los países en vías de desarrollo crecieron más rápidamente, en parte debido al aumento del valor de las exportaciones de los países productores de petróleo. La participación de Japón y de la Unión Europea sobre el comercio mundial aumentó, decayendo la de la Unión de Repúblicas Socialistas Soviéticas y la de Europa del Este. En el plano mundial, el valor del comercio internacional (exportaciones e importaciones) creció drásticamente. No obstante, durante las décadas de 1970 y 1980 reaparecieron las presiones para eliminar las barreras al comercio exterior. Muchos países establecieron cuotas a la importación y negociaron restricciones voluntarias a sus exportaciones —fenómeno conocido como 'nuevo proteccionismo'— pero no está claro si esto representa una seria amenaza al comercio entre países, y su efecto está disminuyendo desde 1990, al finalizar las conversaciones de la Ronda Uruguay del GATT, crearse la OMC y firmarse nuevos acuerdos bilaterales sobre libre comercio entre varios países. En noviembre de 2001 se celebró en Doha, Qatar, la última ronda de liberalización de la OMC, bautizada como la ronda del desarrollo. Tras varios días de negociaciones los países consiguieron llegar a acuerdos en materia de agricultura, medio ambiente, textiles y medicamentos. En esta cumbre se aprobó formalmente la entrada de China en la organización, con lo que reúne ya a 144 países. Pero periódicamente se producen desafíos nacionales o regionales al libre comercio planetario que ponen en tela de juicio la validez de los acuerdos internacionales.

Renta

1- INTRODUCCIÓN

Renta, remuneración obtenida por la cesión del uso de cualquier tipo de propiedad. En sus orígenes, la Economía definía por renta la diferencia existente entre el precio obtenido por el producto de la tierra y el costo de producción. Las primeras teorías sobre la renta fueron desarrolladas por economistas británicos del siglo XVIII, entre los que destacan David Ricardo y Thomas Malthus, que se centraron en el estudio de los beneficios en la agricultura, cuya producción dependía de la productividad de la tierra. Hoy, el término renta se refiere, en sentido amplio, a la obtención de dinero por el uso de distintos bienes, como se describe a continuación.

2- CLASES DE RENTA

Antaño, la renta de la tierra era la remuneración obtenida por el propietario al ceder su uso. En las sociedades agrícolas el arrendatario podía pagar al propietario con el producto de la tierra, que constituía su única fuente de ingresos. La Revolución Industrial implicó un nuevo concepto de renta, al extenderse el uso de este término al pago por vivienda o por locales comerciales. En la actualidad, la percepción de rentas no sólo proviene de la cesión de tierras, sino también de la cesión de bienes inmuebles y de capitales.

3- LEGISLACIÓN

La cantidad de dinero a pagar por el disfrute de una propiedad, la frecuencia del pago y la duración, así como las condiciones de arrendamiento, deben estipularse por escrito en un contrato legal entre el terrateniente y el arrendatario. Cuando no existe este documento escrito o cuando las condiciones del contrato son abusivas o se incumplen, se recurre a la legislación vigente. Entre los derechos del arrendatario se encuentra el libre disfrute de la propiedad, sin intervención del propietario; entre sus obligaciones hay que destacar la obligación de satisfacer la cantidad convenida en los plazos estipulados, así como la indemnización al propietario de los daños causados a la propiedad. Por lo común, el propietario tiene que recurrir a los tribunales cuando el arrendatario incumple sus obligaciones.

Microeconomía

1- INTRODUCCIÓN

Microeconomía, disciplina de la economía cuyo objetivo es el estudio del comportamiento individual de los agentes económicos, principalmente las empresas y los consumidores. La economía se define como la ciencia que estudia la asignación de recursos escasos entre distintas actividades. En otras palabras, las personas tienen diversos objetivos, desde la satisfacción de necesidades primarias como alimentarse, vestirse y protegerse de la intemperie, hasta necesidades más sofisticadas de tipo material, estético y espiritual. Sin embargo, los recursos disponibles para lograr estos objetivos están limitados por la disponibilidad de factores de producción (trabajo, capital y materias primas). La microeconomía estudia cómo se asignan estos recursos para satisfacer objetivos diferentes. Se diferencia de la macroeconomía en que ésta se ocupa de estudiar hasta qué punto los recursos disponibles están plenamente utilizados, cómo crecen con el tiempo y otros temas relacionados con éstos. Pero no siempre es posible trazar una clara línea distintiva entre micro y macroeconomía. Por ejemplo, es frecuente que los diferentes puntos de vista macroeconómicos de distintas escuelas de pensamiento económico se deban a los diferentes supuestos que hacen en el contexto microeconómico. Éste sería el caso de las distintas perspectivas que se tienen sobre el papel que desempeñan los tipos de interés a la hora de regular el nivel de actividad económica —tema macroeconómico en su fundamento y esencia— que reflejan las diferentes opiniones sobre los motivos para demandar dinero, cuyo estudio es parte de la microeconomía.

2- COMPONENTES DE LA MICROECONOMÍA

Los componentes clave de la microeconomía son aquellos que se utilizan para describir: 1) la forma en que los individuos o las familias (economías domésticas) determinan su demanda de bienes y servicios; 2) la forma en que las empresas deciden qué y cuántos bienes y servicios producirán, y con qué combinación de factores productivos; y 3) la forma en que los mercados relacionan la oferta y la demanda. Estos tres componentes de la microeconomía pueden sintetizarse de esta manera en demanda, oferta y equilibrio del mercado. Otras subáreas importantes de la microeconomía son la economía del bienestar y las finanzas públicas.

Los conceptos fundamentales para analizar la demanda, la oferta y el equilibrio del mercado son la elección racional y la optimización. La microeconomía parte de una serie de supuestos simplificadores relativos al comportamiento de los agentes económicos; se sabe que estos supuestos son restrictivos y, por lo tanto, sólo válidos de modo parcial, pero se piensa que son suficientemente precisos para poder realizar predicciones exactas sobre el comportamiento de productores y consumidores. Por ejemplo, la teoría de la demanda del consumidor parte del supuesto de que los usuarios son racionales en tanto en cuanto pretenden maximizar su utilidad. La elección óptima del consumidor será entonces aquella que, entre las distintas opciones posibles, le permita obtener la mayor utilidad. Éstas dependen de su poder adquisitivo (que viene dado por sus ingresos y sus posibilidades de endeudamiento) y de los precios de los bienes y servicios disponibles. Dada la información sobre estos elementos, la elección que maximiza la utilidad del consumidor depende de sus preferencias, es decir, de la valoración subjetiva que el consumidor realiza sobre la utilidad total que le reportarán distintas combinaciones de bienes y servicios.

3- DEMANDA

La teoría microeconómica de la demanda del consumidor intenta mostrar, partiendo de una serie de supuestos psicológicos, cómo varía la decisión maximizadora de la utilidad por parte del consumidor al modificar algunos de los factores determinantes de esta elección, es decir, al cambiar su poder adquisitivo, el precio de los bienes y servicios disponibles y sus gustos o preferencias. Por ejemplo, la teoría permite realizar predicciones sobre la sensibilidad de la demanda ante variaciones de los precios de un producto o de otros sustitutivos en función de las distintas características de los diferentes bienes o de la situación del consumidor. La explicación de los determinantes y propiedades de las distintas demandas es una de las deducciones teóricas que pueden hacerse a partir de supuestos sencillos sobre el comportamiento del consumidor. La teoría básica también explica algunos fenómenos paradójicos como por qué, en algunos casos, la demanda no es inversamente proporcional a los precios relativos o por qué los diamantes, que tienen menor importancia vital que el agua, son mucho más caros.

El individuo no es, por supuesto, un mero consumidor. Para poder tener poder adquisitivo con la obtención de ingresos tiene que vender su capacidad de trabajo. Por lo tanto, una de las primeras elecciones que tiene que realizar es entre los ingresos que quiere obtener y la cantidad de tiempo de ocio o descanso que quiere disfrutar. Estará realizando una elección óptima cuando el promedio de la utilidad marginal entre ingresos y ocio sea igual al precio relativo, es decir, al salario. La teoría permite explicar por qué, cuando aumentan los salarios, unas veces aumenta la oferta de trabajo y otras disminuye. De igual forma, el consumidor tiene que escoger entre consumir ahora o hacerlo en el futuro, ya que si se abstiene de consumir en el presente para poder invertir tendrá más posibilidades de consumo en el futuro. Este tema es analizado por la teoría microeconómica de la elección intertemporal, que está relacionada con los problemas relativos al riesgo, elemento que deberá tener en cuenta el consumidor a la hora de tomar sus decisiones sobre consumo y ahorro, así como en todas en las que intervenga este factor. Por lo tanto, parte de la teoría microeconómica se ocupa de analizar la elección óptima en condiciones de incertidumbre, que está relacionada con la teoría de juegos y tiene múltiples aplicaciones prácticas, por ejemplo, en el caso de las primas de seguros.

4- OFERTA

La teoría de la demanda, que alcanza un elevado grado de sofisticación, es mucho más satisfactoria y práctica que la teoría de la oferta. Esta última pretende explicar el comportamiento de los agentes económicos que actúan como productores, especialmente las empresas, análisis que requiere la aplicación de la teoría de la empresa. En ésta, el supuesto fundamental —que corresponde a la hipótesis de la teoría de la demanda en cuanto a que el consumidor pretende maximizar su utilidad— consiste en que las empresas desean rentabilizar lo más posible sus beneficios o ganancias. Pero este supuesto simplificador tiene una aplicación menos práctica que en el caso de la demanda. Ello se debe en parte a que las empresas están controladas por gestores cuyos objetivos pueden no limitarse a querer maximizar los beneficios de la empresa. Los gestores o directivos pueden tener otro tipo de objetivos, como maximizar sus primas y salarios, o aumentar su poder y su prestigio. Estos objetivos pueden depender del tamaño de la empresa, de sus propiedades y de la rentabilidad de sus actividades aunque, a largo plazo, el poder potencial de los accionistas pueda implicar que la empresa sí se comporta como predice el modelo de la maximización de beneficios. Sin embargo, incluso si se acepta este modelo, siguen existiendo múltiples obstáculos para utilizar algún otro que explique cómo se determina la oferta de un determinado producto. A corto plazo, dada la capacidad de producción, el supuesto de maximización de beneficios permite formular una serie de previsiones sobre la cantidad producida por la empresa y su demanda de factores productivos, al menos en condiciones de competencia perfecta. Se puede hacer una serie de consideraciones razonables sobre la relación general entre las variaciones de los factores de producción y la alteración resultante de la cantidad producida. Estos supuestos tecnológicos, representados mediante "funciones de producción", corresponden a los realizados en la teoría de la demanda relativos a la relación entre consumo y utilidad marginal del consumidor. Partiendo de unos supuestos genéricos concernientes a las funciones de producción, se puede deducir cómo variarán los costos medios y marginales cuando se modifique la producción, y por tanto se puede establecer cuál es la cantidad que hay que producir para obtener los mayores beneficios y cuál es la combinación óptima de factores de producción.

Por lo tanto, los modelos de oferta a corto plazo, que suponen la contrapartida de los modelos de demanda antes descritos, no debieran presentar demasiados problemas. La teoría de la oferta también proporciona una base sólida para realizar predicciones a corto plazo sobre la variación de la demanda de factores de producción en función de los cambios en los precios relativos de éstos. Al mismo tiempo, buena parte de la teoría se encarga de analizar cómo negocian las empresas con sus empleados y cómo las prácticas laborales dependen de los salarios relativos, sin tener que analizar complejas hipótesis sobre la moral del empresario o el mayor valor de la mano de obra cuando se realizan programas de formación profesional. Las teorías que analizan estos dos últimos temas, como la teoría del trabajador "interno y externo", permiten explicar por qué, por ejemplo, la mano de obra desempleada no logra —salvo en los trabajos menos calificados— convencer a los empresarios para que les contraten por un salario menor, ya que esto implicaría despedir a los trabajadores actuales. Éste es otro ejemplo de cómo la microeconomía se fundamenta en algunos temas macroeconómicos.

Aunque la base teórica de los modelos explicativos de la oferta a corto plazo es satisfactoria y permite explicar y predecir con relativa fiabilidad el comportamiento a corto plazo de las empresas, las explicaciones de los determinantes de la oferta a largo plazo no tienen una base teórica tan válida. Esto se debe a las posibilidades de cambiar la capacidad productiva, la dificultad para realizar supuestos adecuados sobre las economías de escala y los cambios tecnológicos y la arbitrariedad del periodo elegido para realizar el análisis, que debe ser superior a la etapa en la que se pueda considerar que la capacidad instalada es más o menos fija (aunque este concepto tampoco es tan evidente como pudiera parecer a primera vista). Al unificar los modelos de la teoría del consumidor con los relativos a la compañía derivados a su vez de la teoría de la empresa se pueden construir tipos ilustrativos del funcionamiento del mercado. Éstos —a pesar de los supuestos simplificadores en que se basan— permiten realizar predicciones bastante confiables sobre la reacción de la oferta y demanda ante cambios en cualquiera de los factores determinantes. Esta rama de la microeconomía se denomina "estática comparativa". Así, por ejemplo, se pueden hacer predicciones con alto grado de precisión sobre el efecto que tendrá un cambio en las preferencias de los consumidores o en la tecnología disponible sobre la demanda, la oferta y la producción de equilibrio, pero sólo en un marco de competencia perfecta.

Aunque el modelo de la empresa en condiciones de competencia perfecta es el punto de partida de la teoría microeconómica de la oferta, se suele aceptar que los mercados no son competitivos de forma perfecta, sino que tienen unas características de competencia imperfecta. Éstas pueden ser condiciones de monopolio, en la que un único productor domina todo el mercado. En otros casos éste puede ser un oligopolio, es decir, estar controlado por un numero determinado de empresas. O puede tener toda otra serie de características que hacen que sea un mercado de competencia imperfecta, como por ejemplo cuando los consumidores no tienen información sobre los precios y calidades de los distintos productos, ya que, en principio, la competencia perfecta requiere que todos los compradores tengan datos exactos sobre los precios que marcan los distintos fabricantes. Es evidente que nunca se dispone de toda la información excepto en pequeños mercados locales. Por otra parte, los consumidores pueden ser fieles a un producto concreto por razones de proximidad, costumbre, confianza o calidad, lo que genera mercados imperfectos para el artículo en cuestión.

5- EQUILIBRIO DEL MERCADO

El tercer tema microeconómico por excelencia es el del equilibrio del mercado, o cómo actúa y se comporta éste para lograr el equilibrio entre oferta y demanda, en función del grado de competencia existente. Este análisis es sencillo en el caso del monopolio puro, pero es poco común. Por ejemplo, la oferta de electricidad en una región suele estar monopolizada por una única empresa. Pero siempre hay cierta competencia debida a los productos sustitutivos —gas o petróleo— que puede limitar el comportamiento maximizador de beneficios del monopolista, sobre todo a largo plazo. Cuando existen muy pocos productores dominando el mercado —el caso del oligopolio— la teoría tiene que apoyarse en la teoría de juegos.

No hace falta decir que la microeconomía constituye la base de cualquier rama de la economía. Por ejemplo, cuando se analiza el efecto que tiene un impuesto en la teoría de las finanzas públicas habrá que decidir qué modelo microeconómico se utiliza para mostrar cómo afecta este impuesto a la oferta, a la demanda y a los precios, y por tanto cuánto se podrá ingresar gracias a ese impuesto o cómo afectará a la oferta de factores de producción. Así, un impuesto sobre la renta puede reducir la oferta de trabajo y un impuesto sobre los beneficios puede disminuir la demanda de inversión. De igual forma, las principales tesis de la economía del bienestar se fundamentan en supuestos relativos al funcionamiento de los mercados.

Fordismo y posfordismo

Fordismo y posfordismo, etapas del capitalismo moderno que abarcan desde la década de 1940 hasta la década de 1970, la denominada edad dorada del capitalismo, caracterizada por la existencia de empresas de producción a gran escala, con métodos de producción tayloristas, una alta división del trabajo y el crecimiento de los créditos al consumo. Los métodos de producción fordistas fueron aplicados por primera vez en la compañía Ford Motor, en Detroit, en 1913 bajo la dirección de Henry Ford, y se generalizaron con toda rapidez al resto de las industrias. La definición en sentido estricto del fordismo se ha ampliado para abarcar una serie de aspectos que permitieron que el capitalismo tuviera un comportamiento estable durante esta etapa; estas normas no sólo tratan de la organización de los procesos productivos (sobre todo de la organización del factor trabajo), sino que también analizan los objetivos productivos y los métodos para resolver conflictos laborales.

El método de producción fordista implica la combinación del taylorismo con la creciente mecanización de grandes empresas con muchas líneas productivas, asociadas con la aplicación de la cadena de montaje, la selección uniforme de los componentes y de los productos finales. El taylorismo, basado en el principio de la 'administración científica' desarrollado por Frederick Winslow Taylor, puede considerarse como la racionalización de los procesos productivos al diferenciar las tareas de creación y ejecución, o lo que es lo mismo, al dividir la organización de la producción (directivos, ingenieros, entre otros) de las tareas mecánicas, asegurando un mayor control de la producción por parte de los gestores. Así, los aspectos mentales quedan separados por completo de las tareas manuales. Esto constituyó una ruptura total con los métodos de producción del pasado, cuando la producción se organizaba en función del tipo de artesanía y los artesanos creaban, organizaban y completaban las tareas manuales. Los movimientos sindicalistas se opusieron a los cambios que implicaba el taylorismo, pero los aceptaron a cambio de recibir un mayor porcentaje de las ganancias de productividad derivadas de la racionalización e intensificación de los procesos productivos. Este compromiso sólo fue aceptado por un pequeño número de empresarios (entre ellos Henry Ford) y a pesar de la defensa de este acuerdo que realizaron grandes economistas, como John Maynard Keynes, sólo tras la II Guerra Mundial se aceptó de un modo general el acuerdo entre empresarios y trabajadores.

Al dejar de considerar a los trabajadores tan sólo como un factor de producción, pues son también consumidores de productos finales, las ganancias de productividad y el reparto del mayor valor añadido (mediante aumentos del salario) generados por el fordismo permitieron crear una mayor demanda de consumo que pudiera absorber una producción más amplia debida a los progresos técnicos. La edad dorada se asocia con una época de pleno empleo, una alta inversión de capital, la plena utilización de la capacidad productiva y unas elevadas tasas de beneficios para las empresas. El buen funcionamiento del taylorismo se debió también a la existencia de una serie de instituciones —como el colectivismo de las relaciones laborales, una especie de Estado del bienestar que garantizaba unos niveles de vida mínimos de forma que, aunque algunos agentes no fueran activos desde un punto de vista económico (como los jubilados o los desempleados, entre otros), todos tenían una capacidad de consumo— y al desarrollo de los modernos sistemas crediticios y bancarios. Todo ello permitía al Estado desempeñar un papel activo en la gestión de la economía, tanto de forma directa, utilizando el gasto público (mediante las políticas de demanda keynesianas), como por vías indirectas al regular el sistema crediticio. A escala internacional, la coordinación y el comercio entre países desarrollados (que aplican el sistema de producción fordista) creció bajo la hegemonía de Estados Unidos, interesados en evitar la expansión del comunismo, para lo que invirtieron enormes sumas (como el Plan Marshall) asegurando la adopción del sistema fordista en los países de Europa y Oriente.

El sistema fordista tenía en sí mismo las simientes de su propia destrucción. Al principio este proceso se manifestó al advertir que las crecientes ganancias de productividad de los métodos tayloristas eran cada vez de menor entidad. La creciente intensificación del trabajo, la más deficiente formación profesional de los trabajadores y la alienación de éstos al realizar tareas mecánicas llevaron a que los trabajadores estuvieran cada vez más descontentos ante la creciente automatización y complejidad de los procesos productivos. La elevada acumulación de capital hacía que la interrupción de la actividad y la reducción de la productividad resultaran cada vez más costosas, lo que disminuía la tasa de beneficios. A finales de la década de 1960 se empezó a cuestionar el sistema fordista a medida que las relaciones sociales eran cada vez más tensas y los antiguos acuerdos en torno al pleno empleo y a la financiación de un Estado del bienestar cada vez más caro se debilitaban, presionando a los gobiernos. La crisis del fordismo ha impulsado a muchos analistas a defender que el desarrollo del capitalismo de mercado ha generado de hecho un sistema de producción y de relaciones sociales posfordista.

El capitalismo posfordista se caracteriza por la desaparición de algunas de las características de su antecesor; los métodos de producción se centran ahora en nuevas tecnologías productivas, como la biotecnología, pero sobre todo la microelectrónica y la tecnología de la información. Además, las relaciones y prácticas laborales posfordistas son más flexibles como muestran las relaciones laborales de las corporaciones japonesas. El keynesianismo fue perdiendo importancia a medida que el monetarismo (que se caracteriza por su fe ciega en las fuerzas del mercado para alcanzar objetivos económicos) hegemonizaba la ciencia económica. Un nuevo individualismo reemplazó la confianza anterior en las instituciones colectivistas del fordismo. Al tiempo que se producían estos cambios, los sindicatos iban perdiendo fuerza (y afiliados), lo que les forzó a aceptar un 'nuevo realismo' sobre su papel en la sociedad; asimismo se reducía la intervención del Estado, como se demuestra por el creciente número de privatizaciones realizadas en todos los países con economías de libre mercado. Sin embargo, hay que destacar que sigue existiendo una importante polémica en el plano académico sobre las características y los efectos de las instituciones de la era posfordista, lo que sin duda es una consecuencia de la cantidad de instituciones existentes en las economías capitalistas y a las diferencias que existen entre éstas.

Empresa

Empresa, organización económica que, en las economías industriales, realiza la mayor parte de las actividades. Son organizaciones jerarquizadas, con relaciones jurídicas, y cuya dimensión depende de factores endógenos (capital) y exógenos (economías de escala). Las empresas son, al menos la mayor parte, sociedades, entidades jurídicas, que realizan actividades económicas gracias a las aportaciones de capital de personas ajenas a la actividad de la empresa, los accionistas. La empresa sigue existiendo aunque las acciones cambien de propietarios o éstos fallezcan. Una empresa o compañía posee una serie de activos; cuando se crea una empresa hay que redactar una serie de documentos públicos en los que se definirá el objetivo de la misma, cuál es su razón social, su domicilio fiscal, quiénes son los socios fundadores, cuál es el volumen de capital social inicial, en cuántas acciones o participaciones se divide el capital social y cuáles son los estatutos de la sociedad, entre otros. La actividad y la estructura legal de las empresas se regula mediante el Derecho mercantil, que establece los requisitos contables, las obligaciones de los gestores o administradores y los derechos de los accionistas. Existen otras formas jurídicas, como la empresa unipersonal o la cooperativa, pero lo más usual es la organización en forma de sociedad.

Por lo general, los accionistas de la empresa tienen una responsabilidad limitada: sólo responden por las deudas de la empresa con la cuantía de su aportación, medida por el valor de las acciones. Existen distintos tipos de compañías que, en función del grado de responsabilidad de los socios o accionistas, reciben distintos nombres. En primer lugar hay que distinguir entre públicas y privadas; las públicas pertenecen al sector público (administración central o local), mientras que las privadas pertenecen a individuos particulares y pueden vender sus acciones en el mercado de valores. Las compañías o empresas públicas a veces venden parte de sus acciones a individuos particulares, pero se consideran públicas siempre que el 51% de las acciones estén en manos del sector público. En función del grado de responsabilidad de los socios y del número de accionistas, las empresas pueden ser sociedades anónimas o sociedades de responsabilidad limitada.

También se puede distinguir entre las compañías o empresas privadas los siguientes tipos: empresas asociadas, cuando dos empresas tienen entre el 20 y el 50% de las acciones de la otra; *holdings,* cuando una empresa (conocida como empresa matriz) es propietaria de otra u otras empresas, cuya actividad es dirigida por la primera; y, por último, empresa subsidiaria, que está controlada por la empresa matriz (poseedora de más del 50% de las acciones de la subsidiaria).

Competencia

1- INTRODUCCIÓN

Competencia (economía), condiciones de los mercados en los que los compradores y los vendedores establecen los precios e intercambian bienes y servicios. La competencia económica es el medio que utilizan los compradores y vendedores para satisfacer las necesidades de la comunidad y de los individuos. La sociedad estará satisfecha cuando se produzca el máximo número de bienes a los menores precios posibles.

2- COMPETENCIA PERFECTA

La idea teórica desarrollada por los economistas para establecer las condiciones bajo las que la competencia lograría la máxima eficiencia se conoce como competencia perfecta. Aunque es casi imposible que se produzca en la realidad, la competencia perfecta, como concepto, proporciona el marco adecuado para analizar la funcionalidad de los mercados reales. La competencia perfecta se produce cuando concurren las siguientes circunstancias: 1. el mercado está integrado por muchos vendedores y muchos compradores; 2. el tamaño medio de las empresas es pequeño; 3. existe información perfecta, tanto para los compradores como para los vendedores, sobre las condiciones imperantes en el mercado. El sentido de imponer la condición de que existan muchos compradores y muchos vendedores radica en que así nadie tiene el suficiente poder para condicionar el comportamiento de los demás agentes que operan en el mercado. En otras palabras, ninguna persona y tampoco ningún empresario tiene el poder para establecer las condiciones de intercambio de los bienes y servicios (en contraste con la situación de monopolio u oligopolio). Cuando esto ocurre, los mercados son totalmente impersonales. Bajo las condiciones de competencia perfecta, dicen los economistas, los bienes y servicios se producirán con la máxima eficiencia, es decir, con el menor costo y precio posible, y los consumidores podrán tener la cantidad máxima de bienes y servicios que deseen.

3- COMPETENCIA ACEPTABLE

La inexistencia en el mundo real de la competencia perfecta llevó a que se buscara una alternativa más realista para evaluar la operatividad de los mercados. En el mundo real, el número de empresas que operan en un mercado suele ser limitado, lo que les da poder para influir en las condiciones de compraventa. Además, la información perfecta tampoco existe. Pero, si la situación no es tan grave como para requerir la intervención del Estado, se considera que el nivel de competencia es aceptable: ésta se produce cuando los resultados son muy parecidos a los que se obtendrían en un mercado que se rigiera por las condiciones de competencia perfecta ideales. La principal crítica que se hace a este concepto es su vaguedad: no existen criterios precisos para determinar si la competencia es aceptable o no.

Consumo

Consumo, en economía, uso de los bienes creados mediante la producción. Los economistas suelen considerar que el consumo es el final del proceso productivo, el objetivo por el que se lleva a cabo toda producción. En sentido amplio, el término incluye tanto el de bienes de capital (por ejemplo, máquinas y herramientas por parte de las fábricas que producen otros bienes) como el consumo no productivo (o utilización de bienes con propósitos no productivos). Los economistas prefieren, en general, restringir el término a su acepción de consumo no productivo.

El consumo no productivo es el resultado de la decisión de un individuo o de una familia de adquirir determinados bienes y servicios, por lo general para su sostenimiento y manutención. De forma análoga, puede ser el resultado de la decisión de una administración pública, cuyos fines son similares: el mantenimiento de la actividad y la prestación de servicios a los ciudadanos. Así, el consumo no productivo incluye tanto el consumo privado como el público.

Se puede seguir clasificando distintos tipos de consumo atendiendo a la clase de bienes que se gastan. Estas clases incluyen los bienes duraderos, como los coches o los muebles, que tienen una vida media de más de tres años; el consumo de bienes no duraderos o perecederos, como los alimentos, el petróleo, muchas prendas de vestir, que se desgastan o usan con relativa rapidez, y por último los servicios, como puede ser un corte de pelo o los cuidados médicos.

El estudio del consumo, especialmente el de los individuos, adquirió mayor importancia a lo largo del siglo XX. En una economía capitalista el nivel y las tasas de gasto en consumo afectan de forma importante a la inversión productiva, que a su vez afecta al nivel de empleo y al grado de prosperidad general. Además, las pautas de compra de los consumidores determinan las clases y cantidades de bienes que se producen.

Puesto que si se produce en abundancia es para que se consuma, y ya que no puede haber consumo sin producción, los procesos de producción y consumo están íntimamente relacionados. Cuando la producción es insuficiente, el consumo está limitado, y por tanto se crean problemas porque hay necesidades que no están cubiertas. Esto suele provocar subidas incontroladas de los precios. Por su parte, la sobreproducción puede provocar una crisis económica de gran calado, pues los precios bajan y pese a ello no se vende lo suficiente. Es lo que se conoce como deflación.

Precios

1- INTRODUCCIÓN

Precios, en Economía, valor de mercado de los bienes, medido en términos de lo que un comprador está dispuesto a dar para obtenerlos. Normalmente, los precios se expresan en función de una cantidad de dinero —de hecho, la principal razón por la que se utiliza el dinero reside en su utilidad para reflejar el valor de los precios—, pero en los sistemas de trueque los precios vienen dados por el valor de un bien en relación con otros bienes que, a su vez, tienen un determinado valor, por lo que todos los precios de todos los bienes se determinan mutuamente sin que intervenga el dinero. Los precios son el principal mecanismo de ajuste de la oferta y la demanda, ya que el precio de cualquier bien, en una economía de libre mercado, tiene que alcanzar el punto donde se equilibre la producción y el consumo: este precio de equilibrio refleja el punto donde concuerda lo que los productores pueden costear y lo que los consumidores están dispuestos a pagar. Por lo tanto, los precios determinarán qué y cuánto se produce, cómo se produce y quién puede comprarlo. Son un aspecto crucial en la ciencia económica, especialmente en microeconomía.

2- DETERMINACIÓN DE LOS PRECIOS MEDIANTE LA OFERTA Y DEMANDA

Tanto los factores de oferta como los de demanda determinan los precios de los bienes: los precios disminuirán si hay exceso de oferta y aumentarán si la demanda es excesiva, hasta que se alcance el equilibrio. Del lado de la oferta, los precios vienen dados por los costos de producción y distribución, que a su vez están determinados por la escasez de materia prima, la tecnología y las limitaciones de tipo organizativo: la ley de los rendimientos decrecientes, los costos laborales, etcétera. El productor determinará su estrategia de precios con el fin de maximizar sus beneficios, aunque también puede tener otros objetivos, como los contemplados en la teoría de la empresa. Sin embargo, la determinación de los precios también depende del tipo de mercado: en un monopolio o en un oligopolio los precios se pueden aumentar porque no hay competencia. En un cártel las empresas pueden fijar el precio si hay acuerdo entre ellas; la estrategia a largo plazo de una empresa puede requerir que se establezcan precios inferiores a los del mercado e incluso inferiores a los costos; la teoría de juegos puede influir en las decisiones de las empresas. En la práctica, son pocos los mercados perfectamente competitivos y son habitualmente los productores los que salen beneficiados.

La demanda es la suma de las decisiones independientes de los consumidores de un mercado que pretenden maximizar su utilidad. Este precepto asume, por supuesto, que los consumidores realizan elecciones racionales: éstas son precisamente las que se intentan modificar mediante la publicidad y el marketing. La información de los consumidores suele ser escasa, lo que rompe el modelo ideal. Los costos que deben pagar los productores para alterar el sentido de la demanda pueden afectar a los precios, al repercutir en ellos los costos de promoción del producto. Los consumidores decidirán comprar un producto en función de su precio, pero realmente lo que determina la demanda efectiva es la cantidad de bienes vendidos a un determinado precio y no el precio de venta, ya que las empresas preferirán crear un nuevo producto antes que dejar que el precio del producto conocido caiga hasta su nivel de equilibrio. Por otra parte, el que los precios sean bajos no tiene por qué ser un factor positivo: los bienes de calidad no se venderán con bajos precios porque los consumidores pensarán que son defectuosos o porque perderán su característica de exclusividad, que, de hecho, es la esencia de su utilidad. En muchos modelos de economías de libre mercado se considera que el precio al que se compra un bien se establece mediante una negociación, pero esto ocurre pocas veces en las modernas economías integradas, por lo que la relación entre precio y demanda no es tan directa como la que se deriva de la teoría económica.

3- CONTROL DE PRECIOS E INFLACIÓN

Los gobiernos siempre han querido influir en la determinación de los precios por varias razones. En las economías planificadas, los precios los fija el Estado, por lo que las fuerzas del mercado no influyen en absoluto en la determinación del precio. El fracaso de las economías planificadas modernas refleja la eficiencia de los precios como mecanismo de ajuste económico; sin embargo, suele ser habitual que los estados intervengan en el proceso de fijación de precios, aunque en menor grado. En algunos casos, esta intervención intentará elevar el nivel de precios, como en el caso de la Política Agraria Común de la Unión Europea (UE), mediante la cual los países elevan los precios de los productos agrícolas comprando los excedentes para proteger a los agricultores de la UE. En otros casos, se intervendrá el mercado para mantener los precios bajos, como en el de las concesiones públicas después de su privatización, limitándose los beneficios de la empresa de servicios públicos para evitar que exploten el monopolio efectivo del que disponen. Además, los gobiernos pueden querer subvencionar mediante subsidios determinadas empresas y mantener así sus precios a bajos niveles, o también pueden establecer aranceles sobre las importaciones, aumentando el precio de los bienes extranjeros. También se pueden congelar los precios durante una guerra para paliar los efectos económicos de la escasez.

El control de precios por parte del Estado suele ser parte de un conjunto de medidas de políticas de rentas y precios cuyo fin es controlar la inflación, que consiste en el persistente aumento del nivel de precios, lo que no implica un cambio en el valor de los bienes, sino más bien en el valor del dinero. Esto refleja el hecho de que el dinero es en sí mismo un bien con su propio precio, en función del valor de otros bienes, y por lo tanto su precio puede caer si su oferta es excesiva (argumento principal del monetarismo). Si la demanda es superior a la oferta, los precios deberían subir, pero si un Gobierno está manteniendo artificialmente los precios por debajo de su nivel de equilibrio, no habrá inflación a pesar del exceso de demanda, lo que acarreará escasez, racionamiento, la aparición del mercado negro y otras deficiencias típicas de las economías planificadas. Si la unidad monetaria de un país no tiene una demanda suficiente en los mercados de divisas, la inflación podrá aumentar puesto que el precio de esa unidad monetaria, en términos de las demás, caerá, lo que hará aumentar el precio de sus importaciones y disminuir el de sus bienes de exportación, con lo que caerá la actividad exportadora.

En economía existen muchas ideas y sistemas, como la doctrina económica marxista, que consideran que existe un precio justo ideal, determinado por una ley natural a la que se llega por mecanismos distintos a los de la oferta y la demanda. En la práctica, el mecanismo de los precios ha dado excelentes resultados cuando se ha dejado que actúe libremente, pero sus efectos han sido mediocres cuando se ha intentado variar los precios en función de intereses altruistas o egoístas.

Marketing

1- INTRODUCCIÓN

Marketing o Mercadotecnia, conjunto de técnicas utilizadas para la comercialización y distribución de un producto entre los diferentes consumidores. El productor debe intentar diseñar y producir bienes de consumo que satisfagan las necesidades del consumidor. Con el fin de descubrir cuáles son éstas se utilizan los conocimientos del marketing. Al principio se limitaba a intentar vender un producto que ya estaba fabricado, es decir, la actividad de mercadotecnia era posterior a la producción del bien y sólo pretendía fomentar las ventas de un producto final. Ahora, el marketing tiene muchas más funciones que han de cumplirse antes de iniciarse el proceso de producción; entre éstas, cabe destacar la investigación de mercados y el diseño, desarrollo y prueba del producto final.

El marketing o mercadotecnia se concentra sobre todo en analizar los gustos de los consumidores, pretende establecer sus necesidades y sus deseos e influir su comportamiento para que deseen adquirir los bienes ya existentes, de forma que se desarrollan distintas técnicas encaminadas a persuadir a los consumidores para que adquieran un determinado producto. La actividad del marketing incluye la planificación, organización, dirección y control de la toma de decisiones sobre las líneas de productos, los precios, la promoción y los servicios postventa. En estas áreas el marketing resulta imprescindible; en otras, como en el desarrollo de las nuevas líneas de productos, desempeña una función de asesoramiento. Además, es responsable de la distribución física de los productos, establece los canales de distribución a utilizar y supervisa el transporte de bienes desde la fábrica hasta el almacén, y de ahí, al punto de venta final.

2- DISEÑO DEL PRODUCTO

Se conoce como una línea de productos a aquellos bienes que, aun siendo iguales en apariencia, es decir, con un mismo estilo o diseño, difieren en tamaño, precio y calidad. Las líneas de productos deben responder a las necesidades y gustos de los consumidores.

Para poder desarrollar una con ciertas posibilidades de éxito comercial, el departamento de marketing realiza una investigación para analizar el comportamiento de los consumidores. El cambio de las costumbres y del estilo de vida tienen una influencia directa sobre las ventas de los productos. Por ejemplo, la tendencia hacia una forma de vestir cada vez más informal ha cambiado por completo el estilo de la ropa. Además, las economías con renta per cápita elevada tienen unos patrones de consumo muy diferentes a los de las economías que se encuentran en las fases recesivas del ciclo económico. La renta disponible, es decir, los ingresos netos tras pagar impuestos y todos aquellos bienes de consumo de primera necesidad, como alimentos, vestidos y alquiler de piso, determina la cantidad de bienes de lujo que se adquirirán en una economía. De igual forma, la compra de bienes duraderos, como los electrodomésticos, automóviles y viviendas, también estará determinada por el punto del ciclo económico en que se encuentre la economía.

El ciclo de vida de un producto requiere un estudio detallado. Todos los productos pierden con el tiempo su atractivo inicial derivado de la novedad. Los productores también pueden acelerar la caducidad del producto al introducir otros nuevos con características más modernas. Hoy los consumidores no sólo esperan que aparezcan productos novedosos, sino que reaccionan de modo positivo a las mejoras e innovaciones productivas. Esto influye en la duración de los artículos que, a su vez, repercute en los costos y, por tanto, en el precio final. La competencia entre productores que fabrican artículos parecidos acelera la aparición de otros con nuevas características.

3- PRECIO DEL PRODUCTO

Los dos determinantes principales del precio son los costos de producción y la competencia. No resulta rentable vender un producto a un precio inferior a los costos de producción, pero es imposible hacerlo a un precio superior al de los bienes similares. No obstante, existen muchos otros factores que determinan el precio final. La política de la empresa puede exigir que se venda a un precio que minimiza los beneficios en las nuevas líneas de productos, o se puede bajar mediante descuentos para vender mayor cantidad.

Existen normas sobre la competencia que impiden a los productores fijar una cuantía máxima del precio de venta final. No obstante, algunos fabricantes logran controlar el precio de venta final al ser propietarios de los puntos de venta al por menor, pero esto sólo ocurre en contadas ocasiones.

Por otra parte, algunos gobiernos intentan limitar la competencia en precios para favorecer a los pequeños empresarios que no pueden competir con las grandes empresas. Por ello, las decisiones que toma el departamento de mercadotecnia sobre precios deben ser revisadas por el departamento jurídico de la compañía.

4- PROMOCIÓN DEL PRODUCTO

La publicidad, la venta directa y la promoción de ventas son los principales métodos utilizados para fomentar la venta de un artículo.

El principal objetivo de la publicidad consiste en dar a conocer el producto y convencer a los consumidores para que lo compren incluso antes de haberlo visto o probado. La mayoría de las empresas consideran que la publicidad es esencial para fomentar las ventas, por lo que destinan cuantiosas sumas de sus presupuestos para contratar agencias de publicidad especializadas. Al mostrar de forma reiterada al consumidor a través de los anuncios la representación del producto, la marca registrada y otras características, los profesionales de la publicidad confían en atraer al usuario a la compra del artículo promocionado. La publicidad utiliza sobre todo la televisión, la radio y los paneles publicitarios; los periódicos, las revistas y los catálogos; así como el envío de publicidad por correo. Durante los últimos años las agencias de publicidad han unificado sus esfuerzos para aumentar su tamaño y su alcance, de forma que pueden ofrecer a sus clientes campañas publicitarias a escala mundial.

A medida que aumentaba el costo de contratar vendedores, las técnicas de promoción y venta han variado. Los productos sencillos los venden los dependientes de las tiendas, en cambio para los productos específicos que requieren una explicación detallada de todas sus características, se necesitan vendedores especializados. Por ejemplo, cuando se vende un coche, la tarea del vendedor se limita a negociar el precio de las opciones y el tipo de financiación, porque los atributos y componentes del coche ya son conocidos y casi vendidos gracias a la publicidad.

El objetivo de la promoción de ventas es complementar y coordinar la publicidad con la venta directa; ésta es una faceta cada vez más importante dentro del marketing. Suele ser necesario cooperar de una forma estrecha con los vendedores. Para ello, se crean dispositivos de ayuda al comercial y programas de publicidad coordinados. Asimismo hay que instruirle sobre las características específicas del producto. Es normal que el fabricante ofrezca servicios de instalación y mantenimiento durante cierto tiempo. Desde el punto de vista del consumidor la promoción de ventas incluye ciertas actividades típicas del área de comercialización, como son los cupones de descuento, los concursos, regalos y ofertas especiales de precios.

5- DISTRIBUCIÓN DEL PRODUCTO

Algunos productores disponen sus productos mediante la venta directa a los consumidores finales. Los que más se venden con esta técnica son bienes duraderos como ordenadores o computadoras, material de oficina, maquinaria industrial y productos intermedios, así como algunos productos de servicio específicos como los seguros de vida. Existen otros que por tradición se han vendido a domicilio, como los cosméticos y los productos de limpieza para el hogar, y en los últimos tiempos estos productos se están vendiendo con el 'sistema piramidal'.

La publicidad directa por correo es una técnica que se ha generalizado a todo tipo de artículos. Resulta muy cómodo para los trabajadores comprar por correo, o acudir a una tienda determinada en busca de un producto concreto sin tener que recorrer varios establecimientos. Para los vendedores, la utilización de los catálogos les permite acceder a clientes que residen lejos de su tienda. La utilización de tarjetas de crédito también ha fomentado la venta por correo o por teléfono, al facilitar el método de pago, incluso para vender productos de alta calidad como equipos electrónicos, de alta fidelidad, o cámaras fotográficas y de vídeo.

La televisión es un medio publicitario de especial relevancia porque facilita la demostración de las cualidades del producto. La venta directa de todo tipo de bienes por televisión se ha convertido en algo habitual, así como la comercialización a través del teléfono, técnica muy utilizada para ofrecer servicios a empresas, aunque también a consumidores finales. Sin embargo, casi todos los productos de consumo se distribuyen a través de intermediarios: del productor al mayorista y de éste al minorista, que vende de una forma directa al cliente. La elección de los distintos canales de distribución es uno de los aspectos más relevantes del marketing.

Los mayoristas distribuyen bienes en grandes cantidades, por lo general a los minoristas, para que éstos los revendan a los consumidores. Sin embargo, algunas cadenas minoristas han alcanzado tal volumen de negocios que pueden franquear al mayorista y negociar de forma directa con el productor. Al principio, los mayoristas reaccionaron ante esta situación reduciendo sus márgenes de beneficios y actuando más deprisa. A su vez, los minoristas crearon cooperativas para actuar como mayoristas. El resultado de esta competencia ha sido una tendencia hacia relaciones más estrechas entre productores, mayoristas y minoristas.

La venta al por menor ha sufrido otra serie de cambios. La fuerte publicidad realizada por los productores y el desarrollo de servicios de venta con un mínimo de empleados y dependientes, como por ejemplo el autoservicio en los grandes almacenes, ha cambiado por completo las técnicas de venta al por menor. Los supermercados y economatos o tiendas de descuento se han multiplicado y han diversificado su oferta de productos, incluyendo medicinas, tabaco o artículos de jardinería. Con el tiempo, los grandes almacenes también ofrecen artículos de lujo, mobiliario, electrodomésticos y equipos de alta fidelidad. El objetivo consiste en ofrecer una amplia variedad de productos en la misma tienda, aumentar el número de transacciones y el volumen de ventas. Las cadenas comerciales—conjunto de establecimientos pertenecientes a una misma empresa— y las cooperativas han aumentado en número. Asimismo han aparecido numerosas tiendas especializadas en un producto único. La última revolución de un entorno siempre cambiante es Internet; es un nuevo medio de difusión y, a la vez, un nuevo mercado con reglas distintas en el que todos los agentes están componiendo sus relaciones desde el principio.

El transporte y almacenaje del género son otras dos facetas que tiene que analizar el departamento de marketing. Los productos cambian a menudo de lugar varias veces antes de llegar al consumidor final. Pueden transportarse por carretera, tren, avión o barco. La gestión eficiente del transporte es uno de los aspectos más importantes del marketing o mercadotecnia.

6- LOS SERVICIOS Y EL MARKETING

Los servicios, a diferencia de los productos, son bienes intangibles. Un servicio incluye la realización de un trabajo para el cliente. Éste paga por obtener un servicio al igual que por adquirir un artículo. En las economías más industrializadas la mayor parte de la población trabaja en el sector servicios y todo apunta a que esta tendencia seguirá así en el futuro. Los servicios más comunes son el mantenimiento y reparación de electrodomésticos, los transportes, las agencias de viajes, el turismo, el tiempo libre, la educación y la sanidad. Entre los servicios destinados a las empresas está la programación informática, la asesoría jurídica y contable, la banca, la contabilidad y la compraventa de acciones, así como la publicidad.

Los servicios, al igual que los productos, utilizan el marketing para aumentar sus ventas, con la salvedad de que no existe una transferencia física. Los servicios deben diseñarse y ofrecerse de forma que satisfagan las necesidades de los clientes. Por ejemplo, las agencias que ofrecen trabajadores temporales deben estudiar con cuidado las necesidades de los empresarios en distintos lugares y en los diferentes sectores productivos. Dado que es más difícil vender un bien intangible que un bien material, las campañas publicitarias de los servicios son aún más agresivas que las de los bienes tangibles. A través de fuertes campañas de promoción, las agencias de personal temporal han convencido a muchas empresas de que resulta más rentable contratar a trabajadores, en base a necesidades, que contratarlos por tiempo indefinido.

7- INVESTIGACIÓN DE MERCADOS

La investigación de mercados abarca desde la encuesta y el estudio pormenorizado del mismo hasta la elaboración de estadísticas para poder analizar las tendencias en el consumo, y poder prever así la cantidad de productos y la localización de los mercados más rentables para un determinado tipo de bien o servicio. Cada vez se utilizan más las ciencias sociales para analizar la conducta de los usuarios. La psicología y la sociología, por ejemplo, permiten identificar elementos clave de las inclinaciones de las personas, de sus necesidades, sus actividades, circunstancias, deseos y motivaciones generales, factores clave para entender los distintos patrones de comportamiento de los consumidores.

Al tiempo que se aplicaban las ciencias sociales se introdujeron métodos modernos de medición y nuevas técnicas para realizar encuestas que permiten determinar la amplitud del mercado de un producto concreto. Estos métodos utilizan técnicas estadísticas y ordenadores o computadoras para establecer las tendencias y los gustos de los consumidores en relación con varios artículos. El análisis científico también se utiliza en muchas actividades relativas al diseño, sobre todo a la hora de valorar las ventas potenciales de los nuevos productos. Por ejemplo, se utilizan modelos matemáticos para determinar el comportamiento social ante una particular relación, lo que se conoce como teoría de juegos. Las previsiones de venta son uno de los elementos más importantes para poder realizar actuaciones de marketing, que incluyen las relativas al tipo de publicidad, los puntos de venta y la localización de los almacenes.

8- FACTORES DETERMINANTES DEL MARKETING

Una de las ideas más importantes a tener en cuenta es el continuo y rápido cambio de gustos e intereses. Los consumidores son cada vez más exigentes. Tienen más educación, leen más periódicos y revistas, ven más la televisión, las películas de cine, escuchan más la radio y viajan más que las generaciones precedentes. También tienen más relaciones sociales. Sus demandas, por tanto, son más exigentes, y sus gustos varían con mayor rapidez. Además, se defienden de las técnicas de marketing agresivas gracias a las organizaciones de defensa de los derechos del consumidor, y de publicaciones dirigidas a ellos en las que se analizan los pros y contras de los diferentes productos disponibles en los mercados. Éstos cada vez aparecen más segmentados, y cada segmento del mercado exige que las características del producto se adapten a sus gustos. El 'posicionamiento' del artículo, es decir, la determinación del segmento al que se dirige, exige un análisis serio y una extensa planificación.

La competencia en los últimos años se ha endurecido, a medida que aumentaba el número de empresas que fabrican un mismo producto, aunque cada una intenta diferenciar el suyo del de sus competidores. Los márgenes de beneficio, es decir, el porcentaje de ganancias que se obtiene por unidad de producto, disminuyen de forma constante. Mientras que los costos aumentan, la competencia tiende a reducir los precios. El resultado es una reducción de la diferencia de la relación precio-costo y la necesidad de aumentar cada vez más la cantidad vendida para poder mantener los beneficios.

Los movimientos en defensa del consumidor son cada vez más fuertes y conocidos, analizan la calidad de los bienes y servicios y recomiendan los mejores. Tanto estos grupos de consumidores como las instituciones gubernamentales han aumentado los estudios y análisis de los productos, regulando el diseño de los mismos, así como los términos del contrato de garantía y las técnicas de promoción. Estas instituciones estudian con especial cuidado las cláusulas de convenios de garantía. Asimismo se han promulgado nuevas leyes para ampliar las responsabilidades del productor.

La preocupación por el medio ambiente también afecta al diseño del producto y a las técnicas de marketing, sobre todo porque el gasto adicional para modificar las cualidades y características del artículo eleva los costos. El profesional del marketing tiene que tener en cuenta todos estos factores a la hora de diseñar su plan de marketing.

Incluso las reacciones de la empresa ante cambios políticos y sociales resultan importantes. Las grandes corporaciones ya no pueden argumentar que sus decisiones internas son asuntos privados. La opinión pública contraria a las actuaciones de algunas empresas ha logrado disminuir las ventas de éstas; de igual forma, la opinión pública favorable a determinadas actitudes ha incrementado las ventas de las empresas que han emprendido campañas de mejora de su imagen pública.

9- ÚLTIMOS AVANCES

Los últimos avances realizados en el campo del marketing han llevado a muchas organizaciones a revisar sus métodos. Por ejemplo, durante los últimos años se ha generalizado la técnica de la franquicia: el minorista tiene el derecho a utilizar la marca comercial y de vender los productos de la empresa que le cede la franquicia en un área geográfica limitada, sin que ningún otro comerciante pueda hacerle la competencia en ésta.

Muchos consumidores consideran más interesante alquilar o rentar ciertos productos antes que comprarlos. Por ejemplo, el propietario de algunas oficinas puede considerar más interesante alquilar una pulidora de suelos que comprarla, aunque pueda utilizarla en contadas ocasiones y no tener que reservar un lugar en la oficina para guardarla cuando no se utiliza. Otro bien de consumo duradero que en ocasiones es más rentable alquilar que comprar son los automóviles. El alquiler de maquinaria industrial también es frecuente. Para algunas corporaciones resulta más beneficioso alquilar los ordenadores, el equipo de oficina y la maquinaria industrial, lo que les asegura el mantenimiento y la posibilidad de tener una nueva máquina en caso de avería y reponerla con otra más moderna sin incurrir en demasiados costos.

La utilización del crédito también ha tenido una gran influencia sobre las actividades desarrolladas por el marketing. Los consumidores que utilizan tarjetas de crédito pueden comprar sin tener que pagar en efectivo, lo que facilita las ventas. Las tiendas minoristas también fomentan el aumento de las ventas mediante promociones del tipo 'dos por uno' o descuentos en los precios de un artículo en la compra de otro.

Las empresas se enfrentan a una competencia cada vez más dura. Los métodos disponibles para diferenciar los productos dependen de la imaginación de los responsables de marketing. Entre estos métodos cabe destacar la innovación, la mejora, la campaña publicitaria, mayores servicios postventa, un cambio en los canales de distribución o una competencia efectiva en precios.

10- LOS PROFESIONALES DEL MARKETING

Es probable que uno de los factores más determinantes del éxito que pueda tener una empresa sea la imagen que da de sí misma al público. Las actividades de marketing, al estar dirigidas al consumidor, deben preservar y fomentar la buena imagen de la empresa y su marca publicitaria. A medida que el marketing se convierte en una actividad cada vez más compleja, los profesionales están cada vez más especializados en psicología, matemáticas, estadística e informática. Muchas universidades tienen programas de postgrado dirigidos especialmente a los directivos de las empresas para instruirles sobre las técnicas de marketing. Los cursos de marketing, tanto para estudiantes como para profesionales, abarcan programas sobre publicidad, gestión y administración, financiación, producción, gestión o administración de recursos humanos y venta al por menor.

Durante los últimos años, a medida que aumentaba la competencia entre las empresas, los departamentos de marketing han tenido que responsabilizarse de incrementar el volumen de ventas. Así pues, su prestigio profesional cada vez es mayor. Esta tendencia parece que continuará en el futuro. A medida que crece la competencia y las empresas diversifican sus productos los profesionales adquieren cada vez mayor importancia.

Inflación y deflación

1- INTRODUCCIÓN

Inflación y deflación, en Economía, término utilizado para describir un aumento o una disminución del valor del dinero, en relación a la cantidad de bienes y servicios que se pueden comprar con ese dinero.

La inflación es la continua y persistente subida del nivel general de precios; se mide mediante un índice del costo de diversos bienes y servicios. Los aumentos reiterados de los precios erosionan el poder adquisitivo del dinero y de los demás activos financieros que tienen valores fijos, creando así serias distorsiones económicas e incertidumbre. La inflación es un fenómeno que se produce cuando las presiones económicas actuales y la anticipación de los acontecimientos futuros hacen que la demanda de bienes y servicios sea superior a la oferta disponible de dichos bienes y servicios a los precios actuales, o cuando la oferta disponible está limitada por una escasa productividad o por restricciones del mercado. Estos aumentos persistentes de los precios estaban históricamente vinculados a las guerras, hambrunas, inestabilidades políticas y otros hechos concretos.

La deflación implica una caída continuada del nivel general de precios, como ocurrió durante la Gran Depresión de la década de 1930; suele venir acompañada por una prolongada disminución del nivel de actividad económica y elevadas tasas de desempleo. Sin embargo, las caídas generalizadas de los precios no son fenómenos corrientes, siendo la inflación la principal variable macroeconómica que afecta, actualmente, tanto a la planificación privada como a la planificación pública de la economía.

2- TIPOS DE INFLACIÓN

Cuando la subida de los precios sigue una tendencia gradual y lenta, con una media anual de unos pocos puntos porcentuales, no se considera que la inflación sea una amenaza seria para el progreso económico y social. Puede incluso llegar a estimular la actividad económica: la sensación de que la renta personal está creciendo por encima de la productividad puede estimular el consumo; la inversión en la compra de viviendas puede aumentar, al anticiparse la apreciación futura de los precios; la inversión de las empresas de negocios en fábricas y maquinaria puede crecer, puesto que los precios aumentan por encima de los costos, y los individuos, las empresas y los gobiernos que piden prestado descubren que pagarán los préstamos con dinero que tendrá un menor poder adquisitivo, por lo que tendrán un mayor incentivo para pedir dinero prestado.

Más preocupante resulta el crecimiento de la inflación cuando implica mayores subidas de precios, con medias anuales entre el 10 y el 30% en algunos países industrializados, e incluso del cien por cien en algunos países en vías de desarrollo. La inflación crónica tiende a perpetuarse, aumentando aún más a medida que las distorsiones económicas y las expectativas pesimistas se van acumulando. Para hacer frente a esta inflación crónica se frenan las actividades normales de la economía: los consumidores compran bienes y servicios para evitar los precios futuros; la especulación sobre la propiedad aumenta; las empresas se centran en inversiones a corto plazo; los incentivos para ahorrar, adquirir pólizas de seguros, planes de pensiones o bonos a largo plazo son menores, puesto que la inflación erosiona su rentabilidad futura; los gobiernos aumentan sus gastos corrientes anticipándose a menores ingresos en el futuro; los países que dependen de sus exportaciones pierden ventajas competitivas en el comercio internacional, lo que les obliga a emprender medidas proteccionistas y controles de la unidad monetaria arbitrarios.

Bajo su forma más extrema, los aumentos persistentes de los precios pueden convertirse en lo que se denomina *hiperinflación*, provocando la crisis de todo el sistema económico. La hiperinflación que se produjo en Alemania tras la I Guerra Mundial, por ejemplo, provocó que la cantidad de dinero en circulación aumentara más de siete mil millones de veces, y que los precios se multiplicaran por más de diez mil millones en 16 meses antes de noviembre de 1923. Otros ejemplos de hiperinflación son los fenómenos producidos en Estados Unidos y en Francia a finales del siglo XVIII; en la Unión de Repúblicas Socialistas Soviéticas (URSS) y en Austria tras la I Guerra Mundial; en Hungría, China y Grecia tras la II Guerra Mundial; y en algunos países en vías de desarrollo en las últimas décadas del siglo XX. Esta situación fue particularmente intensa en algunos países de América Latina, como México, Argentina o Brasil, a partir de la década de 1960. Cuando se produce una hiperinflación, el crecimiento del dinero y de los créditos aumenta de forma explosiva, destruyendo los vínculos con los activos reales y obligando a volver a complejos acuerdos de trueque. A medida que los gobiernos intentan hacer frente a los pagos de los programas de gasto incrementados, expandiendo la demanda, la financiación inflacionista de los déficit presupuestarios distorsiona la estabilidad económica, social y política.

Una forma de inflación con relevancia histórica fue la que se produjo en la época del bimetalismo y del patrón oro que consistía en la deflación monetaria cuando el gobernante reducía la cantidad de metal precioso que llevaban las monedas. Esta actuación permitía asegurar al Estado beneficios a corto plazo, puesto que éste podía utilizar la misma cantidad de metales preciosos para acuñar más monedas, pero, a largo plazo, esto aumentaba el nivel general de precios debido a la ley de Gresham según la cual "el dinero malo desplaza al bueno". Estas deflaciones monetarias solían deberse a los esfuerzos bélicos de los gobiernos, lo cual explica parcialmente la correlación de la inflación con la inestabilidad política. La entrada de plata proveniente del Nuevo Mundo en Europa en el siglo XVI también se asocia con los aumentos graduales de los precios en aquella época, cuando el valor de los metales preciosos tendía a disminuir. Esta teoría, sin embargo, no es aceptada de forma general. En la actualidad, los gobiernos hacen lo mismo cuando emiten más dinero del necesario, o cuando, de cualquier otra forma, modifican el valor del dinero.

3- HISTORIA

Los ejemplos de inflación y deflación son numerosos a lo largo de la historia, pero no hay registros fiables para medir las oscilaciones de los niveles de precios antes de la edad media. Los historiadores económicos afirman que los siglos XVI y XVII fueron periodos con alta inflación a largo plazo en Europa, aunque las tasas medias anuales del 1 ó 2% son tasas despreciables en relación con las actuales. Los principales cambios se produjeron durante la Guerra de Independencia de Estados Unidos, cuando los precios aumentaron a tasas medias del 8,5% mensual, y durante la Revolución Francesa, cuando los precios aumentaron en Francia a tasas del 10% mensual. Estos breves periodos inflacionistas eran seguidos de largos periodos en los que se alternaban las inflaciones y deflaciones a nivel internacional, siempre vinculadas a hechos económicos o políticos concretos.

En relación con los patrones de inflación que se han dado a lo largo de la historia, el periodo posterior a la II Guerra Mundial se caracterizó por niveles de inflación relativamente altos en muchos países; desde la década de 1960 se ha mantenido, en casi todos los países industrializados una tendencia hacia la inflación crónica.

Esta tendencia inflacionista desfavorable consiguió revertirse en casi todos los países industrializados a partir de mediados de la década de 1980. Las políticas fiscales de austeridad y las restrictivas políticas monetarias emprendidas a principios de la década, se combinaron con las drásticas caídas de los precios del petróleo y de los bienes para lograr que las tasas medias de inflación descendieran hasta el 4%. Los países de América Latina, en su mayoría, experimentaron tasas de inflación crecientes a partir de la segunda mitad de la década de 1950. La variación anual del índice de precios al consumo sufrió violentos cambios en países como Argentina; en México la tasa de inflación en el periodo de 1984 a 1995 fue del 47,8%; Perú, a partir de 1978, tuvo una inflación creciente: en 1981 llegó al 75,4, aunque veinte años después había bajado al 4%; Brasil llegó al 105,6% en 1981 (en 2001, un 7,7%).

4- CAUSAS

La inflación de demanda es aquel fenómeno que ocurre cuando la demanda excede a la oferta, forzando el aumento de los precios y de los salarios, así como el costo de los materiales, los costos de funcionamiento y los financieros. La inflación de costos se produce cuando los precios aumentan para poder hacer frente a los costos totales manteniendo los márgenes de beneficios. Se puede generar una espiral inflacionista cuando las instituciones y los grupos de presión reaccionan ante cada nueva subida de precios. Se producirá una deflación cuando se consiga revertir la espiral inflacionista.

Para poder explicar por qué cambian los determinantes de la oferta y demanda los economistas han llegado a establecer hasta tres tipos de teorías: del lado de la demanda, la teoría cuantitativa del dinero y el nivel agregado de los ingresos; del lado de la oferta, las variables de productividad y costos. Los defensores del monetarismo piensan que los cambios en el nivel de precios reflejan las fluctuaciones de la cantidad de dinero disponible, cantidad que se suele definir como la cantidad de dinero en efectivo en circulación más los depósitos bancarios. Defienden que, para mantener el nivel de precios estable, la oferta de dinero tiene que aumentar a una tasa constante y coherente con la capacidad productiva real de la economía. Los detractores de esta teoría afirman que las variaciones en la oferta de dinero son una respuesta y no la causa de las variaciones en el nivel de precios.

La teoría basada en el nivel agregado de ingresos está fundamentada en la obra del economista británico John Maynard Keynes, publicada en la década de 1930. Según la teoría keynesiana, o keynesianismo, las variaciones de la renta nacional determinan las tasas de consumo e inversión; así pues, el gasto público llevado a cabo por el Gobierno, así como sus políticas impositivas, deben estar encaminadas a mantener en su totalidad los niveles de empleo y el máximo nivel de producción posible. Por lo tanto, la oferta monetaria debe ajustarse para financiar el nivel deseado de crecimiento económico y para evitar las crisis financieras y los altos tipos de interés que frenan tanto el consumo como la inversión. El gasto público y las políticas impositivas pueden utilizarse, según esta teoría, para impedir tanto la inflación como la deflación, al ajustar la oferta a la demanda.

La tercera teoría se centra en las variables del lado de la oferta relacionadas con la disminución de la productividad. Estas variables incluyen la tasa de inversión de capital a largo plazo y el desarrollo tecnológico; las variaciones en la calidad y edad de los trabajadores; el cambio de actividades productivas; la rápida proliferación de regulaciones gubernamentales; la inversión en actividades no productivas en lugar de en actividades productivas; la creciente escasez de determinadas materias primas; los cambios políticos y sociales que reducen los incentivos para trabajar; y varias distorsiones económicas relacionadas con problemas monetarios y de comercio internacional, con aumentos elevados de los precios del petróleo y con desastres naturales que reducen las cosechas a escala mundial. Estos temas relacionados con la oferta son importantes a la hora de diseñar políticas monetarias y fiscales.

5- EFECTOS

Los efectos de la inflación y la deflación son varios y cambian a lo largo del tiempo. Normalmente, la deflación es debida a una caída en la producción y a un aumento del desempleo. Los menores precios debidos a la deflación pueden llegar a aumentar el consumo, la inversión y el comercio exterior, pero sólo si se corrigen las causas fundamentales que provocaron el inicio de la deflación.

Al principio, la inflación provoca un aumento de los beneficios, puesto que los salarios y los demás costos se modifican en función de las variaciones de precios, y por lo tanto se alteran después de que los precios hayan variado, lo que provoca aumentos en la inversión de capital y en los pagos de dividendos e intereses. Puede que el gasto de los individuos también aumente debido a la sensación de que más vale comprar ahora porque después será más caro; la apreciación potencial de los precios de los bienes duraderos puede atraer a los inversores. La inflación nacional puede, de forma temporal, mejorar la situación de la balanza comercial si se puede vender la misma cantidad de bienes a mayores precios. Los gastos del Gobierno también aumentan, porque suelen estar explícita, o implícitamente, relacionados con las tasas de inflación para mantener el valor real de las transferencias y servicios que proporciona el Estado. Los funcionarios también pueden prever la inflación y por lo tanto establecer mayores necesidades presupuestarias previendo unos menores ingresos impositivos reales debido a la inflación.

Sin embargo, a pesar de estas ganancias temporales, la inflación distorsiona la actividad económica normal; cuanto menos regular sea la tasa de inflación, mayor serán estas distorsiones. Normalmente, los tipos de interés reflejan la tasa de inflación esperada; cuanto mayor sea ésta, más altos serán los tipos de interés y más aumentarán los costos de las empresas, además de disminuir los gastos de consumo y el valor real de los bonos y las acciones. Los mayores tipos de interés en las hipotecas y el aumento del precio de los alquileres disminuye la tasa de construcción de viviendas. La inflación disminuye el poder adquisitivo de los ingresos y de los activos financieros, por lo que reduce el consumo, sobre todo si los consumidores no pueden, o no quieren, acudir a sus ahorros o aumentar el volumen de sus deudas. La inversión de las empresas también disminuye a medida que la actividad económica se reduce, y los beneficios son menores porque los trabajadores demandan un aumento de sus salarios mediante cláusulas que obligan a los empresarios a defender a los trabajadores de la inflación crónica mediante subidas salariales automáticas en función del aumento del costo de la vida. Los precios de casi todas las materias primas responden rápidamente ante señales inflacionistas. Los mayores precios de los bienes que se exportan pueden disminuir las ventas en el exterior, creando déficit comerciales y problemas en los tipos de cambio. La inflación es uno de los factores determinantes de los ciclos económicos que provocan distorsiones en el nivel de precios y de empleo, así como una incertidumbre económica a nivel mundial.

Los efectos de la inflación sobre el bienestar individual dependen de muchas variables. Aquellas personas que tienen ingresos relativamente fijos, sobre todo cuando pertenecen a los grupos de menores ingresos, están muy afectadas por la creciente inflación, mientras que aquellas que tienen ingresos flexibles pueden mantener su nivel de bienestar e incluso mejorarlo. Aquellas personas cuyos ingresos provienen de activos con valores nominales fijos, como las cuentas de ahorro, las pensiones, las pólizas de seguros y los instrumentos financieros a largo plazo padecen una pérdida de riqueza real; sin embargo, aquellos activos cuyo valor es variable, como la propiedad inmobiliaria, las obras de arte, las materias primas y los bienes duraderos pueden experimentar subidas de precios iguales o superiores al alza del nivel general de precios. Los trabajadores del sector privado exigirán que sus contratos laborales lleven cláusulas de ajuste que permitan que sus salarios no padezcan la subida del costo de la vida. Los prestatarios suelen beneficiarse de los efectos de la inflación, mientras que los prestamistas pierden dinero, ya que los préstamos hipotecarios, personales, comerciales y públicos se pagarán con un dinero que tendrá menor poder adquisitivo y los tipos de interés aumentarán después de que los precios se hayan incrementado. La toma de decisiones económicas, tanto públicas como privadas, puede depender de un factor psicológico inflacionista.

6- MEDIDAS DE ESTABILIZACIÓN

Cualquier intento serio de combatir la inflación implicará dificultades y riesgos, siendo además un proceso largo porque las medidas restrictivas tienden a reducir la producción y el empleo antes de que se hagan patentes los beneficios. Por otra parte, las medidas fiscales y monetarias expansivas tienden a aumentar el nivel de actividad económica antes de que aumenten los precios. Estos riesgos económicos y políticos explican por qué predominan las políticas expansionistas.

Las medidas de estabilización anulan los efectos de la inflación y la deflación al restablecer el nivel normal de actividad económica. Para que sean efectivas, estas medidas tienen que ser permanentes y no solamente ajustes temporales que, a menudo, no consiguen más que agravar las variaciones cíclicas. El requisito indispensable para luchar contra la inflación implica que la cantidad de dinero y de créditos crezca a una tasa estable en función de las necesidades de crecimiento de la economía real y financiera. Los bancos centrales pueden determinar, a largo plazo, la disponibilidad de dinero y créditos controlando las reservas financieras necesarias, y con otro tipo de medidas. La restricción monetaria durante las recesiones cíclicas permite la recuperación financiera. Sin embargo, las autoridades monetarias no pueden imponer la estabilidad económica si la inversión y el consumo privados siguen creando presiones inflacionistas o deflacionistas, o si el resto de la política económica entra en contradicción con la política monetaria anti-inflacionista. El gasto público y la política impositiva tienen que ser coherentes con la actuación monetaria con el fin de lograr estabilidad y evitar excesivas oscilaciones en la política económica.

Concretamente, los gobiernos tienen que financiar sus enormes déficit presupuestarios o bien pidiendo prestado o bien emitiendo dinero. Si se adopta esta última medida, las presiones inflacionistas aparecen inevitablemente. La única forma de lograr que las medidas de estabilización sean efectivas es manteniendo una política monetaria y fiscal estable y coordinada.

También es necesario emprender medidas desde el lado de la oferta para luchar contra la inflación y evitar los efectos de estancamiento económico debidos a la deflación. Entre las posibles medidas a tomar desde el lado de la oferta se encuentran las medidas incentivadoras del ahorro y la inversión; mayor gasto para el desarrollo y la aplicación de nuevas tecnologías; la mejora de las técnicas de gestión y de la productividad del trabajo a través de la educación y las prácticas laborales; mayores esfuerzos para mantener estable el valor de las materias primas y para desarrollar nuevos recursos; y la reducción de la excesiva regulación gubernamental.

Algunos analistas recomiendan la aplicación de políticas de rentas para luchar contra la inflación. Estas políticas abarcan desde las imposiciones gubernamentales sobre niveles de precios, salarios, rentas y tipos de interés hasta los incentivos fiscales, o simplemente recomendaciones hechas por el gobierno. Algunos afirman que la intervención del Gobierno podría complementar las principales medidas económicas monetarias y fiscales, pero los críticos de esta postura destacan la ineficiencia de los anteriores programas de control en los países desarrollados. Entra en lo posible que las futuras medidas de estabilización se basen en coordinar las políticas monetarias y fiscales, además de en aumentar los esfuerzos desde el lado de la oferta para mantener la productividad y desarrollar nuevas tecnologías.

Todos los temas relacionados con la inflación, la deflación y las políticas asociadas con estas problemáticas están adquiriendo mayor importancia debido a la creciente movilidad de la inversión y a la especulación de los mercados internacionales, que cada vez están más interrelacionados, sobre todo en las últimas décadas del siglo XX. Dado que las finanzas internacionales pueden cambiar el valor de una moneda en cuestión de minutos, o llevar a un país a la crisis económica, la gestión empresarial está adquiriendo un papel relevante a la hora de lograr la estabilidad económica.

Política monetaria

1- INTRODUCCIÓN

Política monetaria, conjunto de instrumentos utilizados por un Gobierno nacional o por el banco central de un país para hacer variar la cantidad de dinero presente en la economía, a fin de influir directamente sobre el valor de la divisa nacional, sobre la producción, la inversión, el consumo y la inflación. La política monetaria, cuyo objetivo es sostener la actividad económica proporcionando a los agentes financieros la liquidez y los créditos indispensables para consumir, invertir y producir, no debe mostrarse demasiado restrictiva, porque correría el riesgo de bloquear el crecimiento económico, ni demasiado expansionista, en la medida en que tal situación favorecería el aumento de la inflación (el alza generalizada de los precios), al inyectar demasiado poder adquisitivo en una economía que no dispone de bienes suficientes para satisfacer la demanda.

2- LOS INSTRUMENTOS DE LA POLÍTICA MONETARIA

Los bancos centrales disponen de diversos métodos para poner en práctica la política monetaria que conviene a sus objetivos. Algunos métodos se han convertido en instrumentos predilectos de intervención, mientras que otros han caído en desuso. Entre otros instrumentos de la política monetaria se pueden señalar las actuaciones sobre el sistema del crédito de los bancos y la modificación de sus reservas obligatorias. Un tipo de política monetaria en este sentido sería, por ejemplo, obligar a los bancos a depositar en una cuenta no remunerada del banco central una proporción de sus depósitos a la vista y a plazo, que constituyen las reservas obligatorias, y que no pueden emplear libremente ni, por tanto, utilizar para aumentar los créditos en la economía. Al modificar los tipos de reservas obligatorias, el banco central fomenta el crédito o lo penaliza. Otros instrumentos utilizados en política monetaria son la intervención en el mercado monetario y las operaciones de redescuento: puesto que los bancos deben refinanciarse ante el banco central (comprar un dinero del que no disponen en cantidades ilimitadas), están obligados a aceptar el costo de tal refinanciación, que varía en función de la política fijada por las autoridades monetarias. Al aumentar ese costo (el tipo de redescuento), aquéllas inducen a los bancos a aumentar sus propios tipos de interés ante sus clientes, lo cual ralentiza la actividad crediticia (si se reduce ese costo, se observa el efecto contrario). La intervención en el mercado monetario (mercado financiero que sirve a los bancos para refinanciarse directamente, eludiendo al banco central) permite a este último controlar el precio del dinero de manera indirecta. Al comprar o vender títulos en este mercado abierto (estas operaciones se denominan de *open market*), el banco central modifica las condiciones del crédito.

Los tipos de interés son también elementos esenciales de una política monetaria. Sus movimientos al alza o a la baja influyen en la inversión y en el consumo, mediante la orientación de los créditos. Gracias a la política de *open market* y a la política de redescuento, es posible influir en sus movimientos respecto a los créditos a corto plazo,

incluso si los mercados financieros siguen siendo en última instancia quienes fijan los tipos de interés a largo plazo: ponen precio en realidad al valor de las obligaciones y fijan ellos mismos sus tipos de remuneración, que constituyen de hecho los tipos de interés a largo plazo.

3- LOS OBJETIVOS DE LA POLÍTICA MONETARIA

Los objetivos últimos de la política monetaria son el crecimiento económico, el control de la inflación y la defensa del valor de la divisa nacional con relación a otras divisas extranjeras. En la práctica, para alcanzar estos fines es necesario establecer una serie de objetivos intermedios, directamente controlables por el organismo emisor. La masa monetaria y la tasa de inflación son los objetivos cuantitativos más vigilados. El banco central fija todos los años el tipo de crecimiento de uno de sus agregados (el agregado elegido varía según el país; en Europa, por ejemplo, se utiliza el M3, suma del dinero en circulación y los depósitos a la vista), y utiliza los instrumentos a su disposición para que no se sobrepase ese tipo.

4- EL DEBATE ENTRE KEYNESIANOS Y MONETARISTAS

Existe una polémica entre dos escuelas de pensamiento para determinar si el objetivo más importante de la política monetaria es el crecimiento de la renta nacional o el control de la inflación. Para los representantes del monetarismo, la única causa de la inflación es el aumento inconsiderado de la masa monetaria en la economía, cuya evolución, superior a la de la renta nacional, tiene como consecuencia inmediata la subida de los precios. Este aumento indebido de la cantidad de dinero es nefasto para el crecimiento, porque obliga a luchar contra la inflación ralentizando la actividad económica. Para los seguidores del keynesianismo, en cambio, la causa de la inflación no es necesariamente monetaria, y un aumento considerable de la cantidad de dinero no produce automáticamente inflación. Ese aumento puede contribuir a crear un poder adquisitivo suplementario en un país donde la capacidad productiva está en parte desaprovechada a causa del desempleo o del escaso incremento de los ingresos. En determinados casos, la política de crecimiento de la masa monetaria puede provocar una estimulación de la actividad económica y quedar por tanto justificada *a posteriori,* sin que se manifieste por ello ninguna subida de los precios. John Maynard Keynes no era un partidario incondicional de esta clase de política, pero consideraba que las variaciones de la masa monetaria y de los tipos de interés no eran esenciales para explicar el comportamiento de los empresarios, que basan en realidad la elección de sus inversiones en la previsión de la actividad económica y no en el costo de la inversión. La mayoría de los grandes bancos centrales de los países occidentales, en la actualidad independientes de los poderes políticos (en Francia, Estados Unidos o Alemania, por ejemplo), fomentan la visión monetarista, estableciendo como objetivo principal la lucha contra la inflación.

Oferta monetaria

Oferta monetaria, cantidad de dinero puesto en libre circulación en una economía. La oferta monetaria incluye los billetes, las monedas y los depósitos bancarios. Se clasifica en función de su liquidez: cuanto menos líquido o disponible es el dinero más difícil es calcular y controlar la oferta monetaria.
El dinero más líquido (dinero 'en sentido amplio') constituye lo que se conoce como M1, y consiste en los billetes y monedas en circulación y los depósitos a la vista en los bancos. La M2 es la M1 más los depósitos de ahorro y los depósitos en moneda extranjera de los residentes en el país. La M3 y M4 incluyen otros pasivos de las instituciones financieras. Sin embargo, estas definiciones pueden variar entre países; por ejemplo, en Australia la M2 incluye los certificados de depósitos, mientras que en Alemania se incluyen en la M1 los depósitos a corto plazo.

Una de las facetas más relevantes de la política monetaria consiste en controlar la oferta, para lo que las autoridades fijan objetivos intermedios y objetivos finales. Entre las distintas opciones para controlar la oferta monetaria podemos destacar: el ajuste del nivel de reservas que tienen que depositar los bancos comerciales en función de los préstamos que conceden; la compra o venta de bonos del Gobierno en operaciones conocidas como de mercado abierto; la fijación de los tipos de interés; y el control de la concesión de créditos.

Entre los economistas existen profundas diferencias de opinión respecto al ritmo de crecimiento de la oferta monetaria. Según la teoría cuantitativa del dinero, punto de partida del monetarismo, los cambios en la oferta monetaria sólo afectan a los precios, por lo que un aumento de la misma, por lo menos a largo plazo, producirá un aumento de los precios, pero no de la producción. Por otro lado, los defensores del keynesianismo defienden otro tipo de política monetaria.

Mercado negro

Mercado negro, término utilizado para designar la venta ilegal de bienes, violando la

---

fijación de precios y el racionamiento impuestos por el Gobierno. Este término surgió en Europa durante la I Guerra Mundial, cuando la introducción del racionamiento en los países beligerantes llevó a algunas personas a enriquecerse accediendo a la oferta de bienes racionados y vendiendo cantidades suplementarias a precios desorbitados.

El fenómeno del mercado negro surge en tiempos de crisis o cuando el Gobierno controla la economía. Sólo tiene sentido cuando la escasez anormal de bienes de primera necesidad puede obligar a los gobiernos a imponer controles de precios y racionamiento de bienes para asegurar una distribución más equitativa de la oferta disponible. En estas circunstancias, algunos consumidores estarán dispuestos a pagar precios anormalmente elevados para obtener estos bienes escasos, y otras personas estarán dispuestas a correr todo tipo de riesgos (incluidos los de tipo legal) para vender estos bienes a esos precios. Durante la II Guerra Mundial se prodigaron este tipo de mercados, para desaparecer con el final de la guerra, en cuanto la producción volvió a sus niveles normales y los controles gubernamentales desaparecieron.

Los cambios ilícitos de unidades monetarias también se consideran, a veces, como operaciones de mercado negro. Este tipo de mercados aparecen cuando el tipo de cambio oficial de una moneda se fija a niveles que no reflejan su tipo de cambio real. Esta situación incentiva a los poseedores de monedas extranjeras a venderlas fuera de los mercados oficiales, en vez de intercambiarlas en éstos a tipos de cambio menos rentables.

Utilidad marginal

Utilidad marginal, en Economía, la utilidad que le reporta al consumidor la última unidad de una serie de unidades similares de un bien de consumo que el consumidor considera que merece la pena adquirir. El concepto de utilidad marginal es parte de la "ley de la utilidad decreciente". Según esta ley, la posesión de unidades adicionales de un bien aumenta la satisfacción psicológica total o utilidad del propietario, pero con cada unidad adicional la utilidad total crece a una tasa menor a medida que el deseo de disfrutar cada unidad adicional es menos acuciante. Llega un momento a partir del cual no merecerá la pena realizar ningún esfuerzo adicional para adquirir el bien.

Este concepto es importante, porque antes de que se aplicara en la teoría económica clásica los economistas pensaban que el costo de producción era el único y principal determinante del valor de mercado de los bienes. Esta creencia fue finalmente considerada como inadecuada por casi todos los economistas, porque no lograba dar un peso suficiente a factores como la inversión o las cargas del capital, a los diferentes valores entre los diferentes tipos de trabajo ni a los factores subjetivos que determinan la demanda individual de un bien. Con el reconocimiento de estos factores subjetivos, entre los que el concepto de utilidad marginal es uno de los más importantes, los economistas se dieron cuenta de que el valor del trabajo y el capital está en parte determinado por la demanda de los individuos de los bienes en los que se aplican, para su producción, esos factores. En otras palabras, aunque los costos de capital y trabajo de un bien pueden asegurar, de momento, que no se venderá ese bien a un precio inferior a ese costo, incluso si no hay compradores dispuestos a pagar el precio de costo, a largo plazo esta falta de demanda forzará una reducción en los costos de trabajo y capital con el fin de reducir el precio hasta el punto en que se pueda encontrar una demanda efectiva.

Los costos sólo operan como uno de los factores interrelacionados a la hora de determinar el valor de mercado y están a su vez influidos por estos otros factores. De la misma manera, las actitudes subjetivas de los individuos hacia los bienes en el mercado no pueden por sí mismas determinar el valor de mercado, sino que tienen que tenerse en cuenta relacionándolas con los precios que de hecho se pagan al trabajo y al capital, y en relación con las utilidades marginales de todos los demás individuos que actualmente actúan en el mercado. En otras palabras, cada comprador compra de acuerdo con un ajuste entre sus propias valoraciones de los bienes y las valoraciones que prevalecen en el mercado, y éstas a su vez son el resultado del equilibrio de todas las valoraciones de todos los compradores individuales que hay en el mercado en ese momento.

Hipoteca

Hipoteca, gravamen que sujeta un bien inmueble a responder de una determinada obligación o deuda, sin que el inmueble salga de la posesión de su propietario. En el caso de que el deudor no pague, incumpliendo la obligación garantizada, el acreedor podrá solicitar la venta del inmueble y cobrar lo que se le debe con el importe de la venta, lo que se denomina ejecución.

La hipoteca es un derecho real, lo que significa que gravita sobre la finca hipotecada quienquiera que sea su poseedor. Por esta razón, si la finca hipotecada es vendida y más tarde no se cumple la obligación garantizada, el acreedor podrá instar la venta del inmueble, sin que sea obstáculo el hecho de que el inmueble pertenezca a persona distinta de la obligada al pago. Es importante subrayar que quien compra un inmueble hipotecado asume la carga que pesa sobre el mismo. Por esta razón lo normal será que el importe de la deuda pendiente sea descontado del precio de la venta. A fin de evitar que el comprador pueda alegar que no conocía la existencia de la hipoteca, el Derecho facilita el conocimiento de las hipotecas que pesan sobre los inmuebles a través de su inscripción en el Registro de la propiedad, de forma que una hipoteca no despliega todos sus efectos si no se inscribe en el Registro la escritura pública en que se constituya. Por ello supone una verdadera temeridad adquirir un inmueble sin solicitar antes en el Registro la información sobre las posibles hipotecas que puedan pesar sobre el mismo.

En no pocos ordenamientos existe una forma de garantía que se denomina hipoteca mobiliaria, en contraposición a la inmobiliaria. Los objetos hipotecados, a diferencia de lo que sucede con la prenda, no salen de la posesión de su dueño. Es una garantía en verdad útil, pues en ocasiones una persona desea solicitar un préstamo y no dispone de inmuebles para que sean hipotecados en garantía del mismo, pero tampoco puede constituir prenda sobre los bienes muebles de su propiedad, porque ello implicaría dejar la posesión en manos del acreedor o de un tercero, y le son indispensables para el ejercicio de su profesión. Por ejemplo, un taxista constituye una hipoteca sobre un vehículo que compra con el dinero que le prestan, sujetando el taxi al cumplimiento de la obligación de pagar el préstamo cuando éste venza.

La hipoteca constituye, en las sociedades modernas, un instrumento básico de la economía. La mayor parte de los compradores de una vivienda no disponen de dinero suficiente para hacer frente al pago de su precio, y recurren, bien a la fórmula del precio aplazado, o bien a la opción de solicitar un préstamo hipotecario (bancario por lo general), concedido el cual se paga el precio al vendedor y se comienzan a pagar los correspondientes recibos de la hipoteca a quien concedió el préstamo. Ello permite una mayor agilidad en el tráfico de bienes y servicios y un cómodo acceso a la propiedad de la vivienda (dígase lo mismo si el objeto es un local comercial, un yate, una empresa o una nave) y también una eficaz garantía para el acreedor hipotecario, quien sabe a partir del momento de la constitución de la hipoteca que es el inmueble con lo que se responde de forma material a la deuda, y ello ocurra lo que ocurra al deudor hipotecario (sucede cuando se produce una quiebra del negocio que le procuraba su forma de vida y los recursos para pagar la hipoteca, una huida del país, el fallecimiento que no deja designados los herederos que puedan hacerse cargo de la deuda, entre otros casos) o a la propia finca hipotecada (por ejemplo, que haya sido vendida o donada a una persona poco solvente).

Es regla común que no se conceda una hipoteca sin que el acreedor realice con antelación un estudio exhaustivo acerca de los recursos o ingresos de que dispone quien la solicita y acerca del valor que la finca a hipotecar tiene en el mercado. Ello a fin de que, llegado el caso de que no se cumpla la deuda garantizada, la venta pública del inmueble sirva para cubrir de forma satisfactoria dicha deuda con sus intereses y las costas del procedimiento de ejecución.

Valor

Valor, en Economía, la equivalencia de un bien o servicio en términos de otros bienes y servicios. El término suele reflejar la cuantía en dinero, o precio, que se pagará por el bien. El valor de cualquier objeto en un mercado depende de su escasez y de su atractivo. Cualquier artículo atractivo y escaso, como por ejemplo un diamante, tendrá una mayor tasa de intercambio, es decir, podrá intercambiarse por un bien de igual o mayor valor. El atractivo también depende de su utilidad potencial. Se suele distinguir entre valor de mercado y valor justo o valor natural. El valor de mercado refleja su poder adquisitivo en un mercado libre. El valor natural es el valor que prevalecería si las fuerzas de un mercado competitivo operaran sin fricciones. El valor de mercado también se denomina precio de intercambio del bien, siendo el valor natural el precio justo.

En la teoría del valor trabajo, en su visión más simplista, el valor de un producto viene dado por la cantidad de trabajo que se necesita para producirlo.

El término valor añadido se refiere al valor creado a lo largo del proceso de fabricación o producción de un producto, descontando el costo de las materias primas, el embalaje y la gestión. En todos los países pertenecientes a la Unión Europea se ha establecido un impuesto sobre el valor añadido.

Seguros

1- INTRODUCCIÓN

Seguros, en Derecho, acuerdos contractuales para que el asegurador compense al asegurado por la pérdida debida a un acontecimiento fortuito. El asegurador obtiene recursos acumulando pequeñas contribuciones de quienes quieren protegerse del riesgo de sufrir un daño aleatorio, creando así un fondo que permite recompensar a aquellos que sufren el daño. Las contribuciones se denominan primas. El contrato de seguros consiste en una póliza que especifica los términos estipulados entre las partes, por la cual el asegurador se compromete a indemnizar al asegurado una determinada cantidad en función de la prima desembolsada.

2- PÓLIZAS DE SEGUROS

El contrato de seguros implica cierta aleatoriedad, es decir, el hecho asegurado debe ser posible pero incierto durante un periodo de tiempo, y no dependerá de la acción del asegurado o del asegurador. Por lo general, los riesgos asegurados deben ser susceptibles de cuantificación y su realización debe estar sujeta a las leyes estadísticas, de forma que se pueda calcular la prima a pagar. Además de que el hecho asegurado sea aleatorio, el asegurado debe tener interés en que no se produzca, es decir, sufrirá una pérdida material si el hecho ocurre. Si el asegurado no tuviera un interés personal en no sufrir el riesgo, la póliza se quedaría sin contenido y el contrato sería especulativo. Este tipo de situación ocurriría, por ejemplo, si una persona asegurara contra incendios la casa de un tercero.

3- PROTECCIÓN

Los seguros desempeñan un papel primordial en las economías modernas, proporcionando medios adecuados para reemplazar la pérdida o destrucción de bienes materiales y garantizando un poder adquisitivo mínimo en caso de enfermedad, accidente o defunción. Además, las enormes reservas de capital que necesitan las empresas de seguros para hacer frente a los pagos por indemnización se invierten, por lo que constituyen una fuente de financiación para que la industria aumente sus inversiones o sus bienes de capital.

Las compañías aseguradoras amplían de forma constante su ámbito de competencia asegurando a las personas ante nuevos riesgos. En años anteriores era normal que los seguros de vivienda no protegieran contra catástrofes como los terremotos, las guerras, el riesgo de explosión nuclear o de radiación y otros acontecimientos similares. Sin embargo, durante la década de 1980 las compañías aseguradoras han ampliado su cobertura, por lo que ahora se pueden cubrir casi todos los riesgos posibles.

4- CLASES DE SEGUROS

Las pólizas de seguro suelen cubrir el riesgo de robo, accidente de automóviles y espionaje industrial. Algunos seguros especializados, como el seguro de vida o el seguro marítimo, son tan específicos que constituyen un área independiente, con sus propias reglas. También pueden cubrir el pago de un crédito o garantizar la posesión de una propiedad, y otros más específicos cubren los daños a cristales, maquinaria y calderas, ascensores, animales y otras propiedades, así como los daños a la propiedad causados por rayos, vendavales, tornados, granizadas, tormentas, plagas, pestes, bombardeos, explosiones e inundaciones. Muchas pólizas de seguros son mixtas, es decir, que cubren al mismo tiempo varios tipos de riesgos.

5- CLASES DE COMPAÑÍAS ASEGURADORAS

Hay muchas clases de compañías aseguradoras; éstas pueden ser sociedades anónimas, mutualidades, asociaciones, corporaciones sin ánimo de lucro, organizaciones de riesgo compartido, hermandades y empresas gestoras de planes de jubilación. Las compañías aseguradoras que son sociedades anónimas pertenecen a los accionistas que adquieren el capital de la empresa comprando acciones y perciben beneficios en forma de dividendos. Las mutualidades no emiten acciones y se financian con las aportaciones derivadas de las primas; estas empresas son propiedad de los socios corporativos que comparten tanto las pérdidas como las ganancias de la sociedad. Una asociación consiste en un acuerdo sin ánimo de lucro mediante el cual un grupo de personas afectadas por un mismo riesgo se comprometen a indemnizarse mutuamente en caso de sufrir pérdidas.

Las organizaciones aseguradoras de riesgo compartido, un tipo de organización patentado por la conocida empresa británica Lloyd's, se componen de una serie de individuos que se comprometen a aceptar parte del riesgo aportando una parte de la prima, por lo que se reparten tanto las pérdidas como las ganancias, dependiendo de la aportación que han realizado. Las corporaciones sin ánimo de lucro son cooperativas de seguros que aseguran a sus miembros y suscriptores; este tipo de corporaciones tienen prohibido la distribución de dividendos o beneficios y están exentas del pago de impuestos; suelen dedicarse a todo tipo de seguros médicos. Las hermandades son sociedades anónimas sin ánimo de lucro y sin capital social cuyo objetivo es asegurar a sus miembros y a los beneficiarios de éstos; las hermandades surgieron a partir de movimientos religiosos, caritativos o filantrópicos. Los planes de jubilación suelen ser fondos constituidos por los trabajadores de una empresa para crear seguros de vida, seguros médicos y pensiones para ellos.

Además de estas compañías aseguradoras privadas, el sector público de casi todos los países también proporciona esta clase de servicios. Entre los ejemplos más destacados hay que mencionar la Seguridad Social y la sanidad pública. Aunque en muchos países esta cobertura es parcial, por lo que los individuos tienen que realizar parte de la aportación, permite evitar los problemas de riesgo moral; es decir, si todo el riesgo está cubierto, el asegurado tiene pocos incentivos para ser precavido y evitar que se produzca el siniestro, lo que encarece los costos de las compañías aseguradoras.

6- REASEGUROS

Para evitar hacerse cargo de todos los riesgos, las compañías aseguradoras recurren al reaseguro, es decir, pagan una prima a otra empresa de seguros para que ésta cubra parte del riesgo. Es un mecanismo que permite compartir los riesgos para que las compañías de seguros cumplan con las obligaciones contraídas hacia sus clientes. Al reasegurar parte del riesgo, la empresa aseguradora garantiza la disponibilidad de fondos para hacer frente a grandes indemnizaciones. Esto ha fomentado el aumento de la especulación.

Teoría de la organización

Teoría de la organización, en economía, marco de análisis del proceso de toma de decisiones en las grandes organizaciones. El análisis económico tradicional tiende a analizar las actuaciones de la empresa como el resultado de una decisión unitaria, mientras que la teoría de la organización reconoce que en las grandes corporaciones el proceso de toma de decisiones suele estar descentralizado y que éstas no dependen sólo del objetivo de maximización de beneficios o ganancias, sino también de su estructura organizativa. Por ello, la toma de decisiones en las grandes empresas suele tener en cuenta la necesidad de limitarse a obtener beneficios satisfactorios, sin necesidad de maximizarlos, debido a la obligación de conjugar los diversos objetivos de las distintas partes que componen la organización. Cuando las decisiones se adoptan de forma colectiva sólo se suelen tener en cuenta todos los objetivos de la empresa y no sólo el de maximización de beneficios, pero también suelen ser más lentas (una característica fundamental de las empresas japonesas). La teoría de la organización está relacionada con la teoría de la empresa.

Razón de Estado

Razón de Estado, teoría política, desarrollada en Italia entre los siglos XVI y XVII, cuyo objetivo es justificar la conservación y ampliación del poder de un gobernante sobre el Estado, independientemente de la legitimidad de sus métodos.

El término fue usado por vez primera por Francesco Guicciardini en su *Discurso de Logrogno* (1512), pero la doctrina recibió su plena formulación por parte de Nicolás Maquiavelo en *El príncipe* (1532). El concepto fue después adoptado y divulgado por otros autores. Fue Giovanni Botero, en *De la razón de estado* (1589), quien le confirió gran notoriedad. En dicha obra defendía que la validez de los métodos utilizados para mantener un Estado debía basarse en consideraciones realistas, sin tener en cuenta principios religiosos o morales. Se basaba en la idea de que el principal fin de un gobierno es la conservación del Estado. Según los teóricos de esta tendencia, tal objetivo legitima determinadas acciones éticamente reprobables y autoriza el empleo de la violencia y el engaño en todos los casos en los que tales medios garanticen la seguridad del Estado.

En el curso del debate que se desarrollo desde finales del siglo XVI, tras las inevitables críticas de carácter ético y religioso a las que tal teoría se exponía, se afirmó la idea de que la derogación de ciertas leyes morales y positivas puede ser aceptable con la condición de que se haga a favor del Estado y no de los intereses particulares del gobernante. Desde Italia esta reflexión se extendió a Francia y de allí a Alemania, donde fue asumida bajo el nombre de "doctrina del Estado potencia" y conoció su forma más definida en la política del canciller Otto von Bismarck. Las obras de Leopold von Ranke, Heinrich von Treitschke y Ernst Troeltsch teorizaron acerca de la necesidad de los estados, concebidos como portadores de una misión universal cultural y política, de ejercer el monopolio de la fuerza, indispensable para la realización de su autoafirmación.

Títulos valores

Títulos valores, término utilizado en economía y en las finanzas con dos significados: por una parte, designa algo dado por un prestatario a la persona que presta para asegurar un préstamo, es decir, algo que el prestador puede vender y así recuperar el dinero adeudado si el prestatario no devuelve lo prestado; por otra, designa una participación en los fondos propios (el activo menos el pasivo) de una empresa.

Los valores eran en un principio los documentos (llamados también título-valor) que probaban la posesión de una propiedad o los ingresos que podían ser utilizados como garantía subsidiaria para un préstamo. Hoy día, el término valores se utiliza por lo general para hacer referencia a acciones rentables o a bonos que se comercian sobre el capital (finanzas a largo plazo) o en mercados monetarios (finanzas a corto plazo).

En las últimas dos décadas se ha producido un considerable incremento de la inversión en valores, debido al hecho de que las empresas han optado cada vez más por aumentar sus finanzas a través del mercado de valores en vez de hacerlo solicitando un préstamo a un banco o a otro intermediario financiero. Como resultado de ello, el mercado de valores se ha convertido en algo bastante diverso y sofisticado. Puede que los bancos hayan perdido parte de su tradicional negocio como entidades prestadoras, pero se ven beneficiados por el hecho que el riesgo que conlleva conceder un préstamo se reparte ahora en una mayor gama de entidades financieras, con lo que les resulta rentable ocuparse del ramo de los valores.

A medida que la inversión en valores ha ido creciendo lo ha hecho también el mercado de los llamados derivados, que son en realidad activos derivados de otros activos. Por ejemplo, una opción (el activo derivado) de comprar una acción (el activo original) a un cierto precio en cualquier momento hasta una fecha específica establecida en el futuro. En este caso, operan dos mercados: uno para el activo original y otro para el activo derivado. Aquellos que comercian con opciones apuestan sobre el precio de la acción de la que han adquirido una opción de compra. Si el precio de la acción sube en una proporción superior al costo de la opción, pueden obtener un beneficio. En teoría podría haber derivados de derivados, como, por ejemplo, en el caso de una posibilidad para adquirir una opción a comprar una acción.

Política fiscal

Política fiscal, política relacionada con la imposición o tarifas impositivas y el gasto público. Cuando se reducen los impuestos o se aumenta el gasto público para estimular la demanda agregada, se dice que la política fiscal es expansiva. Cuando se aumentan los impuestos o se reduce el gasto público, se dice que la política fiscal es restrictiva. La política fiscal y la política monetaria (que se encarga de controlar la oferta monetaria) son las dos actividades más importantes de la política económica global de un gobierno.

Para diseñar la política fiscal, el gobierno debe tomar una serie de decisiones sobre la cuantía de los impuestos directos, como el impuesto sobre la renta, y de los impuestos indirectos, (como el impuesto sobre el valor añadido). También debe determinar la suma de gastos corrientes de la administración, (como los salarios de los funcionarios públicos) y cuánto hay que gastar en los distintos bienes y servicios, como en construcción de hospitales o de carreteras.

Muchos gobiernos deciden gastar más de lo que ingresan, e incurren en déficit presupuestarios que pueden financiarse emitiendo dinero o deuda pública. Si se opta por emitir dinero se crearán tensiones inflacionistas; si se opta por emitir deuda pública se puede presionar al alza los tipos de interés. La emisión desmedida de dinero en Latinoamérica durante la década de 1980, generó graves niveles de inflación.

Al tomar decisiones sobre la política fiscal los gobiernos están sometidos a influencias de índole política, como estimaciones sobre el volumen que debe tener el sector público o cuál será la reacción de la población ante una determinada decisión, y en su intención estará la reducción de bolsas de fraude y evitar que se produzcan otras. En la creciente economía integrada mundial, las empresas adoptan sus decisiones de localización en función de los posibles beneficios fiscales que prometan los gobiernos y de los distintos regímenes fiscales de cada país. En sus decisiones los gobiernos también deben tener presentes las tarifas impositivas de instituciones internacionales como el Fondo Monetario Internacional (FMI, cuyos préstamos a los países menos industrializados suelen condicionarse al cumplimiento de determinadas medidas fiscales) o a los compromisos internacionales (como las contribuciones a las Naciones Unidas o al presupuesto de la Unión Europea, Organización de Estados Americanos y otros organismos internacionales). Los gobiernos deben tener en cuenta también el grado de desempleo o de crecimiento económico, presentes y futuros del país, porque estas variables determinarán la cantidad de ingresos que se podrán obtener mediante los impuestos y los gastos necesarios para mantener el Estado de bienestar. Para afrontar los errores en las previsiones, en los presupuestos suele haber una partida de reserva para atender a gastos extraordinarios o a un menor nivel de ingresos impositivos.

Reforma fiscal

Reforma fiscal, en economía, proceso por el que se transforma la estructura tributaria de un país.

Las reformas fiscales varían en función de su alcance, pues pueden consistir en una reforma de todo el sistema tributario o tan sólo de una parte. Es un proceso muy frecuente en cualquier economía, pero sobre todo en las naciones desarrolladas, donde el sistema fiscal es más complejo.

La densa historia económica de los países de Latinoamérica hace inviable un análisis pormenorizado de las múltiples reformas fiscales acometidas por los distintos gobiernos en cada país, en particular porque es frecuente que, con la constitución de un nuevo Gobierno, se proceda a reformar, en todo o en parte, el sistema fiscal vigente. Por regla general, los gobiernos de corte socialista o ideología progresista tienden a reformar la fiscalidad aumentando los impuestos, sobre todo los de las clases propietarias, y a instaurar mecanismos de redistribución de la renta nacional y la riqueza. Por el contrario, los Ejecutivos de carácter conservador tienden a reformar el sistema fiscal vigente reduciendo los impuestos, sobre todo los de las clases productivas, y a fomentar una economía de libre mercado con la menor intervención pública posible.

Como ejemplo de reforma fiscal de gran alcance podemos citar la del sistema tributario español a finales de la década de 1970, durante el periodo de la transición hacia la democracia, que pretendía, como primer objetivo, crear un sistema fiscal moderno y eficiente que permitiera la redistribución de la renta y, sobre todo, que el Estado tuviese medios financieros para hacer frente a sus gastos. Desde que se realizó esta reforma, diseñada por el economista español Enrique Fuentes Quintana, el sistema tributario español ha sufrido numerosas modificaciones que pretendían perfeccionarlo y, en ocasiones, aumentar los ingresos de la Hacienda Pública. La segunda reforma fiscal de mayor importancia en la historia contemporánea de España fue la que posibilitó, después de la entrada del país en la Comunidad Económica Europea -hoy Unión Europea (UE)- (1986), instaurar el impuesto sobre el valor añadido (IVA), para adaptar la estructura de la imposición indirecta española a la vigente en la UE.

OPA - Oferta Pública de Adquisición

OPA, acrónimo de Oferta Pública de Adquisición, en economía, intento por parte de una empresa de obtener el control de otra. La oferta de adquisición puede ser monetaria o, como ocurre con más frecuencia, una oferta mixta de dinero y acciones de la empresa oferente. El valor real de la oferta depende, por tanto, del valor de las acciones del oferente, que suele disminuir cuando se anuncia la OPA, que puede ser amistosa u hostil. Una OPA amistosa es aquella que se realiza con el consentimiento de los propietarios de la empresa que se quiere adquirir o controlar. La OPA hostil es aquella que se realiza contra los deseos de los accionistas de la empresa que se quiere controlar. Ante la amenaza de una OPA hostil algunas empresas tienden a endeudarse por encima de lo necesario para restar atractivo a la empresa. Otras suelen buscar lo que se conoce como un "caballero blanco" (*white knight*), una empresa amiga dispuesta a adquirir un gran paquete de acciones impidiendo a la empresa que lanza la OPA conseguir las acciones necesarias para obtener el control.

Algunas empresas adquieren un importante paquete de acciones en otra empresa para adquirir el control necesario para comprar las acciones de la empresa amenazada por una OPA a un precio mayor que el de esta última, reduciendo así las posibilidades de éxito de la OPA hostil. Esta práctica se conoce con el término inglés *greenmail*, y en Estados Unidos está penalizada con una legislación que impone fuertes cargas fiscales a los beneficios de la empresa que realiza esta técnica disuasoria.

Negocio

1- INTRODUCCIÓN

Negocio, operación compleja relativa a todas las funciones relacionadas con la producción, distribución y venta de bienes y servicios para satisfacer las necesidades del comprador y dar beneficios al vendedor. En el mundo moderno el control de la producción está en manos de empresarios y propietarios individuales, que organizan y dirigen las industrias, hacia la obtención de beneficios económicos. Desde el inicio de la extraordinaria era de progreso económico originada por la Revolución Industrial, se han modificado las antiguas costumbres de hacer negocios, y se han creado nuevas formas de organizaciones empresariales. Esto ha permitido que varias ramas industriales se adaptaran a los distintos contextos y pudieran funcionar más fácil y eficientemente. A continuación se describen los distintos tipos de empresas.

2- PROPIEDAD INDIVIDUAL

Bajo este tipo de organización, el propietario es el único responsable del negocio y de su éxito o fracaso. Salvo que una ley prohíba expresamente un negocio en concreto, esta forma de propiedad puede desempeñar cualquier tipo de actividad.

Aunque existen ciertas ventajas inherentes a este tipo de modelo, no es una organización eficaz para emprender grandes negocios. En primer lugar, rara vez puede un único propietario invertir tanto capital como una sociedad o una corporación. Si los propietarios individuales invierten grandes cantidades de capital, asumen la posibilidad de perderlo todo porque son directamente responsables de todas las deudas de su empresa. Esto se denomina responsabilidad ilimitada. Esta forma de propiedad es la más habitual en el sector de la agricultura.

3- SOCIEDAD

Una sociedad es una asociación empresarial entre dos o más personas que acuerdan combinar sus activos financieros, trabajo, propiedades y capacidades. El acuerdo mediante el que se crea este tipo de asociación se denomina contrato de sociedad y puede incluir cláusulas sobre la política general a seguir, distribución de beneficios, responsabilidades fiscales y el periodo de tiempo que durará la sociedad.

Salvo que se establezca que la responsabilidad está limitada a una persona, todos los accionistas responden solidariamente ante las pérdidas, y por tanto, son ellos quienes se reparten pérdidas y deudas.

4- LA CORPORACIÓN

La figura de la corporación se creó para tener un instrumento financiero sin la debilidad de la empresa de propiedad individual ni la de las sociedades. En general, las leyes sobre corporaciones que establecen los requisitos exigibles a las personas que quieren formar una corporación varían en cada país. Cuando estos requisitos se cumplen se procede a establecer los estatutos.

Las combinaciones de distintos tipos de negocios se pueden clasificar atendiendo diversos criterios. Las principales integraciones son las siguientes: una integración vertical se caracteriza por ser un conjunto de empresas que se dedican, cada una de ellas, a una de las distintas etapas en la producción o el marketing de un producto. Una horizontal implica el control único de varias empresas que venden los mismos productos. Una complementaria es aquella realizada por varias empresas que venden productos parecidos, pero que no compiten entre sí. La integración implica a empresas de industrias distintas, como por ejemplo, cuando una empresa de automóviles es propietaria de una empresa de alimentos o de una editorial.

A medida que crecía la competencia entre distintos negocios, aparecieron nuevas y más complejas combinaciones corporativas. Una fusión consiste en la absorción de una o varias empresas por otra. Cuando se crea una unión, las corporaciones participantes crean una nueva corporación, cambiando sus acciones por las de la nueva corporación y reemplazando los estatutos de cada empresa por uno común. La dirección conjunta se produce cuando los directivos de una o varias corporaciones pertenecen al consejo de administración de cada empresa. Cuando un pequeño número de personas, con intereses distintos, tienen acciones, conjuntamente, de una o varias empresas, estamos ante lo que se denomina una comunidad de intereses.

Una combinación corporativa contraria al espíritu y la letra de casi todas las leyes sobre la competencia es el cártel, una asociación voluntaria entre empresas privadas con el fin de coordinar sus prácticas de marketing. Pueden llegar a acuerdos sobre la fijación de precios, limitación de la producción, reparto de mercados y puesta en común de los beneficios.

La corporación multinacional tiene una especial relevancia económica. Este tipo de empresas son grandes negocios y tienen instalaciones para la producción a gran escala en todo el mundo; en algunos casos, sus entradas llegan a superar los ingresos totales de algunos de los países en los que operan.

5- REGULACIÓN PÚBLICA DE LOS NEGOCIOS

El interés público requiere que la organización y las operaciones que realizan las empresas estén sujetas a la regulación pública, por lo que se han dictado numerosas leyes para asegurar el pluralismo competitivo de la producción y el comercio. Las prácticas monopolísticas y de los *trusts* están prohibidas por las leyes sobre la competencia tanto en el ámbito nacional como, dentro de la Unión Europea, en el orden internacional.

6- BENEFICIOS Y RESPONSABILIDAD

En una economía de libre mercado, los negocios funcionan según la teoría que dice que tendrán beneficios en tanto en cuanto sean útiles para la comunidad en la que operan. La responsabilidad hacia los consumidores es un principio esencial, por lo que medidas como otorgar una garantía benefician al consumidor, al tiempo que realzan la reputación del vendedor. La ética de los negocios depende del sistema de competencia que hace que la satisfacción del consumidor resulte una práctica rentable.

Capital empresarial

Capital empresarial, en economía, valor de los activos de una empresa después de haber realizado el cálculo de los activos y pasivos. En una hipoteca o en un acuerdo de alquiler, los fondos propios son el remanente que le queda al prestatario si se vende el bien hipotecado o el bien alquilado y se paga la deuda. Los fondos propios no incluyen los pasivos pertenecientes a los accionistas, que esperan recibir dividendos en base al neto patrimonial de la empresa. Las acciones ordinarias de una empresa constituyen el capital social de la empresa, por lo que sus propietarios tienen derecho a recibir beneficios una vez que se haya pagado a los propietarios de las obligaciones y de las acciones preferenciales. Si la empresa se liquida, ésta pasa a ser propiedad de los que tienen acciones ordinarias.

Mecanismo de tipos de cambio

Mecanismo de tipos de cambio (MTC), acuerdo adoptado en marzo de 1979, al mismo tiempo que se creó el Sistema Monetario Europeo (SME), por los países de la Unión Europea (UE) para fijar un mecanismo de control que limitara las fluctuaciones de los tipos de cambio de los países miembros. Los países del SME también acordaron ayudarse en el plano financiero y crear una unidad de cuenta y cambio única, el ECU, para los estados de la UE. Los tipos de cambio de los países miembros del SME se establecían en función del ECU (aunque en la práctica el centro del sistema era el marco alemán).

Los miembros fundadores del SME en 1979 fueron Bélgica, Dinamarca, Francia, Alemania, Irlanda, Italia, Luxemburgo, los Países Bajos y el Reino Unido. Todos ellos, menos este último, acordaron participar en el MTC, que era el núcleo del SME. El Reino Unido entró en el MTC en 1990. España y Portugal, que se incorporaron a la Comunidad Europea en 1986, pasaron a formar parte del MTC en 1989 y 1992 respectivamente. El MTC sufrió una grave crisis en septiembre de 1992 cuando Italia y el Reino Unido lo abandonaron. En enero de 1995, Austria, Finlandia y Suecia se integraron en la UE y en el SME, si bien ya en la fase de transición hacia el euro.

El principal aspecto del MTC consistía en que cada país se comprometía a mantener y defender su propio tipo de cambio y el de los demás países con respecto a su moneda con un margen de fluctuación del ±2,25% con respecto a la paridad central. (De un modo excepcional Italia, el Reino Unido y España tenían un margen de fluctuación del 6%). Es necesario señalar que el MTC no era un sistema de tipos de cambio fijos en sentido estricto. La paridad central podía variarse bajo acuerdo de todos los países. Por lo tanto era un sistema de tipos de cambio ajustables, como el que se estableció tras la II Guerra Mundial en la Conferencia de Bretton Woods pero que en 1973 desapareció.

El MTC del SME se creó con la pretensión de proporcionar una estabilidad de tipos de cambio que se consideraba indispensable para estimular el comercio y la inversión en el seno de la UE. El sistema funcionaba porque las paridades eran, en la práctica, lo bastante flexibles. Entre 1979 y 1987 se produjeron 11 realineamientos de los tipos de cambio, siempre por devaluaciones de una o más monedas frente al marco alemán. Otro de los factores que contribuyeron a la supervivencia del sistema fue que Francia e Italia ejercían controles sobre los movimientos de capital. Aunque éstos no eran totales, ayudaban a reducir los grandes movimientos de capitales con fines especulativos.

Los realineamientos de los tipos de cambio se hicieron cada vez más esporádicos a partir de 1983 y después de 1987 no se produjo ninguno más hasta la crisis de septiembre de 1992. Durante este periodo el objetivo del MTC era servir de anclaje antiinflacionista al sistema. La idea principal era que al fijar el tipo de cambio con relación al marco alemán disminuirían las expectativas inflacionistas y por tanto las exigencias salariales. No se puede negar que las tasas de inflación de los países miembros del SME disminuyeron mucho. Sin embargo, que esto se debiera al MTC del sistema es más controvertido ya que las tasas de inflación de Estados Unidos y del Reino Unido también disminuyeron. En cualquier caso, el interés por reducir la tasa de inflación llevó a que el Reino Unido se integrara en el sistema en 1990 y a que Italia pasara de la banda ancha del 6% a la banda de fluctuación estrecha del 2,25%.

En septiembre de 1992 se produjo una importante crisis especulativa en el sistema. Los esfuerzos para mantener tipos de cambio fijos estaban condenados al fracaso por las importantes presiones. De éstas, la mayor se debió a la reunificación alemana. El déficit fiscal de Alemania aumentó, pero la política monetaria seguía siendo restrictiva para evitar las presiones inflacionistas; los tipos de interés alemanes aumentaron, presionando al alza los tipos de interés de los demás países de la Unión. Francia y el Reino Unido, que estaban atravesando una recesión económica, querían evitar esa subida, pues necesitaban mantener bajos sus tipos de interés, lo cual era incompatible con la fijación del tipo de cambio. Además, la inflación en Italia, España y el Reino Unido, a pesar de ser menor que la registrada con anterioridad en sus países, era muy superior a la alemana. Debido a esta diferencia, las paridades de los tipos de cambio no eran compatibles con sus objetivos de competitividad. La principal razón política de la crisis fueron las dudas que se crearon en cuanto a la firmeza del compromiso de los países para lograr la unión monetaria. El ataque especulativo sobre las monedas se produjo tras el referéndum danés sobre el Tratado de Maastricht, que tuvo un resultado negativo, justo antes de que se produjera el plebiscito francés, cuyo resultado era muy incierto (a la postre, se logró el respaldo al Tratado con un escaso margen).

Tras la crisis especulativa, Italia y el Reino Unido dejaron flotar con libertad sus monedas, abandonando el MTC. Los demás países permanecieron a efectos formales dentro del sistema, aunque algunos (España, Portugal e Irlanda) devaluaron sus monedas en varias ocasiones. Francia logró mantener su tipo de cambio durante algún tiempo. Tras una nueva crisis especulativa en julio de 1993, los márgenes de fluctuación se ampliaron al ±15%. En esta ocasión, la crisis afectó al franco francés que sólo se depreció de un modo casi inapreciable gracias al apoyo del Bundesbank. Pero con estos nuevos márgenes de fluctuación el objetivo de limitar la variación de los tipos de cambio para evitar tensiones inflacionistas era inalcanzable. El MTC fue el sistema de tipos de cambio cuasi fijos más importante desde la ruptura del sistema creado en Bretton Woods. Resulta una paradoja que los dos sufrieran el mismo desenlace, lo que demuestra la dificultad de mantener un sistema de cambios fijos cuando los diferenciales de inflación de los países del sistema son demasiado grandes y existen fluctuaciones en la economía global.

Minifundio

Minifundio, finca rústica de dimensiones tan reducidas que impiden alcanzar una escala de explotación eficiente. Así como el latifundio, su tamaño debe contextualizarse en el espacio geográfico en el que se halle, pues la escala eficiente dependerá de la fertilidad o la tecnología, entre otros factores. Minifundista es toda explotación incapaz de ofrecer a su explotador un flujo de renta suficiente para permitir el mantenimiento de la unidad familiar, dado el nivel medio de necesidades y la remuneración a los factores en un momento y lugar.

Son explotaciones familiares orientadas al autoconsumo, de precario nivel técnico, sin posibilidad de destinar recursos a su mejora, y con una economía complementada con trabajos en otras explotaciones. Suelen estar asociados a latifundios, generando condiciones económicas, políticas y sociales que bloquean el desarrollo económico. Otro problema con consecuencias similares es la sobreparcelación, muy común en España: la explotación puede tener un tamaño reducido, pero viable, y, sin embargo, está parcelada de forma que la unidad técnica está rota.

Latifundio

Latifundio, explotación agraria de gran extensión, caracterizada por el ineficaz uso de los recursos disponibles. El concepto 'gran extensión' debe enmarcarse en las características físicas, sociales y territoriales del espacio geográfico en que se encuentre: en Europa puede tener algunos cientos de hectáreas, mientras que en Latinoamérica superará con facilidad las diez mil.

El latifundio está asociado a ciertas características: bajos rendimientos, subutilización de la tierra, baja capitalización, bajo nivel tecnológico, explotación de la mano de obra y bajo nivel de vida de los trabajadores. Es una pieza más en un engranaje social complejo, y a su alrededor suelen aparecer minifundios y campesinos sin tierra, en una sociedad estratificada y con dificultades para el desarrollo económico. Se han ensayado distintas fórmulas para solucionar este problema, con claras implicaciones políticas, sociales, económicas y territoriales, que van desde el cambio en la estructura de la propiedad hasta la modernización de la explotación.

Empresa privada

Empresa privada, entidad que desempeña una actividad económica dentro del sector privado (que se distingue del sector público). La empresa privada y el sector privado son términos que se pueden emplear de una forma indiferenciada. El factor que distingue ambos términos es que el sector privado se refiere a la totalidad del segmento de la economía que no pertenece al Estado, y la empresa privada se refiere de un modo más concreto a una empresa individual que corresponde a dicho sector. La empresa privada asume todos los riesgos inherentes a una actividad económica, aunque estos riesgos se pueden reducir gracias a subvenciones públicas y otras ayudas del Gobierno. Los individuos que crean una empresa privada buscan la obtención de beneficios o ganancias, a diferencia de los administradores de una empresa del sector público, que puede tener otros objetivos distintos al de la maximización de beneficios. Por regla general, las empresas públicas obtienen menores beneficios que las empresas privadas. Algunas incluso incurren año tras año en cuantiosas pérdidas, y sobreviven gracias a subvenciones o subsidios. Otras organizaciones controladas por el Gobierno, como las responsables de la sanidad pública, no tienen entre sus objetivos la obtención de beneficios, sino tan sólo el proporcionar ciertos servicios sujetos a una limitación presupuestaria. Sin embargo, muchos gobiernos, sobre todo de corte conservador, fomentan la participación de la empresa privada en este tipo de servicios públicos.

Bienes

Bienes, a veces también denominados mercancías o mercaderías; en economía todo aquel género con el que se puede comerciar. Podemos distinguir multitud de bienes: materias primas, bienes inferiores, bienes superiores, bienes Giffen, bienes de consumo, bienes de inversión, bienes normales, bienes de lujo o bienes de primera necesidad, entre otros. En este artículo nos centraremos en los bienes primarios o materias primas.

Los países que tienen abundancia de materias primas, o recursos naturales, tienen cierta ventaja sobre aquellos países cuya dotación de recursos es menor porque dependen menos del ingenio y de la capacidad productiva de la población. Sin embargo, dependen del mercado internacional de bienes primarios o materias primas, donde se determinan los precios de este tipo de mercancías. La experiencia ha podido demostrar que los precios de las materias primas son más volátiles que los precios de los bienes manufacturados. Desde la década de 1970 los precios de las materias primas, como el petróleo, el estaño, el cobre y el café, han sufrido grandes fluctuaciones no previstas ni por los productores ni por los consumidores. Algunas de estas variaciones se debían a variaciones climatológicas que afectaban a las cosechas, mientras que en otras ocasiones las causas se debían a la aplicación de políticas de precios y a la modificación de las condiciones del mercado.

Debido a que los productores y los consumidores desean que los precios se mantengan estables, se han puesto en práctica distintas medidas para fomentar la estabilidad de los precios de las materias primas, entre las que destacan los acuerdos para imponer cuotas de producción o de exportación, la intervención de los mercados, comprando mayores cantidades cuando caen los precios o almacenando las materias primas para reducir la oferta e impulsar los precios al alza; también se realizan contratos a largo plazo entre productores y consumidores. Ninguna de estas medidas ha tenido resultados muy satisfactorios; en algunas ocasiones, han sido incluso contraproducentes, destacando el fracaso de los acuerdos sobre el precio mundial del estaño a mediados de la década de 1980. Cada vez más, las organizaciones internacionales, como el Fondo Monetario Internacional (FMI), han intentado ayudar a aquellos países menos industrializados que dependen de las exportaciones de materias primas para obtener divisas con las que pagar sus importaciones de maquinaria y otros productos manufacturados.

Existen dos importantes mercados para las materias primas. El mercado *spot* y el mercado de opciones o futuros. En el mercado *spot* los precios son los que rigen en el mercado en ese mismo momento, mientras que en el mercado de futuros se negocia la compraventa de una determinada cantidad de materias primas por adelantado, es decir, se negocia hoy la compra de cierta cantidad que se entregará pasado cierto tiempo (puede ser un mes, un año, o cualquier otro plazo que se acuerde). El precio de ambos mercados difiere. El mercado de futuros tiene la ventaja de que elimina toda incertidumbre (tanto para el comprador como para el vendedor) respecto a los precios, y permite que los especuladores obtengan ganancias, si saben prever las fluctuaciones de precios. Por ejemplo, supongamos que el precio del mercado de futuros a 30 días es un 5% inferior al que habrá en el mercado *spot* transcurrido ese tiempo. Si el especulador es capaz de prever esta diferencia, comprará hoy en el mercado de futuros y venderá dentro de 30 días en el mercado *spot* un 5% más caro, obteniendo este porcentaje de beneficio (sin tener en cuenta el pago de comisiones y los costos de cada transacción). Sin embargo, si el precio en el mercado *spot* dentro de 30 días ha caído por debajo del precio que el especulador pagó en el mercado de futuros, registrará pérdidas.

Explotación laboral

Explotación laboral, pago al propietario de un factor de producción (trabajo, energía) de una cantidad inferior al valor del producto.

Este término puede tener dos significados básicos: el primero es el uso de bienes materiales, normalmente con un suministro fijo, para los fines establecidos por los que se realiza su manipulación, y el segundo, más negativo, es un elemento clave de la teoría marxista sobre la lucha de clases. Esta teoría establece la teoría del valor del trabajo, que a su vez conlleva el concepto de plusvalía. Sostiene que el capitalista paga al trabajador el costo de su producción, pero recibe el precio de mercado del producto, paga costos externos (alquileres, etc.) y se embolsa el resto (la plusvalía) como ganancia. Esta idea de la plusvalía o ganancia nunca fue postulada por los economistas liberales y, en cualquier caso, parece estar en desacuerdo con la doctrina clásica del intercambio de equivalentes económicos.

Adam Smith estaba de acuerdo en que los productores en monopolio podían exigir una plusvalía a sus clientes. Pero, sin embargo, sostenía que si los trabajadores fueran propietarios de sus propias herramientas y tuvieran acceso a mercados libres, el precio de los bienes sería proporcional al trabajo implicado en su producción.

Los marxistas han sostenido que la explotación del trabajador, cuando éste no es el propietario, explica de forma objetiva los niveles de precios y empleo. Los economistas liberales opinaban que los precios eran el resultado de un intercambio que reflejaba las preferencias subjetivas de compradores y vendedores. La dificultad de la teoría objetiva, que explica el mecanismo de los precios —como en la teoría marxista— a partir de las relaciones estructurales de la explotación de la fuerza de trabajo por parte del capitalismo, reside en la variación cultural e histórica del costo de producción asociado a los trabajadores, englobando el costo de formación en habilidades o capital cultural humano.

En cambio, la dificultad de la teoría subjetiva estriba en que reduce la economía a una aplicación de la psicología de la elección olvidando factores más significativos, como la propiedad de la tierra y el capital, la educación laboral y el poder político de las personas bajo diferentes regímenes.

Finalmente hay que reconocer que existen muchas formas de explotación tanto política, como social o económica. Marx no sólo estudió la explotación en términos económicos, sino que desarrolló una extensa reflexión sobre las consecuencias sociales y políticas que tiene la mercantilización del trabajo.

Instituciones

Banco de Pagos Internacionales (BPI)

Banco de Pagos Internacionales (BPI), banco internacional fundado en 1930 en La Haya (Países Bajos) para promover la cooperación entre los bancos centrales nacionales, facilitar las operaciones financieras internacionales y actuar como agente o administrador en acuerdos financieros entre los distintos países. Su función original fue tramitar el pago de las reparaciones de guerra con que Alemania tenía que indemnizar a otros países tras la I Guerra Mundial, pero con el tiempo ha pasado a funcionar como el 'banco de los bancos centrales'. En 1992 el BPI ayudó a unos 90 bancos centrales a gestionar e invertir sus reservas monetarias, que ascendían a más del 10% de las reservas mundiales de divisas. Su capital autorizado es de 1.500 millones de francos-oro, dividido en 600.000 acciones de 2.500 francos-oro cada una. Los países accionistas son 32: Alemania, Australia, Austria, Bélgica, Bulgaria, Canadá, Dinamarca, España, Estados Unidos, Estonia, Finlandia, Francia, Grecia, Hungría, Irlanda, Islandia, Italia, Japón, Letonia, Lituania, Noruega, Países Bajos, Polonia, Portugal, Reino Unido, República Checa, República de Suráfrica, Rumania, Suecia, Suiza, Turquía y la antigua Yugoslavia. Las acciones pueden ser suscritas bien de forma directa por los bancos centrales participantes o en los propios países por suscriptores. Como resultado de esto, un 15% aproximado de las acciones del BPI se encuentra en manos de instituciones privadas, aunque éstas no tienen derecho a participar en la Asamblea General.

Además de ser empleados en tipos tradicionales de inversión, los fondos depositados en el Banco se utilizan como préstamos a los bancos centrales. Durante la década de 1980 y principios de la de 1990, se efectuaron préstamos a países no miembros de Latinoamérica para paliar en cierta medida las deudas que paralizaban sus economías y, de este modo, para preservar la viabilidad del sistema financiero internacional. La necesidad de tener sus reservas monetarias disponibles a corto plazo implica que el BPI debe mantener un alto grado de liquidez.

El BPI se ha convertido en un foro para la coordinación de la política monetaria internacional, gracias a las reuniones periódicas de los gobernadores de los bancos centrales. Colabora de forma muy estrecha con el Fondo Monetario Internacional (FMI), y, dado que entre sus miembros cuenta con varios bancos centrales de Europa Oriental, proporciona una vía de contacto entre estos países y Occidente.

El banco tiene a su cabeza un comité directivo formado por los gobernadores de los bancos centrales de Bélgica, Francia, Alemania, Italia y Reino Unido, que pueden nombrar cada uno otro miembro de la misma nacionalidad. Estados Unidos no ocupa los dos escaños a los que tiene derecho. No más de nueve gobernadores de otros bancos centrales pueden aspirar a ser elegidos como miembros de este comité. La sede del banco está en Basilea, Suiza.

Fondo Monetario Internacional (FMI)

1- INTRODUCCIÓN

Fondo Monetario Internacional (FMI), organismo financiero autónomo, independiente de la Organización de las Naciones Unidas (ONU) pero que en sus relaciones con ésta tiene la designación de "agencia especializada". Su creación surgió, junto con la del Banco Internacional para la Reconstrucción y el Desarrollo (BIRD), después de la celebración de la Conferencia de Bretton Woods (New Hampshire, Estados Unidos) celebrada en 1944.

El FMI fue fundado en 1946. Tiene como objetivo promocionar la cooperación monetaria internacional y facilitar el crecimiento equilibrado del comercio mundial mediante la creación de un sistema de pagos multilaterales para las transacciones corrientes y la eliminación de las restricciones al comercio internacional. El FMI es un foro permanente de reflexión sobre los aspectos relativos a los pagos internacionales; sus miembros tienen que someterse a una disciplina de tipos de cambio y evitar las prácticas restrictivas del comercio. También asesora sobre la política económica que ha de seguirse, promueve la coordinación de la política internacional y asesora a los bancos centrales y a los gobiernos sobre contabilidad, impuestos y otros aspectos financieros. Cualquier país puede pertenecer al FMI, que en la actualidad está integrado por 183 estados miembros.

2- ACTIVIDADES

Los miembros se comprometen a informar al FMI sobre sus políticas económicas y financieras que afecten al tipo de cambio de su unidad monetaria nacional para que el resto de los miembros puedan tomar las decisiones oportunas. Cada socio tiene asignada una cuota de derechos especiales de giro (DEGs), la unidad de cuenta del Fondo desde 1969; su valor depende del promedio ponderado del valor de cinco monedas (en marzo de 2002 un DEG equivalía a 1,26 dólares estadounidenses y a 1,43 euros). Este sistema sustituye al anterior que obligaba a los países a depositar el 75% de su cuota en moneda nacional y el 25% restante en oro. Las cuotas totales a finales de 2001 suponían 212.400 millones de DEGs. La cuota de cada miembro corresponde a su posición relativa en la economía mundial. La principal economía, la de Estados Unidos, tiene la mayor cuota, en torno a 37.000 millones de DEGs; la más pequeña asciende a unos 2 millones de DEGs. La cantidad de la cuota establece el poder de voto de cada miembro en las reuniones del FMI, cuántas divisas pueden obtener del Fondo y cuántos DEGs recibirá. Así, la Unión Europea posee el 25 por ciento de los votos y Estados Unidos en torno al 18 por ciento.

Los miembros con desequilibrios transitorios en su balanza de pagos pueden acudir al Fondo para obtener divisas de su reserva, creada con las aportaciones —en función de la cuota— de todos los miembros. El FMI también puede pedir dinero prestado de otras instituciones oficiales; con el Acuerdo General de Préstamos de 1962 se autorizó al Fondo a acudir a la financiación del denominado Club de París que concedió un crédito de hasta 6.500 millones de dólares (más tarde se aumentó el crédito a 17.000 millones). Todo país miembro del FMI puede acudir a esta financiación con un límite temporal (cinco años) para resolver sus desequilibrios; después debe devolver las divisas al FMI. El prestatario paga un tipo de interés reducido para utilizar los fondos de la institución; el país prestamista recibe la mayor parte de estos intereses, el resto lo recibe el FMI para sufragar sus gastos corrientes. El FMI no es un banco, sino que vende los DEGs de un país a cambio de divisas.

EL FMI también ayuda a los países a fomentar su desarrollo económico, por ejemplo, a los estados que integraron el Pacto de Varsovia (disuelto en 1991) para reformar sus economías y convertirlas en economías de mercado. Para ello, en 1993 se creó una partida especial transitoria que ayuda a estos países a equilibrar sus balanzas de pago y a mitigar los efectos del abandono del sistema de control de precios. Los instrumentos de ajuste estructural del FMI permiten a los países menos desarrollados emprender reformas económicas: a finales de marzo de 1994 se habían concedido 4.300 millones de DEGs a 44 países. Estos préstamos del FMI suelen incluir cláusulas relativas a la política económica nacional del país receptor de la ayuda, que han generado tensiones entre el FMI y los países más endeudados.

3- HISTORIA

Tras su creación en 1946, el FMI hizo una importante reforma en 1962, cuando se firmó el Acuerdo General de Préstamos. Al principio, el Fondo pretendía limitar las fluctuaciones de los tipos de cambio de las monedas de los países miembros a un 1% por encima o por debajo de un valor central establecido respecto al dólar estadounidense que a su vez tenía un valor fijo respecto al patrón oro; el 25% de las aportaciones de los miembros debía hacerse también en oro. La primera reforma permitió la creación del Acuerdo General de Préstamos, firmado en 1962 al hacerse evidente que había que aumentar los recursos del Fondo. En 1967, la reunión del FMI en Río de Janeiro creó los derechos especiales de giro como unidad de cuenta internacional.

En 1971 el sistema de cambios del FMI se reformó, devaluando el dólar en un 10% y ampliando al 2,25% el margen de variación de los tipos de cambio. El fuerte aumento de los precios del petróleo en 1973 influyó de forma negativa sobre la balanza de pagos de los países miembros y rompió el sistema de tipos de cambio fijos creado en Bretton Woods. La modificación de los estatutos en 1976 terminó con el papel del oro como eje del sistema de cambios del FMI, forzando al abandono del patrón oro que ya en 1978 había sido sustituido por el dólar estadounidense.

A partir de 1982, el FMI dedicó la mayor parte de sus recursos a resolver la crisis de la deuda externa generada por el excesivo endeudamiento de los países menos industrializados. Ayudó a los endeudados a diseñar programas de ajuste estructural, respaldando esta ayuda con nueva financiación. Al mismo tiempo, animó a los bancos comerciales a incrementar sus líneas de crédito. A medida que se hacía patente que los problemas de los países miembros se debían a desajustes estructurales, el FMI creó nuevos instrumentos financieros y utilizó fondos provenientes de los países en mejor situación para facilitar liquidez a largo plazo a los que estuvieran dispuestos a reformar sus economías.

El FMI tiene nuevas competencias desde finales de la década de 1980, debido al colapso del socialismo en Europa y a la demanda de los países ex-comunistas para convertir sus economías en economías capitalistas. Para poder ayudar a estos países se crearon nuevos fondos para reformar las economías planificadas de los países de Europa central y oriental.

El FMI ha perdido en gran medida su estructura y sus objetivos iniciales; los tipos de cambio se determinan ahora en función de las fuerzas del mercado. Las recientes crisis financieras han dejado patente que los fondos del FMI no son suficientes para controlar los flujos de capitales privados de la economía mundial. Incluso su reciente actuación durante la crisis asiática de 1997 generó muchas críticas. No obstante, sigue teniendo un papel importante para el desarrollo económico de los países menos desarrollados al facilitar la transición hacia una economía mundial integrada.

4- ORGANIZACIÓN

La Junta de Gobernadores, compuesta por las autoridades monetarias de cada uno de los países miembros, es el órgano rector del FMI. Las operaciones diarias son gestionadas por la Junta Ejecutiva, que es presidida por el director general. Los últimos directores generales del FMI han sido el francés Michel Camdessus (elegido en 1987, y reelegido en 1992 y 1997), el alemán Horst Köhler (2000-2004) y el español Rodrigo Rato (2004-). La sede del FMI radica en la ciudad estadounidense de Washington.

Organizaciones no gubernamentales (ONGs)

Organizaciones no gubernamentales (ONGs), entidades con una amplia estructura nacional o internacional y con objetivos que pueden cumplirse mediante la influencia sobre los gobiernos y medios de comunicación, pero que no están constituidas como partidos políticos. Las organizaciones no gubernamentales (ONGs) han estado presentes en los asuntos internacionales desde la segunda mitad del siglo XIX. En 1840 se reunió la Convención Mundial contra la Esclavitud que provocó la movilización internacional para acabar con el comercio de esclavos. Ahora las ONGs se ocupan de una gran variedad de cuestiones y causas: el intercambio científico, la religión, la ayuda de emergencia y los asuntos humanitarios. Las Juntas Pugwash sobre Ciencia y Asuntos Mundiales, el movimiento internacional de los Boy Scouts, la Ayuda Cristiana y la Cruz Roja Internacional son algunos ejemplos de este fenómeno en crecimiento. Si en 1909 había unas 200 ONGs internacionales registradas, a mediados de 1990, favorecidas por el rápido desarrollo de las comunicaciones globales, había bastante más de 2.000. Las ONGs tienen ahora un papel más oficial que nunca en cuerpos internacionales como las Naciones Unidas (ONU), la Organización para la Seguridad y el Desarrollo y la Unión Europea. El artículo 71 de la Carta de las Naciones Unidas encarga al Consejo Económico y Social de la ONU (ECOSOC) que "adopte las medidas necesarias para la consulta con las organizaciones no gubernamentales". Las ONGs son militantes, efectivas y disponen de un amplio apoyo económico. Su actividad permite los contactos y los acuerdos transfronterizos sin que los gobiernos se vean involucrados. Son aceptadas como parte de las relaciones internacionales y, al influir sobre las políticas nacionales y multilaterales, adquieren cada vez un mayor protagonismo. Sin embargo, también han recibido algunas críticas en ocasiones acusándolas de estrechez de miras y de contabilidades poco claras.

En España y América Latina el desarrollo de las ONGs en la última década ha sido espectacular. En España su insistencia y el apoyo de la opinión pública ha obligado al Estado y a los gobiernos regionales (Comunidades autónomas) y locales (Ayuntamientos y Diputaciones) a prometer un aumento hasta el 0,7% de sus presupuestos, en las ayudas y el apoyo que prestan a estas organizaciones. Gracias a esos recursos las ONGs españolas y sus contrapartes en los países de América Latina pueden desarrollar amplios programas de cooperación al desarrollo, la sanidad, la educación y el bienestar, que suelen ser tanto de carácter bilateral como realizados mediante el acuerdo y la participación de ONGs procedentes de diversos países.

Contabilidad

1- INTRODUCCIÓN

Contabilidad, proceso mediante el cual se identifica, mide, registra y comunica la información económica de una organización o empresa, con el fin de que los gestores puedan evaluar la situación de la entidad. La teneduría de libros se refiere a la elaboración de los registros contables, por lo que es la que permite obtener los datos, ajustados a principios contables, utilizados para evaluar la situación y obtener la información financiera relevante de una entidad.

Cuando se lleva a cabo una contabilidad personal se suele utilizar un sistema simple mediante el cual se van registrando las cantidades de los gastos en columnas. Este sistema refleja la fecha de la transacción, su naturaleza y la cantidad desembolsada. Sin embargo, cuando se lleva a cabo la contabilidad de una organización, se utiliza un sistema de doble entrada: cada transacción se registra reflejando el doble impacto que tiene sobre la posición financiera de la empresa y sobre los resultados que ésta obtiene. La información relativa a la posición financiera de una empresa se refleja en el llamado balance, mientras que los resultados obtenidos aparecen desglosados en la cuenta de pérdidas y ganancias.

2- HISTORIA

Los métodos utilizados para llevar a cabo la contabilidad y la teneduría de libros, creados tras el desarrollo del comercio, provienen de la antigüedad y de la edad media. La contabilidad de doble entrada se inició en las ciudades Estado comerciales italianas; los libros de contabilidad más antiguos que se conservan, procedentes de la ciudad de Génova, datan del año 1340, y muestran que, para aquel entonces, las técnicas contables estaban ya muy avanzadas. El desarrollo en China de los primeros formularios de tesorería y de los ábacos, durante los primeros siglos de nuestra era, permitió el progreso de las técnicas contables en Oriente. El primer libro contable publicado fue escrito en 1494 por el monje veneciano Luca Pacioli. A pesar de que la obra de Pacioli, más que crear, se limitaba a difundir el conocimiento de la contabilidad, sus libros sintetizaban principios contables que han perdurado hasta la actualidad.

La Revolución Industrial provocó la necesidad de adaptar las técnicas contables para poder reflejar la creciente mecanización de los procesos, las operaciones típicas de las fábricas y la producción masiva de bienes y servicios. Con la aparición, a mediados del siglo XIX, de las corporaciones industriales, propiedad de accionistas anónimos y gestionadas por profesionales, el papel de la contabilidad adquirió aún mayor importancia.

La teneduría de libros, parte esencial de cualquier sistema completo, ha ido informatizándose a partir de la segunda mitad del siglo XX, por lo que, cada vez más, corresponde a los ordenadores o computadoras la realización de estas tareas. El uso generalizado de los equipos informáticos permitió sacar mayor provecho de la contabilidad utilizándose a menudo el término *procesamiento de datos,* y actualmente el concepto de teneduría ha caído en desuso.

3- INFORMACIÓN CONTABLE

La información contable se puede clasificar en dos grandes categorías: la contabilidad financiera o contabilidad externa y la contabilidad de costos o contabilidad interna. La contabilidad financiera muestra la información que se facilita al público en general, y que no participa en la administración de la empresa, como son los accionistas, los acreedores, los clientes, los proveedores, los sindicatos y los analistas financieros, entre otros, aunque esta información también tiene mucho interés para los administradores y directivos de la empresa. Esta contabilidad permite obtener información sobre la posición financiera de la empresa, su grado de liquidez (es decir, las posibilidades que tiene para obtener con rapidez dinero en efectivo) y su rentabilidad.

La contabilidad de costos estudia las relaciones costo-beneficio-volumen de producción, el grado de eficiencia y productividad, y permite la planificación y el control de la producción, la toma de decisiones sobre precios, los presupuestos y la política de capital. Esta información no suele difundirse al público. Mientras que la contabilidad financiera tiene como objetivo genérico facilitar al público información sobre la situación económico-financiera de la empresa, la contabilidad de costos tiene como objetivo esencial facilitar información a los distintos departamentos, a los directivos y a los planificadores para que puedan desempeñar sus funciones.

3.1- Contabilidad especializada

De las diversas áreas de la contabilidad especializada, hay tres de especial relevancia: auditoría, fiscalidad, y la contabilidad de las organizaciones sin ánimo de lucro. La auditoría consiste en la evaluación, por parte de un auditor independiente, de los datos financieros, los registros contables y los documentos de la empresa, así como de otro tipo de documentación sobre la empresa que permita verificar la validez de sus registros contables. Las grandes empresas y las empresas públicas suelen tener un equipo de auditores propio.

Otra especialización de la contabilidad se refiere a la fiscalidad (*véase* Impuesto sobre la renta). La preparación de las declaraciones de la renta requiere la recogida previa de información, y la presentación de los datos de una forma coherente; para ello, tanto los individuos particulares como las empresas contratan a profesionales especializados, asesores fiscales, para hacer la declaración de la renta. Sin embargo, las reglas que determinan cómo se han de pagar los impuestos rara vez coinciden con la teoría y práctica de la contabilidad. Los reglamentos impositivos surgen a partir de leyes, son interpretadas por los tribunales y reguladas por determinadas instituciones administrativas. Sin embargo, la mayor parte de la información necesaria para calcular la base impositiva suele utilizarse también en la contabilidad, pública y privada, de las empresas. Muchas técnicas son comunes a las dos áreas.

El tercer bloque de especialización lo ofrecen las organizaciones sin ánimo de lucro, como las universidades públicas, los hospitales, las iglesias, las fundaciones, los sindicatos y las asociaciones patronales, y las agencias especializadas de los gobiernos. Estas organizaciones difieren de las empresas de negocios en que reciben recursos sin prestar a cambio un servicio específico, es decir, sus recursos no proceden de proporcionar un bien o un servicio a un individuo en concreto; además, son organizaciones sin ánimo de lucro y por lo tanto no tienen intereses particulares. Por ello, estas organizaciones llevan un registro contable distinto, así como criterios de medición y cuentas financieras diferentes.

3.2- Información financiera

De forma tradicional, la función de la información financiera debía permitir a los propietarios conocer la evolución de sus empresas. Pero cuando las responsabilidades de la administración fueron comúnmente relegadas a personal contratado, la información financiera adquirió una orientación más administrativa, es decir, se trataba de reflejar ante los propietarios la administración llevada a cabo por los agentes o administradores. El objetivo consistía pues en demostrar el grado de eficacia con el que se estaban gestionando los activos de los propietarios, tanto basándose en el mantenimiento del capital como en la generación de beneficios.

La generalización de las sociedades, la aparición de grandes corporaciones multinacionales y el extendido uso de la contratación de gestores o administradores profesionales, con propietarios cada vez más anónimos y alejados de su empresa, dio un nuevo giro a la orientación de la información financiera.

Aunque la orientación administrativa no ha desaparecido, está hoy mucho más encaminada a informar a los inversores. Tanto los inversores privados como los institucionales consideran que la propiedad de acciones es una alternativa más para su inversión, y exigen tener una información más a largo plazo que la que proporcionaba el concepto clásico de información administrativa. Puesto que los inversores utilizaban las cifras financieras para predecir los resultados de sus decisiones, la contabilidad se orientó a facilitar este tipo de información. Una de las consecuencias más importantes de este cambio fue el aumento de la información que podía proporcionar la contabilidad financiera.

A partir de ese momento proliferan las memorias que amplían la información otorgada por la contabilidad financiera. Estas memorias desagregan y amplían la información de la contabilidad financiera. Por lo general, una memoria explica los métodos contables aplicados cuando existen alternativas o cuando debido a la naturaleza específica del negocio desarrollado por la empresa es necesario aplicar métodos distintos a los utilizados de forma habitual.

En las memorias también se ofrece información sobre operaciones de menor importancia, pasivos, planes de pensiones, evolución del precio de las acciones, operaciones en el exterior e información detallada sobre deuda a largo plazo (como tipos o tasas de interés y fechas de vencimiento). Las empresas cuyo capital está repartido entre muchos accionistas también suelen presentar una memoria que incluye información sobre ingresos trimestrales, precio medio trimestral de las acciones, evolución de éstos, e información sobre el volumen de ventas y de los beneficios obtenidos en cada uno de los sectores en los que opera la empresa.

4- PRINCIPIOS DE CONTABILIDAD

En la contabilidad actual se parte de un sistema de supuestos, doctrinas, axiomas y convenciones englobados en lo que se denomina "principios contables generalmente aceptados". Muchos de estos principios han tenido una lenta evolución a lo largo de la historia y tan sólo los últimos avances contables realizados en décadas recientes están reflejados en las leyes. A continuación se exponen algunos de los principios contables más comunes.

El *principio de empresa en funcionamiento* afirma que la gestión de la empresa tiene una duración ilimitada por lo que los principios contables restantes no irán encaminados a valorar los activos y el valor del patrimonio de la empresa como si éstos fueran a ser vendidos de un modo total o parcial.

El *principio de prudencia* afirma que sólo deberán contabilizarse los beneficios realizados a la fecha de cierre del ejercicio; sin embargo, las pérdidas posibles, aún sin ser ciertas, se contabilizarán desde que se considere que se pueden producir.

El *principio de registro* establece que los hechos económicos deben registrarse cuando nazcan los derechos u obligaciones que dichos hechos originen. Cuando no se trate de una transacción de la empresa con el exterior se registrarán sólo cuando se haya producido el auténtico consumo del activo.

El *principio de precio de adquisición* exige que todos los bienes y derechos se contabilicen por su precio de adquisición o costo de producción. Este principio deberá aplicarse siempre, salvo que alguna ley establezca excepciones de forma explícita, en cuyo caso deberá redactarse una memoria en que se especifique la aplicación de dicha excepción.

El *principio del devengo* establece que la imputación de ingresos y gastos deberá hacerse en función de la corriente real de bienes y servicios con independencia de cuándo se produzca la corriente monetaria o financiera.

El *principio de correlación de ingresos y gastos* afirma que el resultado del ejercicio estará constituido por los ingresos de dicho periodo, menos los gastos del mismo realizados para obtener los primeros, así como por los beneficios y quebrantos no relacionados de forma clara con la actividad de la empresa.

El *principio de no compensación* impide que se equilibren las partidas del activo y del pasivo del balance, ni las de gastos e ingresos que integran la cuenta de pérdidas y ganancias establecidas en los modelos de cuentas anuales. Por ello, habrá que valorar por separado los elementos integrantes de las distintas partidas del activo y el pasivo.

El *principio de uniformidad* establece que, una vez adoptado un criterio para la aplicación de los principios contables, entre todas las alternativas posibles, deberá mantenerse dicho criterio a lo largo del tiempo hasta que se alteren los supuestos que motivaron la elección del criterio en cuestión.

El *principio de importancia relativa* sostiene que podrá admitirse la no aplicación estricta de algunos de los principios contables, siempre y cuando la importancia relativa en términos cuantitativos de la variación que tal hecho produzca tenga una trascendencia escasa y, en consecuencia, no altere el resultado de las cuentas anuales.

El *principal objetivo: la imagen fiel* consiste en que, en caso de conflicto entre principios contables obligatorios, deberá prevalecer el que mejor conduzca a que las cuentas anuales expresen la imagen fiel del patrimonio, de la situación financiera y de los resultados de la empresa. No obstante, el principio de prudencia tendrá un carácter preferencial sobre los demás.

Por otra parte, los principios y normas de contabilidad generalmente aceptados son todos aquellos que aparecen en los códigos de Comercio y leyes mercantiles, en el Plan General de Contabilidad (España), o Manual de Contabilidad (México), en las normas de desarrollo que, en materia contable, establezcan en su caso los institutos de Contabilidad y Auditoría de Cuentas o de Contadores Públicos, y la demás legislación que sea aplicable de modo explícito.

4.1- El balance

De las dos figuras contables tradicionales, el balance refleja la situación de la empresa, mientras que la cuenta de pérdidas y ganancias muestra el resultado de la actividad. El balance proporciona información sobre los activos, pasivos y neto patrimonial de la empresa en una fecha determinada (el último día del año natural o fiscal). A la izquierda, en la hoja del balance, aparecerán los activos de la empresa, ordenados de menor a mayor liquidez. En el lado derecho se reflejarán los pasivos de la empresa, ordenados de menor a mayor exigibilidad. El neto patrimonial refleja lo que queda de la empresa tras compensarse activos y pasivos. (Por ejemplo, un edificio constituye un activo de la empresa valorado en 10.000 dólares. La cuantía pendiente de pago de la hipoteca, de 3.000, constituye un pasivo para la empresa. El neto patrimonial sería, en este caso, de 7.000 dólares).

Los activos se pueden dividir en activo circulante e inmovilizado. El activo circulante viene determinado por aquellos activos que pueden hacerse líquidos (convertirse en dinero) con relativa rapidez (menos de un año); estos activos incluyen el dinero en caja, las cuentas corrientes, los pagos pendientes, los productos almacenados y las inversiones a corto plazo en acciones y bonos. El inmovilizado está constituido por los activos físicos de la empresa —terrenos, edificios, maquinaria, vehículos, equipos informáticos y mobiliario. En el inmovilizado también se incluyen las propiedades que tiene la empresa en otras y activos intangibles como las patentes y las marcas registradas.

Los pasivos son las obligaciones de la empresa hacia terceros, como pueden ser los acreedores comerciales. El pasivo exigible a corto plazo viene determinado por lo que hay que pagar en un periodo inferior al año, incluyendo impuestos, préstamos a corto plazo y el dinero adeudado a los proveedores de bienes y servicios. El pasivo exigible a largo plazo está constituido por las deudas con plazo de vencimiento superior al año, como los bonos, las hipotecas y los préstamos a largo plazo. Mientras que el pasivo representa las obligaciones de la empresa con terceros, el capital social de la empresa refleja la inversión de los propietarios para adquirir los activos de la organización. Cuando la empresa pertenece a una sola persona o a un reducido número de individuos, en el balance puede aparecer el porcentaje de cada individuo sobre el capital social. Cuando la organización se constituye en sociedad anónima, el balance refleja el capital social total, es decir el capital al que tienen derecho los accionistas, desglosado en dos grandes categorías: (1) el capital desembolsado por los accionistas y (2) las reservas creadas a partir de los beneficios no distribuidos generados por la actividad de la empresa.

4.2- La cuenta de pérdidas y ganancias

La cuenta de pérdidas y ganancias refleja el resultado obtenido a partir del desarrollo de la actividad de la empresa en un plazo determinado, ya sea el trimestre o el año, reflejando los ingresos, gastos y pérdidas y beneficios obtenidos durante ese periodo por la empresa. Los ingresos reflejan las cantidades obtenidas por la venta de los bienes o servicios producidos por la empresa, mientras que los gastos reflejan todas aquellas transacciones que hacen posible que la empresa desarrolle su actividad, por lo que en ellos se incluyen los salarios, los alquileres, el pago de intereses y los impuestos.

4.3- La memoria

En la memoria aparece detallada información que no se puede obtener extrayéndola del balance ni de la cuenta de pérdidas y ganancias. En primer lugar, la memoria deberá describir el objeto social de la empresa y la actividad o actividades a las que se dedique.

En segundo lugar, la memoria reflejará las bases de presentación de las cuentas anuales (balance y cuenta de pérdidas y ganancias). En esta parte de la memoria se deberá justificar el porqué se han aplicado criterios distintos a los establecidos por los principios contables y por qué se han aplicado principios contables no obligatorios. Además, se deberá justificar el cambio de criterios aplicados y el cambio de estructura de las cuentas reflejadas. Asimismo, si se ha procedido a agrupar cuentas será necesario detallar en la memoria esta agregación. Por último, la memoria reflejará los elementos que estén integrados en varias partidas distintas.

4.4- Teneduría de libros y ciclo contable

La contabilidad moderna consta de un ciclo de siete etapas o pasos. Los tres primeros se refieren a la teneduría de libros, es decir, a la compilación y registro sistemáticos de las transacciones financieras. Los documentos financieros constituyen la base de la contabilidad; entre estos documentos cabe destacar los cheques de banco, las facturas extendidas y las facturas pagadas. La información contenida en estos documentos es trasladada a los libros contables, el diario y el mayor. En el libro diario se reflejan todas las transacciones realizadas por la empresa, mientras que en el mayor se reflejan las transacciones que afectan a las distintas partidas contables, por ejemplo, caja, bancos, clientes, proveedores, etcétera.

4.4.1 Primer paso

El registro de cada transacción en el libro diario constituye el punto de partida del sistema contable de doble entrada. Con este sistema se analiza la estructura financiera de una organización teniendo en cuenta el doble efecto que toda transacción tiene sobre dicha estructura (una compra de bienes constituye, por un lado, un aumento del activo, pero también refleja una disminución del mismo al reducirse la cantidad de dinero disponible). Por ello, toda transacción tiene una doble vertiente o dimensión, una el debe (que aparece a la izquierda) y otra el haber (que aparece a la derecha). Esta doble dimensión afecta de distinta forma a la estructura financiera. En función de su naturaleza, una partida contable puede disminuir con el debe e incrementarse con el haber, y otra puede aumentar con el debe y disminuir con el haber. Por ejemplo, la compra de bienes al contado aumenta la cuenta de bienes (siendo un débito) y disminuye la cuenta de caja (crédito). Sin embargo, si el bien se compra a crédito se creará una cuenta de pasivo, y en el libro diario aparecerá una nueva partida, incrementándose la cuenta de bienes (débito) y aumentándose la partida que refleja el pasivo (crédito). El reconocimiento de la obligación de pagar a los empleados aumentará la partida contable de salarios (siendo un débito) y aumentará el pasivo (crédito). Cuando se paguen los salarios se producirá una disminución en la cuenta de caja (crédito) y disminuirá el pasivo (débito).

4.4.2 Segundo paso

En la siguiente etapa del ciclo contable las cantidades reflejadas en el libro diario se copian en el libro mayor, en el que aparece la cuenta concreta de cada partida contable. En cada cuenta aparecen los débitos a la izquierda y los créditos a la derecha, de forma que el saldo, es decir el crédito o el débito neto, de cada cuenta puede calcularse con facilidad.

Cada cuenta del mayor puede a su vez desglosarse, es decir, en cada cuenta se pueden diferenciar distintos aspectos. Por ejemplo, en la cuenta de clientes se pueden desglosar, uno a uno, los clientes de la empresa, pudiéndose saber así cuánto ha comprado cada uno de ellos. Por analogía, la cuenta de salarios se puede desglosar en función de cada trabajador.

4.4.3 Tercer paso

Una vez reflejadas todas las transacciones en el mayor se procede a obtener el saldo -deudor o acreedor- de cada cuenta. La suma de todos los saldos acreedores debe ser igual

que genera un crédito provoca, al mismo tiempo, un débito de la misma cuantía. Este paso, al igual que los siguientes, se produce al concluir el año fiscal. En cuanto se han completado los distintos libros, finaliza la parte de teneduría de libros del ciclo contable.

4.4.4 Cuarto paso

Finalizadas las etapas correspondientes a la teneduría de libros, el contable o contador público procede a ajustar una serie de cuentas con el propósito de resaltar hechos económicos que, aunque no se han producido de forma convencional, sí representan transacciones ultimadas. A continuación destacamos algunos de los casos más comunes: ingresos pendientes de pago (por ejemplo, intereses a cobrar que todavía no se han hecho efectivos); gastos pendientes (por ejemplo, salarios del mes corriente que todavía no se han satisfecho); ingresos percibidos con antelación (por ejemplo, cuando se recibe la cuantía de una suscripción por adelantado); gastos que se realizan de una forma anticipada (el pago de la prima de un seguro de riesgo); la depreciación (que es el reconocimiento de que el costo de una máquina debe amortizarse a lo largo de los años de vida útil de dicha máquina); inventarios (valoración de los bienes almacenados y verificación de que la cantidad almacenada coincide con la que se deriva de las cuentas); e impagados (que consiste en declarar una serie de cuentas pendientes de pago como de dudoso cobro, de forma que se reconozca el posible quebranto en el futuro).

4.4.5 Quinto y sexto pasos

Una vez realizados los ajustes anteriores, el contable o contador público realiza un primer balance de comprobación de saldos, adaptando éstos a los ajustes anteriores (paso quinto). Cuando se han actualizado todos los saldos se procede a redactar el balance y preparar la cuenta de pérdidas y ganancias (paso sexto). Los saldos de las distintas cuentas proporcionan la fuente de datos para la contabilidad financiera y de costos de la empresa.

4.4.6 Séptimo paso

El último paso consiste en cerrar las cuentas anuales, transfiriéndolas a la cuenta de pérdidas y ganancias de forma que, aquellas cuentas que corresponden tan sólo a la actividad anual se anulan unas a otras, de forma que los créditos y débitos del siguiente año fiscal reflejen en exclusiva la actividad de ese año.

5- REGLAMENTOS Y PATRONES

La contabilidad está muy bien delimitada y suele proceder con unos métodos y técnicas muy bien definidas. Por ello, muchos países (como Estados Unidos, España o México) cuentan con un Plan General o Manual Contable que permite adecuar la contabilidad a las nuevas técnicas empresariales y que se desarrollen de manera homogénea las distintas técnicas contables alternativas. Esto debe responder a los cambios socioeconómicos, a la evolución de las leyes y a la aparición de nuevas técnicas de producción y comercialización. Sin embargo, lo que no se ha conseguido es la creación de un cuerpo teórico homogéneo para el desarrollo de la contabilidad en un plano internacional, por lo que existen importantes diferencias entre la información que proporciona la contabilidad de las empresas en un país con la que se puede obtener en otro distinto. Estas diferencias dificultan en sumo grado las comparaciones de empresas a escala internacional.

Costos

Costos, cantidad desembolsada para comprar o producir un bien. El cálculo del costo en una compra es inmediato: consiste en el precio del bien más los costos financieros de la compra (cuando se compra a plazos). El cálculo del costo de producción es algo más complejo, porque hay que tener en cuenta el costo de las materias primas utilizadas, el de la mano de obra empleada y la parte proporcional de los costos de la inversión de capital necesaria para producir el bien o el servicio en cuestión.

Los costos en los que incurre una empresa se pueden clasificar en dos grandes categorías: por un lado están los costos fijos, como el alquiler o la renta que se paga por las instalaciones y que no dependen de la cantidad producida, y por otro, los costos variables, que dependen de la cantidad de materias primas utilizadas y de los salarios pagados que varían en función de lo producido.

Cuando las empresas o compañías calculan sus costos, suelen evaluar también los costos marginales y los costos medios. El marginal es el costo de producir una unidad adicional. El costo medio es el gasto total dividido por el número de unidades producidas. El precio tiene que ser igual al costo marginal de la última unidad producida para que la empresa no incurra en pérdidas al producir esta última unidad. Por ejemplo, si el costo de producir 1.000 unidades es de 10.000 dólares (de las cuales el 80% son costos fijos y el 20% restante costos variables), el costo medio de la producción es de 10 dólares. Sin embargo, el costo marginal de producir una unidad adicional será un poco inferior a dos dólares (simplificando, sería el 20% de los costos variables de 10.000 dólares dividido entre 1.001). El costo marginal siempre tiene que ser inferior al costo medio, pero cuantas más unidades se produzcan, más se acercará al costo medio.

El concepto de costos se utiliza mucho en contabilidad. La contabilidad de costos es la que utilizan las empresas en sus cálculos internos para controlar los procesos de producción y la evolución de sus costos. El precio histórico es el precio que se pagó por un bien cuando se compró; el precio actual es el precio de mercado de los bienes en el momento presente; el precio de reposición es el precio que habrá que pagar para reemplazar, por ejemplo, una máquina.

Contabilidad de costos

Contabilidad de costos, proceso de elaboración de cuentas contables diseñadas para proporcionar información a los gestores de la compañía. Todas las empresas están obligadas, por ley, a llevar a cabo un registro contable para que los accionistas y los acreedores conozcan la situación real de la empresa. Pero también necesitan una contabilidad financiera diaria que les permita conocer con detalle su situación frente a clientes y proveedores. Pero esta contabilidad financiera permite obtener una información sobre el estado de cuentas en un momento muy puntual, por lo que por sí sola, no basta para tomar decisiones administrativas o de gestión.

La contabilidad administrativa se deriva de la llamada contabilidad de costos, que tiene como función principal proporcionar información que permita a los gestores controlar las operaciones que dirigen. También puede proporcionar cualquier tipo de datos sobre todas las actividades de la empresa, pero suele centrarse en analizar los ingresos y costos de cada actividad, la cantidad de recursos utilizados, así como la cantidad de trabajo o la amortización de la maquinaria, equipos o edificios. La contabilidad permite obtener información periódica sobre la rentabilidad de los distintos departamentos de la empresa y la relación entre las previsiones efectuadas en el presupuesto; y puede explicar por qué se han producido desviaciones. Por ejemplo, para saber si la diferencia entre los beneficios reales y los presupuestados se debe a que han disminuido las ventas o a que han aumentado los costos, o a una combinación de los dos. Además permite realizar previsiones y estimaciones, de forma que los directivos puedan hacerse una idea de la situación de la empresa al finalizar el ejercicio si no se producen cambios en las condiciones de los mercados.

La contabilidad también es esencial para poder hacer una planificación (por ejemplo, para elaborar el presupuesto) y para resolver toda una serie de problemas, como la elección del método de producción más barato. Ayuda en la toma de decisiones difíciles, como es la determinación del precio de venta, cuáles deben ser los gastos de capital o los diferentes métodos de financiación.

Cuanto mayor es una empresa más necesaria resulta la contabilidad de costos y más importante aún definir de forma adecuada el tipo de información que se quiere obtener. Es frecuente la tendencia a solicitar cada vez más información, lo que no tiene por qué ser una política acertada. Si los gestores disponen de demasiados datos pueden encontrarse en una situación en la que los árboles no les permiten ver el bosque, dedican demasiado tiempo a 'mirar los árboles' descuidando el resto de sus obligaciones, o pueden perderse en una enorme cantidad de cifras y no utilizar de modo adecuado la información, y si se dispone de demasiada hay que analizarla a un costo mayor. Además, se perderá más tiempo en su elaboración. Esto es importante, porque la utilidad de la información proporcionada por la contabilidad de costos depende de su actualidad; cuanto más tiempo transcurra, menor será el reflejo de la situación real. Si los sistemas de recogida de datos, análisis y preparación son prolongados, la utilidad de la información será menor y el riesgo de cometer errores administrativos o de gestión será mayor.

Teneduría de libros y contabilidad

El ciclo de contabilidad en siete pasos, un medio sencillo de organizar y conservar la pista de las transacciones financieras, cubre las necesidades tanto de los individuos como de las grandes empresas. Cada vez que se adquiere o vende una partida, la persona a cargo de la contabilidad ejecuta los tres primeros pasos del ciclo y pasa la información al contable quien realiza los cuatro últimos pasos. Mientras que un individuo puede contratar un contable para preparar las declaraciones financieras, las empresas, a menudo, tienen una plantilla de tenedores de libros y contables para realizar los siete cometidos del ciclo.

Procedimientos de teneduría de libros

1 Registro de la transacción en un diario.
2 Transferencia de los resultados de diferentes diarios al Libro Mayor.
3 Calcular si la suma de todos los débitos es igual a la suma de todos los créditos. También llamado *balance de comprobación.*

Procedimientos de contabilidad

4 Calcular ajustes.
5 Preparar el balance de comprobación ajustado.
6 Preparar los estados (informes) financieros.
7 Cerrar las cuentas no acumulativas.

Amortización

Amortización, operación financiera de prestación única y contraprestación múltiple que constituye el reembolso de una deuda. Desde un punto de vista contable, es la operación mediante la que se va reduciendo el valor de las inmovilizaciones que se van depreciando con el paso del tiempo. Proporciona a la empresa cantidades de dinero que se deducen de los beneficios brutos.

El capital técnico fijo pierde sus cualidades en el proceso productivo, por desgaste o por obsolescencia técnica. La finalidad de la amortización es constituir una provisión con vistas a la renovación del mismo. La contabilidad de la empresa constatará la pérdida de valor anual con cargo a la cuenta de pérdidas y ganancias, minorando la parte correspondiente del inmovilizado. La ejecución material de la amortización se efectúa cargando las cuotas anuales sobre la cuenta de resultados. Estas cuotas pueden ser proporcionales (amortización lineal, todas por el mismo importe) o regresivas (amortización regresiva, cuotas de valor cada vez menor).

Año fiscal

Año fiscal, periodo de 12 meses en el que se lleva a cabo el proceso de contabilidad de las empresas. Este periodo suele coincidir con el año natural (1 de enero a 31 de diciembre), aunque en algunos países va del 1 de abril al 31 de marzo. Los últimos meses del año fiscal de una empresa suelen generar mucho trabajo a sus gestores y contables, puesto que éstos tienen que evitar sobrepasar las previsiones de gastos, al tiempo que tienen que elaborar el presupuesto del siguiente año. El año fiscal también se refiere al periodo en que el gobierno cobra impuestos a los agentes económicos (sobre todo familias y empresas).

Finanzas

Margen de finanzas

Margen de finanzas, transacciones financieras en las que un comprador adquiere títulos valores pagando un porcentaje del precio, depositando los títulos como garantía del pago del monto total. Por ejemplo, un inversor paga a un *broker* (intermediario de operaciones financieras) una determinada cantidad (margen) contra la adquisición de acciones. El *broker* adelanta —como préstamo— el resto del dinero que se necesita para la operación. Si el precio de las acciones permanece constante o aumenta, el préstamo realizado por el *broker* está respaldado. Si el precio cae, el *broker* notifica al inversor que venderá las acciones salvo que éste le adelante un nuevo margen.

Cuestor

Cuestor, magistrado de la antigua Roma dedicado fundamentalmente a las finanzas públicas. Los primeros cuestores tenían poderes judiciales, pero al aumentar en complejidad las finanzas de Roma, los cónsules nombraron dos cuestores para controlar el tesoro público. Después del 447 a.C. los cuestores eran elegidos anualmente por el cuerpo legislativo conocido como *comitia tributa* (comicios tributos). En el 421 a.C. el cargo se abrió a la plebe y el número de cuestores aumentó a cuatro. Con la expansión territorial de la República romana en la península Itálica y la formación de nuevas provincias, se eligieron más cuestores como ayudantes financieros de los comandantes militares y dirigentes provinciales. Durante el gobierno de Julio César, en el siglo I a.C., había cuarenta cuestores. Más tarde, el emperador Augusto lo redujo a veinte, número habitual durante el Imperio romano.

Venta al descubierto

Venta al descubierto, en finanzas y comercio, forma de especulación basada en la anticipación de la caída del precio de los títulos valores y de los bienes. La venta al descubierto suele producirse en la venta de títulos valores en las bolsas de valores. En este tipo de transacciones, un vendedor acepta dar a un comprador, en el futuro, una serie de acciones al precio que tengan en el momento de la transmisión. Para llevar a cabo la transacción, el vendedor, que no posee en el momento del acuerdo las acciones, pide un préstamo a un corredor de comercio (*broker*) que recibe, a cambio, una comisión. Después, el vendedor "cubre" el préstamo comprando las acciones y dándoselas al *broker.* Si el vendedor consigue adquirir las acciones a un precio menor que el que le habían prestado, obtiene un beneficio; por lo tanto, si el vendedor no tiene más remedio que cubrir el préstamo pagando un precio superior al acordado, tendrá pérdidas. El proceso de venta al descubierto en los mercados de bienes es análogo al descrito.

Domiciliación bancaria

Domiciliación bancaria, pago (a menudo variable) periódico autorizado por el titular de una cuenta corriente en un banco que se realiza a petición del acreedor. Por tanto, es distinto a la orden de pago que da el titular de la cuenta al banco para que efectúe pagos periódicos de una determinada cantidad a una persona o institución. La domiciliación bancaria se está generalizando cada vez más. La ventaja es que asegura el pago de letras de cantidad variable, como cuando se paga por medio de una tarjeta de crédito; es decir, de forma automática, y lo que evita, por ejemplo, que se suspenda el servicio telefónico, que la empresa hidroeléctrica corte el suministro o que se tengan que pagar intereses por los posibles atrasos en el pago de esas facturas. Sin embargo, al autorizar la domiciliación bancaria el titular de la cuenta permite y autoriza el acceso a sus cuentas bancarias de los distintos acreedores, por lo que pierde cierto grado de control sobre el estado de sus finanzas. Por ejemplo, puede darse el caso de que se apruebe el pago de una domiciliación bancaria cuando el saldo de la cuenta corriente está al descubierto, lo que se podría haber evitado si se hubiera pospuesto el pago de la letra unos días más.

Préstamo

Préstamo, en finanzas, la cesión de una cantidad de dinero. En sentido amplio hace referencia a la cesión de cualquier tipo de propiedad. La devolución del préstamo se puede garantizar (hipotecando una casa, por ejemplo) o puede no estar respaldada por ningún bien o documento. Por lo general, los préstamos están regulados por una serie de condiciones que establecen, entre otros, el plazo de devolución y los tipos de interés. Cualquier persona puede conceder o solicitar un préstamo; sin embargo, existen algunas limitaciones legales en ciertos casos, por ejemplo, cuando una empresa concede un préstamo a uno de sus directivos.

Los préstamos pueden tomar diversas formas. Muchas empresas se financian con préstamos a largo plazo o emitiendo acciones que, de algún modo, representan un préstamo que conceden los accionistas. Los gobiernos también se financian emitiendo bonos a largo plazo, estableciendo un tipo de interés fijo, con un vencimiento determinado y durante todo el periodo de vigencia del bono. A lo largo del tiempo pactado se pueden intercambiar en el mercado de valores, donde su precio oscilará dependiendo de muchas variables, entre las que se incluyen los tipos de interés de otros activos financieros. Por ejemplo, si estos tipos han disminuido, el precio de los bonos aumentará, porque rendirá un tipo de interés superior al que prevalece en ese momento en el mercado. Pero el precio del mercado también depende de la fecha de vencimiento y de las garantías. En Estados Unidos aparecieron por primera vez los denominados bonos basura o chatarra (*junk bonds*) que son aquellos que rinden un alto tipo de interés pero sin ninguna garantía; sólo se pagará ese interés si la inversión en la que se coloca el dinero obtenido mediante la venta de esos bonos tiene resultados positivos. Es muy habitual que el capital que ha pedido prestado una empresa aparezca reflejado en su contabilidad en la banda de los pasivos. Uno de los factores que analizan los inversores para valorar una compañía es la proporción de deudas sobre el capital social. Cuanto mayor sea esta proporción mayor será el endeudamiento financiero de la empresa. Los inversores también ponen especial atención a la proporción de las ganancias que deben ser empleadas para pagar los préstamos financieros.

Los tipos de interés que se pagan por los préstamos dependen de la relación de las fuerzas del mercado en el momento en que se concede. Sin embargo, los gobiernos pueden establecer créditos 'blandos' (con tipos de interés menores que los del mercado y plazos de amortización más largos) a empresas o para ciertas actividades que desean desarrollar y promover. La Asociación Internacional de Fomento, perteneciente al Banco Mundial, se ocupa de otorgar créditos blandos a los países menos industrializados.

Descuento

Descuento, en comercio, es la reducción del precio de un bien. Los descuentos se suelen hacer al pagar cuando se recibe la mercancía (pronto pago) o cuando se abona en un periodo de tiempo determinado. Los descuentos por volumen de compra se conceden a aquellos compradores que adquieren grandes cantidades. Los descuentos comerciales se conceden a los mayoristas y a otros grupos comerciales para que cubran los costos de determinadas funciones, como la de almacenaje y la de comercialización.

En finanzas, los descuentos son primas o bonificaciones que se dan al comprador de pagarés, letras de cambio o cualquier otro título de crédito antes de la fecha de vencimiento. Estos descuentos consisten en reducciones del valor nominal del instrumento financiero, y se efectúan en el momento de la compra. Las principales agencias que llevan a cabo descuentos comerciales son los bancos comerciales y, en algunos países, determinadas instituciones financieras especializadas en estas prácticas. Cuando el título valor vuelve a ponerse en circulación, por un banco o por una institución financiera, y se le vuelve a aplicar un descuento, se dice que se redescuenta.

Cuando el título valor vence, los tenedores de dichos pagarés y letras reciben la totalidad del valor nominal del título que presentan al cobro; por lo tanto, la práctica de descontar letras y pagarés es, de hecho, un medio de dar créditos bajo la forma de préstamos, pues se considera el descuento como una especie de pago del interés sobre los préstamos. Los tipos de descuento y redescuento los establecen los bancos comerciales y las instituciones financieras dependiendo de la oferta relativa de dinero disponible para préstamos comerciales. En aquellos países en los que el sistema bancario está centralizado, los tipos de descuento y redescuento los establecen, mayoritariamente, los bancos centrales.

Pagaré

Pagaré, título valor o instrumento financiero; documento escrito mediante el cual una persona —el emisor— se compromete a pagar a otra persona —el beneficiario— una determinada cantidad de dinero en una fecha acordada previamente. Los pagarés pueden ser al portador o endosables, es decir, que se pueden transmitir a un tercero. Los pagarés pueden emitirlos individuos particulares, empresas o el Estado.

Título de crédito

Título de crédito, también denominado título valor, es un escrito que recoge un derecho de contenido patrimonial que puede ser ejercitado por el poseedor del documento. El derecho se incorpora al documento, de forma que la cesión de éste implica la transmisión del derecho, facilitándose con ello su circulación. Son títulos valores las acciones de una sociedad anónima, la letra de cambio y los cheques al portador.

El origen del derecho que se incorpora al documento figura en un contrato. Por ejemplo, dos personas celebran una compraventa y el comprador, deudor del precio de la cosa, emite el título valor (por ejemplo, un cheque al portador) que entrega al acreedor (vendedor), que está facultado para exigir el precio con la mera posesión del documento. Es más, si este vendedor-acreedor tiene una deuda con un tercero, puede pagarle con la entrega de ese cheque al portador, y el que lo recibe estará legitimado por la sola posesión del mismo para reclamar el precio al comprador. En definitiva, y es un dato importante en esta clase de acuerdos, el que emite el título valor se obliga a pagar a cualquier poseedor regular del título.

El mecanismo de los títulos valores tiene gran importancia en el tráfico mercantil. Posibilita una rápida y segura circulación de los derechos de crédito dado que, transmitido el documento se transmite el crédito (cosa incorporal) como si se transmitiera un bien mueble. Los títulos valores no sólo ofrecen ventajas para el acreedor, a quien se le facilita el ejercicio de su derecho (ya que no tiene que probar la titularidad del derecho sino sólo exhibir el título), sino también para el deudor, a quien le basta probar que pagó al poseedor del título aunque éste no fuera el titular. Existen documentos con los que se podrá exigir la entrega de la mercancía, pero si quien se presenta a retirarla no es a quien se le debe, sino otra persona que ostenta la posesión legítima del documento, el deudor queda liberado igual que si hubiese hecho la entrega al auténtico titular del derecho.

Hay varias clases de títulos valores. Los títulos al portador o anónimos son aquellos que permiten que cualquier poseedor del título (que debe exhibirse) pueda exigir el derecho a él incorporado, aunque no sea titular del mismo. En esta clase de títulos valores, el tenedor del título puede exigir el cumplimiento del derecho en él incorporado.

Los títulos a la orden son los que designan una persona determinada a la cual hay que pagar a la orden de quien lo suscriba. Es decir, el derecho incorporado al documento puede ejercitarlo la persona en él designada y cualquiera otra autorizada por ésta. Un caso típico de título a la orden es la letra de cambio. Por ejemplo, el comprador de una cosa paga al emitir una letra de cambio en favor de su vendedor que es quien figura designado como titular del derecho al precio. Pero, a su vez, el acreedor puede ordenar en la letra de cambio que se pague a otra persona que él designe (puede ser un acreedor suyo). Esta orden la da el tenedor del título en el dorso del documento y se denomina cláusula de endoso, que es una declaración escrita del tenedor (vendedor) por la que manifiesta su voluntad de transmitir el crédito incorporado al título. Por tanto, en los títulos a la orden, para poder ejercitar el derecho incorporado al título (cobrar del deudor en definitiva), no basta con poseer el título, sino que es preciso además que la persona designada en el documento haya ordenado que se pague la deuda, es decir, que se haya formulado en favor del poseedor del título la cláusula de endoso.

Letra de cambio

Letra de cambio, documento mercantil mediante el cual una persona (el librador) concede un crédito a otra (el librado) comprometiéndose esta última a pagar el importe señalado a la fecha de vencimiento acordada. Como documento mercantil es un instrumento negociable cuya propiedad puede transferirse, de forma que el librador puede diferir del tenedor de la letra. Asimismo, la letra de cambio puede presentarse en una entidad financiera al descuento, es decir, la entidad financiera paga al tenedor el importe de la letra antes de la fecha de vencimiento y se encarga de cobrársela al librado llegada la fecha del vencimiento.

Interés

Interés, pago realizado por la utilización del dinero de otra persona. En Economía, se considera, más específicamente, un pago realizado por la obtención de capital. Los economistas también consideran el interés como la recompensa del ahorro, es decir, el pago que se ofrece a los individuos para que ahorren, permitiendo que otras personas accedan a este ahorro. Para la teoría económica, el interés es el precio del dinero.

Normalmente sólo se pagan intereses sobre el principal, es decir, sobre la totalidad del dinero prestado, lo que se denomina interés simple. En algunos casos, el interés no sólo se paga sobre el principal, sino también sobre el total acumulado del principal y de los intereses pendientes de pago. Este procedimiento se conoce bajo el nombre de interés compuesto. El tipo de interés se expresa como el porcentaje del principal que se paga por la utilización de éste a lo largo de determinado tiempo, normalmente un año. El tipo de interés corriente, o del mercado, se calcula fundamentalmente en virtud de la relación entre la oferta de dinero y la demanda de los prestatarios. Cuando la oferta de dinero disponible para la inversión aumenta más rápido que las necesidades de los prestatarios, los tipos de interés tienden a caer. Análogamente, los tipos de interés tienden a aumentar cuando la demanda de fondos para invertir crece más rápido que la oferta de fondos disponibles a la que se enfrentan esas demandas. Los hombres de negocios no se endeudarán cuando los tipos de interés sean superiores a la rentabilidad que esperan que ese dinero les produzca.

Durante siglos, el cobro de intereses estuvo moralmente rechazado, y en ocasiones hasta penado, debido a la posición ideológica de la Iglesia católica, que lo consideraba usura. Los teólogos de la Escuela de Salamanca, ya en el siglo XVI, introdujeron cambios en esta postura al no considerar pecado el pago de intereses por préstamos que se utilizaran en negocios, puesto que el dinero se empleaba para crear nueva riqueza (aunque sí calificaban de pecaminoso el pago o cobro de intereses por préstamos utilizados para comprar bienes de consumo). Bajo el capitalismo moderno, el pago de intereses por cualquier préstamo se considera correcto e incluso conveniente, puesto que la carga que implica el pago de intereses permite la correcta asignación de los limitados fondos disponibles a aquellos proyectos en los que sean más rentables y productivos. Sin embargo, la ley islámica sigue considerando el cobro de intereses como algo pecaminoso en sentido estricto, por lo que en algunos países musulmanes se establecen medidas legales, como la participación en los beneficios, que permitan sustituir los intereses como recompensa al ahorro utilizado en las inversiones.

IVA- Impuesto Sobre el Valor Agregado

IVA, siglas de Impuesto sobre el Valor Añadido o Agregado, carga fiscal sobre el consumo que afecta a toda transacción durante el proceso de producción, distribución y venta final del bien al consumidor. Por ejemplo, un fabricante paga el IVA de los materiales que compra para producir; el mayorista paga el IVA sobre el precio de compra de los bienes que paga al productor; el minorista paga el IVA sobre el precio que le impone el mayorista; y el consumidor paga el IVA sobre el precio de venta del minorista. En última instancia, el impuesto recae por completo sobre el consumidor, porque todos los demás intermediarios pueden deducir el IVA de su contabilidad cuando declaran sus ingresos a las autoridades económicas, deduciendo el IVA soportado (el que pagan a sus proveedores) o el repercutido (el que cobran a sus clientes). La idea que subyace a este impuesto es que en cada etapa del proceso productivo se añade un valor al bien, por lo que se impone un impuesto sobre este valor añadido. Esta es la diferencia esencial entre el IVA y un impuesto sobre el consumo que sólo afecta al precio final del bien, y no a los precios intermedios cobrados a lo largo del proceso de producción.

El IVA es uno de los principales impuestos indirectos en muchos países, sobre todo en los que integran la Unión Europea (UE) y en algunos países latinoamericanos como Argentina o México. Puede consistir en una cuantía fija o en una tasa porcentual variable. En España el porcentaje varía entre el 4 y 16 por ciento, dependiendo de los bienes y servicios. Los productos considerados de lujo, como la gasolina, el tabaco o las bebidas alcohólicas, suelen estar gravados al tipo máximo, mientras que se aplican índices menores para bienes de primera necesidad, como son los alimentos, la electricidad para consumo privado, el transporte de pasajeros, los libros o los periódicos. Los tipos son muy parecidos en todos los países de la Unión, pero todavía no se ha conseguido una completa homogeneidad.

Las empresas tienen que declarar el IVA a partir de cierto volumen de negocios. Los trabajadores autónomos o independientes tienen también que declarar el IVA, por lo que pueden de igual modo deducir el IVA pagado con anterioridad. Por ello, para calcular su impuesto sobre la renta deducirán de sus ingresos los costos en los que han incurrido, incluyendo el IVA acumulado.

Bonos

1- INTRODUCCIÓN

Bonos, instrumento de crédito legal mediante el cual se adquiere el compromiso de pagar una cantidad prefijada en una fecha concreta, cuando se cumplan determinados requisitos.

2- UTILIDAD DE LOS BONOS

Los bonos que se emplean en las finanzas son instrumentos financieros reflejados en un documento escrito en el que se estipula que el emisor adeuda al tenedor una determinada cuantía por la que le pagará ciertos intereses, además del principal, en determinadas fechas preacordadas. Esta clase de bonos suelen ser emitidos por grandes empresas y por los gobiernos, como medio de emitir deuda pública que les permita financiarse a corto y largo plazo. El término bonos se suele utilizar para reflejar una emisión de deuda a corto plazo, mientras que para las emisiones de deuda a medio plazo se emplea el término pagaré, y a largo plazo el de obligación. Las emisiones de deuda se realizan acudiendo a intermediarios financieros, que pueden ser bancos o cualquier otro tipo de *brokers* (intermediarios financieros que trabajan a comisión por cuenta ajena). El comprador de los bonos puede quedarse con ellos y cobrar los intereses acordados, o venderlos a un tercero. Los bonos emitidos por las empresas suelen estar respaldados por una hipoteca sobre las propiedades de la empresa en algunos casos, pero en otros están respaldados por otro tipo de garantías pignoraticias o pignoradas.

Los bonos emitidos por el Estado no están garantizados, pero el comprador se siente seguro al conocer la capacidad recaudadora de los gobiernos; sin embargo, el éxito de la emisión depende de la confianza que tengan los inversores en la estabilidad del Gobierno emisor.

Crédito

1- INTRODUCCIÓN

Crédito, en comercio y finanzas, término utilizado para referirse a las transacciones que implican una transferencia de dinero que debe devolverse transcurrido cierto tiempo. Por tanto, el que transfiere el dinero se convierte en acreedor y el que lo recibe en deudor; los términos crédito y deuda reflejan pues una misma transacción desde dos puntos de vista contrapuestos.

2- CLASES DE CRÉDITO

Los principales tipos de crédito son los siguientes: créditos comerciales, que son los que unos fabricantes conceden a otros para financiar la producción y distribución de bienes; créditos a la inversión, demandados por las empresas para financiar la adquisición de bienes de equipo, las cuales también pueden financiar estas inversiones emitiendo bonos, pagarés de empresas y otros instrumentos financieros que, por lo tanto, constituyen un crédito que recibe la empresa; créditos bancarios, que son los que concede un banco y entre los que se podrían incluir los préstamos; créditos al consumo o créditos personales, que permiten a los individuos comprar bienes y pagarlos a plazos; créditos hipotecarios, destinados a la compra de bienes inmuebles, garantizando la devolución del crédito con el bien inmueble adquirido; créditos que reciben los gobiernos (centrales, regionales o locales) al emitir deuda pública; y, por último, créditos internacionales, que son los que concede un gobierno a otro, o una institución internacional a un gobierno, como es el caso de los créditos que concede el Banco Internacional para la Reconstrucción y el Desarrollo, o Banco Mundial.

3- FUNCIONES QUE CUMPLE EL CRÉDITO

La principal función consiste en transferir el ahorro de unos agentes económicos a otros que no tienen suficiente dinero para realizar las actividades económicas que desean, como por ejemplo, cuando un banco utiliza los depósitos de sus clientes para prestarle dinero a un individuo particular que quiere comprarse una casa, o a un empresario que quiere ampliar su negocio. Esta transferencia de dinero es temporal, y tiene un precio que se denomina interés, que depende del riesgo de la operación que se vaya a financiar y de la oferta y demanda de créditos.

La existencia de créditos es indispensable para el desarrollo económico. Permiten invertir en actividades productivas el ahorro de individuos que, de no existir la posibilidad de transferirse a otras personas, no se aprovecharía. Una de las principales diferencias entre los países más pobres de África, Asia y América Latina y los países industrializados reside en cómo aprovechan estos últimos el ahorro generado en sus economías mediante la utilización de créditos. La existencia de créditos sería imposible si las personas no confiaran en las instituciones crediticias y sin la existencia de tribunales que garanticen el cumplimiento de los contratos. Cuando estas condiciones no se cumplen, como ocurre en muchos países poco industrializados, es normal que las familias guarden sus ahorros en lugar de cedérselos a otras personas para que los inviertan en actividades rentables. Pero, sin créditos, no se pueden emprender las grandes inversiones ni crear las empresas a gran escala, imprescindibles para aumentar el nivel de vida y alcanzar un grado de desarrollo importante.

La utilización de créditos también permite realizar las complejas operaciones que llevan a cabo las empresas modernas sin necesidad de utilizar dinero. Las operaciones se llevan a cabo mediante documentos escritos entre los que cabe destacar las letras de cambio, órdenes de pago, cheques, pagarés de empresa y bonos. Estos son, en general, títulos valores, que por ley pueden transferirse al igual que el dinero. Cuando el emisor de un título valor no desea que el acreedor sea una persona distinta a la que ha designado en el documento, escribe sobre éste la anotación 'no negociable', de forma que el título no es transferible.

4- EMISIÓN DE CRÉDITOS

Los acreedores a veces no exigen otra garantía a los deudores que su palabra y su capacidad demostrada para hacer frente a sus compromisos financieros. En algunos países, como en Estados Unidos, existen registros informáticos que reflejan la solvencia financiera de las personas. A veces se exige que una tercera persona (avalista) garantice el pago del crédito, mediante un aval. Otras veces, la persona que desea obtener un crédito tiene que garantizar el pago con un bien, aportando una garantía subsidiaria. Los bonos que emite una corporación suelen respaldarse con una hipoteca sobre parte o la totalidad de los bienes de la corporación. Cuando se emite deuda pública, es decir, cuando el Gobierno pone en circulación, por ejemplo, bonos, no suele existir ninguna garantía y los compradores de éstos se tienen que fiar de la capacidad de pago de la administración, gracias a los ingresos que obtiene con los impuestos, aunque también se tendrá en cuenta la estabilidad política. Cuando se realizan compras a plazos, el vendedor puede conservar la propiedad hasta que se haya desembolsado la totalidad del precio, o imponer una hipoteca sobre el bien. Por otra parte, cuando se depositan los ahorros en un banco se puede considerar que se está otorgando un crédito al banco, que a su vez utiliza estos depósitos para conceder préstamos a otros individuos, por lo que el banco está obligado por ley a remunerar estos depósitos.

5- CONTROL DEL CRÉDITO

Las primeras instituciones de crédito fueron las casas comerciales de la época renacentista, como la de los Médicis; más tarde surgieron los bancos como entidades crediticias, y en tiempos actuales otras instituciones de crédito, entre las que se encuentran corporaciones privadas, la bolsa o mercado de valores, las cajas de ahorro y todas las demás instituciones de crédito. El desarrollo de los sistemas bancarios nacionales incrementó las facilidades crediticias de las economías modernas.

Los tipos de interés que cobran los bancos dependen del tipo de descuento, que es el tipo de interés que cobra el banco central cuando presta dinero a los bancos comerciales. Este tipo de descuento pretende controlar el volumen del crédito bancario. Tiempo atrás no era necesario ejercer este control cuando el sistema monetario internacional se regía por el patrón oro y el tipo de descuento dependía de la cantidad de oro disponible; si aumentaba el tipo de descuento se producía una entrada masiva de oro que hacía caer el tipo; de igual manera, si disminuía el tipo se producía una salida masiva de oro del país. Entre 1931 y 1936 todos los países abandonaron el patrón oro. Hoy los gobiernos utilizan varias medidas para controlar la cantidad de crédito existente en una economía (como por ejemplo la obligación de mantener un mínimo porcentaje de los depósitos en reserva o periodos de amortización limitados, entre otros); a su vez, los sistemas monetarios dependen de la cantidad de crédito que se mueva.

El mecanismo de control de crédito queda reflejado por las operaciones que llevan a cabo los bancos centrales, que controlan el volumen de créditos de la economía comprando deuda pública, estableciendo el tipo de descuento y, de esta manera, provocan que los créditos sean más o menos caros.

6- EL CRÉDITO Y LA ECONOMÍA

Todas las operaciones bancarias y los métodos para controlarlas forman parte del sistema crediticio de un país. El nivel de actividad económica o la etapa del ciclo económico en que se encuentra un país en un determinado momento puede deducirse a partir del sistema crediticio: cuando aumenta el volumen de créditos se está en una etapa de expansión económica, mientras que si disminuye el volumen de crédito, suele significar que se está en un periodo de recesión o en una depresión económica. Las fluctuaciones del sistema crediticio pueden afectar al nivel de precios, ya que cuando aumenta el volumen de créditos, aumenta la oferta monetaria, lo que empuja al alza de los precios. Algunos economistas consideran que la inflación crediticia que precedió al crack de Wall Street en 1929 fue una de las principales causas de la crisis.

La importancia del crédito ha aumentado en los últimos años a medida que se van realizando más transacciones mediante operaciones de crédito y cada vez menos se realizan con dinero en efectivo. Los adelantos en las técnicas informáticas han favorecido la utilización de tarjetas de crédito y de débito, al tiempo que crecían las operaciones comerciales entre empresas utilizando instrumentos crediticios. La principal preocupación de los políticos consiste en saber si los gobiernos son capaces de controlar el aumento del volumen de créditos, impidiendo que éstos crezcan de forma excesiva lo que provocaría un aumento de la inflación.

7- CRÉDITO INTERNACIONAL

Desde finales de la II Guerra Mundial, las necesidades crediticias de los países contendientes agravaron los problemas de liquidez financiera a escala internacional. Los préstamos para restablecer el comercio internacional y la reconstrucción de las industrias se realizaron a través del Banco Mundial y del Fondo Monetario Internacional (FMI), organismos creados en la conferencia monetaria y financiera de las Naciones Unidas que tuvo lugar en Bretton Woods (New Hampshire) en 1944. Mediante acuerdos, el programa de Lend-Lease (préstamos y arriendos), y la Ley estadounidense sobre Cooperación Económica de 1948, por la que se creó el Plan Marshall, Estados Unidos concedió importantes créditos a los países europeos. La ampliación de este tipo de créditos a países poco industrializados de África, Asia y América Latina, concedidos por instituciones financieras internacionales como el Banco Mundial, ayudaron a promover su crecimiento económico.

Durante las décadas de 1970 y 1980 aparecieron nuevos problemas financieros a escala internacional. El rápido aumento de los precios del petróleo que se produjo a partir de 1973 impulsó a muchos países a buscar créditos para pagar sus importaciones energéticas. Los créditos destinados a financiar planes de desarrollo muy ambiciosos fueron otro factor importante que llevó a muchos países, entre ellos los de América Latina, a tener importantes problemas de deuda externa, sobre todo cuando más tarde aumentaron los tipos de interés al tiempo que caían los precios de las materias primas, que son la fuente principal de recursos de los países menos industrializados.

Índices financieros

Índices financieros, índices de precios de títulos valores que se comercian en los mercados financieros.

Los más conocidos son los que se publican en los tres centros financieros más importantes del mundo: los índices Nikkei publicados en Japón por el *Nihon Keizai Shimbun,* el índice Dow-Jones publicado en Estados Unidos por la compañía Dow Jones, y el índice del *Financial Times* publicado por este periódico británico. De éstos los más conocidos son aquéllos que miden la evolución de los precios de las principales empresas que cotizan en los mercados, como el *Nikkei Stock Average,* el *Financial Times Stock Exchange* (FT-SE o *Footsie*) y el *Dow Jones Industrial Average.* Existen otros indicativos que permiten estudiar la evolución del precio de las acciones de las empresas de los distintos sectores industriales, como el del tabaco, los transportes, la construcción, las empresas de productos alimenticios, de comunicación y de espectáculos, entre otras. Esto permite a los inversores comparar la evolución de los distintos sectores y de las empresas dentro de cada sector. Pero los índices analizan también todos los aspectos de los mercados financieros: los instrumentos financieros con intereses fijos (como los bonos emitidos por los gobiernos), los precios de las materias primas o los tipos de cambio.

La complejidad de los mercados financieros es tan grande que estos índices ayudan a disponer de una visión general del funcionamiento del mercado y representan un mecanismo de medida para que los inversores comparen la evolución de un instrumento financiero en función de la evolución del índice. Esta medida también puede utilizarse para juzgar la gestión de los agentes financieros que emiten fondos de inversión: si un fondo de inversión crece más que el índice bursátil, se dice que el fondo evoluciona de un modo más positivo que el promedio. De hecho, lo importante en realidad es la evolución del fondo respecto a la de otros fondos de inversión.

Aunque el papel de los índices financieros consiste en ayudar a aquellos agentes que operan en los mercados financieros, son también indicadores de la economía, mostrando las expectativas de los mercados sobre los diferentes sectores o sobre toda la economía. Sin embargo, para poder juzgar la evolución general de la economía conviene analizar un índice general y no tan sólo un índice sectorial, porque el índice general está menos influido por algunos comportamientos erráticos de determinadas industrias. Así pues, es mejor analizar el comportamiento del índice general del *Financial Times* que el *Footsie*.

Índices del Financial Times

Índices del *Financial Times*, índices de precios de los títulos valores que cotizan en el mercado de valores de Londres, publicados a diario (excepto los domingos) en el periódico *Financial Times* (FT). Destacan dos índices del FT: en primer lugar, el *Financial Times Industrial Ordinary Share Index* (FTO o el índice 30); creado en 1935, se calcula cada hora (durante el horario de apertura del mercado) para las acciones de las 30 empresas más grandes del mercado. A principios de 1995 estas empresas eran las siguientes: Allied-Domecq, Grupo ASDA, BICC, Grupo BOC, BTR, Blue Circle Industries, la Boots Co., British Airways, British Gas, British Petroleum Company, British Telecommunications, Cadbury Schweppes, Courtaulds, Forte, GKN, General Electric Company, Glaxo Holdings, Grand Metropolitan, Guiness, Hanson, Imperial Chemical Industries (ICI), Lucas Industries, Marks & Spencer, National Westminster Bank, Peninsular and Oriental Steam Navigation

Co., Reuters Holdings, Royal Insurance Holdings, SmithKline Beecham, Tate & Lyle y Thorn EMI.

El *Financial Times Stock Exchange Index* (FT-SE, o *Footsie*) se creó en 1984 y se compone de los valores de las 100 mayores empresas en el ámbito internacional.

Otros índices publicados por el *Financial Times* estudian la evolución de la deuda pública, los valores de renta fija y la evolución de sectores concretos, como el del petróleo o el del oro.

Índice Dow-Jones

Índice Dow-Jones, índices de los precios de los títulos valores negociados en el mercado de valores de Nueva York. Estos índices los recoge la compañía Dow Jones & Co., editora del *Wall Street Journal.*

El más conocido es el *Dow Jones Industrial Average* (DJIA), que consiste en el valor medio de las acciones de las 30 empresas más importantes que cotizan en la Bolsa de Nueva York. En 2002 estas empresas eran las siguientes: Aluminum Co. of America (Alcoa), American Express Co., American Telephone & Telegraph Co. (AT&T), The Boeing Company, Caterpillar, Citigroup, The Coca-Cola Co., Walt Disney, E.I. Du Pont de Nemours & Co., Eastman Kodak Co., Exxon Mobil Corp., General Electric Co., General Motors Corp., Hewlett-Packard Co., Home Depot Inc., Honeywell International Inc., Intel Corp., International Business Machines Corp., International Paper Co., J.P. Morgan Chase & Co., Johnson & Johnson, McDonald's Corp., Merck & Co. Inc., Microsoft Corp., Minnesota Mining & Manufacturing Co., Philip Morris Cos., Procter & Gamble Co., SBC Communications Inc., United Technologies Corp. y Wal-Mart Stores Inc.

El resto de los índices recopilados por la Dow Jones & Co. son los siguientes: el *Dow Jones Utility Average* (DJUA), el *Dow Jones Transportation Average* (DJTA) y el *Dow Jones Composite,* índice promedio de los tres anteriores.

Figuras Económicas

Sociedad anónima (.sa)

1-INTRODUCCION

Sociedad anónima, expresión jurídica por la que se encauza una actividad de índole económica o empresarial y que se define por algunas singularidades en el área de las sociedades mercantiles. Como tal es un instrumento destinado a reunir el capital. Dicho capital (llamado capital social) estará dividido en acciones y se integrará por los pagos o tributos de los socios, quienes no responderán de un modo personal de las deudas de la sociedad. En su denominación deberá figurar la indicación 'Sociedad Anónima' o su abreviatura SA. Contará con un capital mínimo y carácter mercantil en todo caso y sea cual sea su objeto. La sociedad se constituirá mediante escritura pública, que deberá ser inscrita en el Registro Mercantil, con lo cual adquirirá su personalidad jurídica.

En la escritura de constitución se consignarán: los datos de identidad de los otorgantes; la voluntad de fundar la sociedad; el metálico, los bienes o derechos que cada socio aporte o se obligue a aportar, indicando el número de acciones atribuidas en pago; la cuantía de los gastos de constitución; los estatutos sociales; los datos de identidad de las personas que se encarguen en un primer momento de la administración y representación de la sociedad.

Los estatutos sociales contendrán: la denominación de la sociedad, el objeto social, la duración de la sociedad, la fecha en que sus operaciones darán comienzo, el domicilio social, el capital social, todo lo relativo a las acciones, la estructura del órgano al que se confía la administración de la sociedad y cuanto afecte a los administradores de la misma, el modo de deliberar y adoptar sus acuerdos los órganos colegiados de la sociedad, la fecha de cierre del ejercicio social, las posibles restricciones a la libre transmisibilidad de las acciones, el régimen de las prestaciones accesorias, en caso de establecerse, y los derechos especiales que, en su caso, se reserven los fundadores o promotores de la sociedad.

No podrá constituirse sociedad alguna que no tenga su capital suscrito por completo y desembolsado al menos en una cuarta parte, por lo menos, respecto al valor nominal de cada una de sus acciones.

La sociedad anónima puede constituirse en un solo acto, por convenio entre los fundadores, o en forma sucesiva, por suscripción pública de las acciones.

2- ACCIONES Y APORTACIONES

Sólo podrán ser objeto de aportación los bienes o derechos patrimoniales susceptibles de valoración económica. En ningún caso podrán ser objeto de aportación el trabajo o los servicios. Las aportaciones pueden ser dinerarias y no dinerarias.

Estas acciones representan partes alícuotas del capital y confieren a su titular la condición de socio, lo que conlleva, como mínimo, los siguientes derechos: participar en el reparto de las ganancias sociales y en el patrimonio resultante de la liquidación, suscripción preferente en la emisión de nuevas acciones o en la de obligaciones convertibles en acciones, asistir y votar en las juntas generales e impugnar los acuerdos sociales, así como el derecho a disponer de información. Las acciones pueden ser de distintas clases, y otorgan derechos diferentes; dentro de una misma clase, caben distintas series de acciones cuyo valor nominal ha de ser idéntico. Las acciones podrán estar representadas por medio de títulos —nominativos o al portador— o por medio de anotaciones en cuenta; los títulos estarán numerados según un orden correlativo, se extenderán en libros talonarios, podrán incorporar una o más acciones de una misma serie y contendrán una serie de menciones mínimas; las acciones nominativas figurarán en un libro de registro que llevará la sociedad y en el que se inscribirán las sucesivas transferencias de las mismas. La regla general es la libre transmisibilidad de las acciones, aunque caben restricciones a la misma que recaigan sobre acciones nominativas y estén impuestas de forma expresa por los estatutos. Es factible asimismo la copropiedad de las acciones y el usufructo, la prenda o el embargo de las mismas; son posibles, en determinados casos, negocios sobre las propias acciones, como posibles son las acciones sin voto.

3- ORGANOS

La estructura de las sociedades anónimas responde, en general, al esquema que sigue.

3.1- Junta general

Los accionistas, constituidos en junta general, decidirán por mayoría sobre los asuntos que les competen. Las juntas generales podrán ser ordinarias o extraordinarias y deberán convocarse por los administradores de la sociedad conforme a una serie de condiciones. Hay también requisitos establecidos para la válida constitución de la junta, que difieren en función de que se trate de primera o segunda convocatoria; se requiere una determinada legitimación para asistir a la junta, resultando procedentes limitaciones de los derechos; todo accionista que tenga este derecho de asistencia podrá hacerse representar en ella; hay disposiciones especiales sobre lugar y tiempo de celebración, presidencia, lista de asistentes y acta; es posible impugnar, en determinados casos y circunstancias, los acuerdos sociales.

3.2- Administradores

Su nombramiento corresponde a la junta general; salvo que exista disposición estatutaria en contra, no se requiere que sean accionistas. Hay normas especiales en relación con las siguientes cuestiones: prohibiciones, aceptación e inscripción del nombramiento, duración y ejercicio del cargo, representación de la sociedad, retribución, separación y responsabilidad de los administradores.

3.3- Consejo de Administración

Cuando la administración se confíe de forma conjunta a más de dos personas, todas ellas constituirán el consejo, respecto del cual siguen normas especiales en relación con cuestiones como las siguientes: elección de los consejeros, constitución, adopción e impugnación de acuerdos. Régimen interno y delegación de facultades, libro de actas. Modificación de los estatutos; aumento y reducción del capital social; cuentas anuales (balance, cuenta de pérdidas y ganancias, memoria); transformación, fusión, escisión, disolución y liquidación de la SA, obligaciones y sindicato de obligacionistas; Sociedad Anónima unipersonal.

Sociedad de responsabilidad limitada (.sl)

1- INTRODUCCIÓN

Sociedad de responsabilidad limitada, tipo de sociedad mercantil en la que el capital, que está dividido en participaciones sociales, se integra por las aportaciones de todos los socios, quienes no responden de modo personal de las deudas sociales. En la denominación debe figurar la indicación 'Sociedad Limitada" o las 'abreviaturas SRL o SL. Tendrá un capital social mínimo —inferior al exigido para la constitución de las sociedades anónimas— que está dividido en participaciones sociales indivisibles y acumulables, que no tienen el carácter de valores, ni pueden estar representadas por medio de títulos o de anotaciones en cuenta, ni denominarse acciones. La SL no puede acordar ni garantizar la emisión de obligaciones. La constitución de las sociedades se hará mediante escritura pública inscrita en el Registro Mercantil, con lo cual adquiere su personalidad jurídica. En la escritura de constitución se expresa la identidad de los socios, las aportaciones realizadas y las participaciones asignadas en pago, los estatutos, el modo en que se organiza la administración y quienes sean los administradores. En los estatutos se hará constar al menos la denominación de la sociedad, el objeto, domicilio y capital social, la fecha de cierre del ejercicio social y el modo de organizar la administración de la sociedad. Pueden ser objeto de aportación o derechos, pero no así el trabajo ni los servicios; las aportaciones pueden ser dinerarias y no dinerarias. Cabe pactar prestaciones accesorias así como la transmisión de las participaciones sociales, que se hará constar en el libro de registro de socios, transmisión que puede ser *inter vivos* y *mortis causa*. Es posible la copropiedad, el usufructo, la prenda y el embargo de participaciones; sólo se admite con carácter excepcional la adquisición de las participaciones propias.

2- ÓRGANOS DE LA SOCIEDAD

Junta general. Los socios, reunidos en junta general, decidirán por mayoría, establecida por vía legal o estatutaria, en los asuntos propios de su competencia, señalados de modo especifico por la ley. La junta general será convocada por los administradores y en su caso por los liquidadores de la sociedad. Hay normas especiales relativas a la forma y contenido de la convocatoria, lugar de celebración, asistencia y representación, mesa de la junta general, derecho de información, conflicto de interés y juego del principio mayoritario, y la constancia en acta de los acuerdos sociales.

Acta notarial de la junta general y posibilidad de impugnación de los acuerdos sociales. La administración de la sociedad se puede confiar a un administrador único, a varios administradores que actúen de forma solidaria o en conjunto, o a un consejo de administración. En este último caso, los estatutos o en su defecto la junta general fijarán el número mínimo y máximo de sus componentes y el régimen de organización y funcionamiento, sistema que debe comprender en todo caso las reglas de convocatoria y constitución de este órgano, así como el modo de deliberar y adoptar acuerdos. Hay normas especiales respecto de las siguientes cuestiones: nombramiento de administradores, administradores suplentes, duración y ejercicio del cargo, representación de la sociedad y ámbito de la misma, separación y responsabilidad de los administradores.

3- OTRAS CUESTIONES

Modificación de estatutos. Aumento y reducción del capital social. Cuentas anuales, distribución de dividendos y derecho de examen de la contabilidad. Transformación, fusión y escisión de la sociedad. Separación y exclusión de socios. Disolución y liquidación. Posibilidad, en determinados supuestos, de que exista una sociedad unipersonal de responsabilidad limitada, entre la que se encuentra la hipótesis de unipersonalidad sobrevenida.

Cooperativas

Cooperativas, organizaciones de cooperación voluntaria diseñadas como modelo alternativo a la competencia capitalista.

El término cooperativa abarca una gran variedad de movimientos asociativos de cooperación. Por ejemplo, las cooperativas de consumidores están integradas sólo por consumidores que desean adquirir bienes en mancomunidad para reducir sus gastos; las cooperativas de productores son asociaciones de trabajadores que poseen y gestionan sus propias empresas; las cooperativas de marketing son muy corrientes en la agricultura y están formadas por grupos de trabajadores de este sector; las cooperativas de crédito son asociaciones de individuos particulares que ponen en común sus ahorros.

En casi todos los países se han promulgado leyes específicas para regular este tipo de asociaciones. A escala internacional, la Alianza Cooperativa Internacional (ACI) —organización que integra a casi todas las cooperativas existentes en el mundo— consideró necesario uniformar los principios rectores de estas asociaciones y, tras su vigesimotercer congreso en Viena en 1966, estableció los principios que debían regular la actividad de las cooperativas: la pertenencia a una cooperativa debe ser voluntaria y no existir discriminación por razón de sexo, raza, clase social, afiliación política o creencias religiosas, permitiendo la libre pertenencia de cualquier persona que pueda ser útil a la cooperativa y esté dispuesta a aceptar sus responsabilidades dentro de la misma (principio de asociación libre).

Las sociedades cooperativas son organizaciones democráticas. La administración y gestión deben llevarse a cabo de la forma que acuerden los socios. Todos los miembros deben tener los mismos derechos y el mismo poder dentro de la cooperativa y participar en la toma de decisiones (principio de participación democrática: un miembro, un voto).

Las aportaciones de capital, en caso de estar remuneradas, deben recibir un tipo de interés reducido (principio de remuneración mínima del capital).

Los beneficios económicos que obtenga la cooperativa pertenecen a los cooperativistas y deben distribuirse evitando que unos socios se beneficien a costa de otros (principio de distribución equitativa de los ingresos). Esta distribución se hará de acuerdo con la decisión de los cooperativistas pero respetando los siguientes criterios: en primer lugar, destinando una parte al desarrollo de la cooperativa; en segundo lugar, reservando otra parte para previsión de gastos extraordinarios y en tercer lugar, distribuyendo los beneficios entre los cooperativistas en proporción a sus aportaciones a la sociedad.

Todas las sociedades cooperativas deben destinar fondos a la formación profesional de sus miembros y empleados, así como a la del público en general para respetar los principios de cooperación económica y democrática (principio de educación cooperativa).

Todas las organizaciones cooperativas, con el fin de ser útiles a la comunidad en la que operan y a sus socios, deben cooperar de forma activa con otras cooperativas a escala local, nacional e internacional (principio de cooperación entre cooperativas).

Las cooperativas de productores son las que más dificultades tienen para respetar estos principios. Por tradición, las cooperativas de productores o trabajadores eran asociaciones que aportaban el capital inicial para poner en funcionamiento la cooperativa. Así pues, esta aportación de capital (que a menudo era una mera aportación nominal, es decir, que no se realizaba el desembolso) permite a un miembro participar en la gestión y administración de la sociedad. En estas cooperativas es frecuente que unos miembros aporten sólo capital —socios capitalistas— y otros aporten trabajo, por lo que se plantea el dilema de si los primeros deben tener derecho al voto o no. Una visión alternativa defiende que sólo los socios trabajadores son miembros con pleno derecho. Según esta interpretación, la cooperativa pide prestado el capital necesario para desarrollar la actividad, pero sólo puede pagar unos tipos de interés reducidos; el riesgo y el control de la cooperativa lo asumirían los socios trabajadores. Puesto que, en la práctica, el desembolso de capital no se llega a realizar porque las aportaciones en dinero son nominales, la distinción entre socio capitalista y socio trabajador se establece sólo en la teoría. Sin embargo puede tener importantes repercusiones, pues si se permite que haya socios capitalistas que no aporten trabajo, las cooperativas de trabajadores pueden tener socios externos con derecho de voto. Los defensores de los movimientos cooperativos están en contra de este tipo de socios, considerando que la situación ideal es aquella en que el control (el derecho al voto) sigue el principio de un miembro, un voto, pero sólo para aquellos que aporten trabajo.

Otra interpretación considera que las cooperativas deben diversificar sus fuentes de recursos, tanto para aumentar la cantidad de capital social como para diversificar los riesgos, por lo que los defensores de esta postura aceptan con agrado la posibilidad de admitir socios capitalistas o externos. Por supuesto, se puede admitir la posibilidad de que existan socios capitalistas sin derecho a voto, pero el principio de remuneración mínima del capital hace que esta posibilidad sea poco práctica al convertir la aportación de capital en una inversión muy poco atractiva. En efecto, el inversor potencial no sólo debe renunciar al control de la administración y gestión de la empresa y asumir parte del riesgo sino que, además, sólo puede esperar una rentabilidad mínima por su aportación. Otra postura defiende que todos aquellos que trabajen para la cooperativa deben ser miembros. Según esta interpretación, unida a la prohibición de que los socios capitalistas tengan derecho a voto, el trabajar para la cooperativa se convierte en condición necesaria y suficiente para ser miembro cooperativista. Es esta última interpretación la que prevalece en las empresas gestionadas por trabajadores, en el contexto de las relaciones de propiedad mancomunada. En este contexto, el capital lo aporta el Estado. Antes de 1989 este sistema fue muy común en la antigua Yugoslavia.

El principio de asociación libre tiene también una serie de consecuencias importantes. Si se aplica de forma estricta, parece incompatible con la existencia de cooperativas de productores. Es difícil concebir que este tipo de cooperativas ejerzan una política abierta en su totalidad a la incorporación de nuevos socios, puesto que existen multitud de situaciones en las que la cooperativa no esté interesada en aceptar nuevos miembros. Por ejemplo, consideremos que un productor de bienes de baja calidad quiere ingresar en la cooperativa ¿qué interés tendría para ésta el aceptar su incorporación? Muchos cooperativistas creen que el principio de asociación libre debería restringirse, aunque aceptan evitar la discriminación por razón de sexo, raza, afiliación política o creencias religiosas.

Fondo mutuo de inversión mobiliaria

1- INTRODUCCIÓN

Fondo mutuo de inversión mobiliaria, puesta en común de capitales privados con el fin de realizar una inversión adquiriendo acciones, bonos y otros instrumentos financieros. Entre estos últimos destaca la deuda pública emitida por el Estado, títulos valores, pagarés de empresas y certificados de depósito bancarios. La principal característica de los fondos de inversión es que se trata de un instrumento financiero de ahorro colectivo, gestionado por profesionales que garantizan una gestión adecuada invirtiendo en activos financieros rentables de las mayores corporaciones, o en deuda pública de los Gobiernos que ofrecen más garantías.

2- CLASES DE FONDOS

Hay gran cantidad de fondos de inversión pero podemos distinguir, en función de su rentabilidad, cuatro tipos fundamentales.

En primer lugar cabe destacar los fondos de renta fija. Estos fondos no dan una rentabilidad fija, sino que invierten el dinero en activos financieros a corto y medio plazo (menos de 18 meses) cuya rentabilidad sí es fija, creando una cartera de activos con distintos rendimientos, dependiendo de la evolución de los tipos de interés a corto y medio plazo. Según vencen los activos contratados se van adquiriendo otros, por lo que la rentabilidad del fondo varía con los tipos de interés que ofrecen los activos contratados.

En segundo lugar podemos mencionar los fondos de renta variable, que son fondos que invierten en activos financieros sin una rentabilidad determinada, sino que su valor depende de los valores bursátiles de los activos donde se invierte el dinero del fondo. Estos fondos adquieren sobre todo acciones y participaciones de empresas que cotizan en Bolsa.

En tercer lugar están los fondos mixtos, que combinan activos financieros de los dos fondos anteriores, por lo que la cartera de activos está compuesta por acciones y participaciones, o bonos y obligaciones, tanto del Estado como de empresas privadas.

Hay un cuarto tipo de fondos de inversión: los denominados fondos garantizados, en los que se asegura una rentabilidad mínima a cinco, siete o más años, aunque los activos en que se ha invertido el fondo no hayan producido ese beneficio. El dinero invertido en el fondo no se puede retirar antes del plazo fijado, bajo pena de una fuerte penalización.

A partir de lo anterior podemos realizar una nueva clasificación de fondos, entre los que podemos distinguir aquéllos en los que se puede retirar el dinero del fondo en cualquier momento y aquéllos en los que hay que dejar de modo obligatorio el dinero en el fondo durante un periodo mínimo. Por otra parte, hay fondos cuyo número de participaciones son fijas: se determina una cantidad de participaciones en el fondo que se ponen a la venta; cuando éstas se acaban no pueden entrar más partícipes hasta que no se retire un socio o se creen nuevas participaciones. Otros fondos, sin embargo, son fondos abiertos: el fondo crece cuando entran nuevos socios que aportan más dinero.

Por último, ha de señalarse que los fondos tienen una serie de costos. Algunos fondos cobran a los partícipes todos los costos que se señalan a continuación, y otros fondos sólo cobran algunos de estos costos, por lo que el inversor debe estudiar con precaución estos índices antes de decidirse por uno u otro. Entre los costos de los fondos hay que destacar la comisión de apertura, la comisión de mantenimiento, la comisión sobre beneficios y la penalización por retirada parcial o total de la aportación al fondo.

El tratamiento fiscal de los fondos depende de la legislación del país en que se emiten. Los fondos pueden emitirlos bancos, instituciones de ahorro o entidades financieras. Hay también empresas privadas que ofrecen fondos de inversión a sus trabajadores. Por otra parte, nada impide que una serie de individuos particulares se asocien de forma privada para invertir en Bolsa o en otros activos financieros, creando así un fondo de inversión privado. Todos los países que poseen un sistema capitalista poseen, con variantes mínimas legisladas, estos tipos de fondo de inversión.

Tribunal

Tribunal, órgano encargado por la ley de administrar justicia, impartiéndola y mandando ejecutar lo juzgado. En un sentido amplio, son tribunales no sólo tales órganos, integrados en el poder judicial, sino también otros órganos no jurisdiccionales, enmarcados en el poder ejecutivo o en la administración. Por ello también se distinguen los tribunales económico-administrativos (cuya función consiste en resolver las impugnaciones administrativas de los actos de aplicación de los tributos y las cuestiones relacionadas con el reconocimiento y pago de pensiones, derechos pasivos u otros pagos, que se hagan o deban hacer con cargo al Estado), el Tribunal de Cuentas (encargado de fiscalizar las cuentas y la gestión económica del Estado y del sector público, controlar la ejecución del presupuesto del Estado y dirimir la responsabilidad contable de quien maneja los fondos públicos), el Tribunal de Defensa de la Competencia (que pretende, en el ámbito de la Comunidad Económica Europea (CEE), ordenar el libre mercado y establecer un régimen de libre competencia en el mismo, eliminando empresas mal organizadas que no son viables en condiciones de libertad e igualdad entre los competidores, entre otros objetivos), el español Tribunal de Aguas (en Valencia), encargado de gestionar los riegos de los cultivos, el derecho de los campesinos sobre las aguas o los litigios que surgieran entre los propietarios de la tierra.

Sin embargo, en sentido técnico, interesa hacer referencia a los órganos jurisdiccionales, esto es, aquéllos a los que el ordenamiento jurídico encomienda la decisiva función de aplicar justicia. Dada la enorme variedad de asuntos que pueden ser sometidos a la justicia, existen diferentes ámbitos jurisdiccionales. La división más común es la que distingue entre tribunales penales, que son los encargados de enjuiciar los comportamientos constitutivos de delito o falta e imponer las penas y las medidas correspondientes; tribunales civiles, cuya función es resolver los litigios entre particulares pertenecientes al Derecho civil y al Derecho mercantil (por ejemplo, contratos, testamentos, relaciones familiares, comerciantes individuales o sociedades mercantiles); tribunales laborales o sociales, encargados de dirimir con preferencia los litigios entre trabajadores y empresarios y, en general, las cuestiones relacionadas con el Derecho laboral o Derecho del Trabajo y de la Seguridad Social; tribunales contencioso-administrativos, que tienen como función resolver los conflictos entre los particulares y los órganos de la Administración pública; tribunales militares, para los asuntos de carácter militar.

Se distingue el tribunal del juzgado en que éste es un órgano unipersonal (un juez) mientras que el tribunal es un órgano pluripersonal compuesto por tres o más magistrados.

En sentido vertical, existen los tribunales de apelación, que resuelven los recursos planteados contra las sentencias pronunciadas por los jueces de primera instancia, y los tribunales de casación (Tribunal Supremo), que hacen lo propio en caso de que las sentencias dictadas en apelación sean recurridas.

Un tribunal de gran importancia en las democracias modernas es el Tribunal Constitucional, que tiene la importante función de declarar la inconstitucionalidad de una ley, de modo que cuando así sucede, la ley queda anulada de inmediato. La doctrina que emana del Tribunal Constitucional ha de servir de guía a los tribunales ordinarios. En definitiva, se trata de un órgano que puede ser calificado como de auténtico 'guardián' de la Constitución.

Fondo de comercio

Fondo de comercio, en Derecho y en contabilidad, activo intangible cuyo valor aumenta el de los activos tangibles de una empresa y refleja los beneficios asociados a factores tales como tener un local bien situado, una marca comercial conocida, una buena situación financiera, una buena reputación o una gestión empresarial reconocida. Cuando se vende un negocio se suele asignar un precio mayor al valor contable en función del fondo de comercio, considerando éste como un activo más. Algunas veces se puede vender el fondo de comercio sin que se transfieran al mismo tiempo todos los demás activos; por ejemplo, un negocio que se traslada puede vender el derecho a utilizar su nombre comercial y su local en el lugar original.

Gestión industrial

Gestión industrial, en el mundo de los negocios, término utilizado para describir el conjunto de técnicas y la experiencia de la organización, planificación, dirección y control eficientes de las operaciones de los mismos.

En la teoría de la gestión industrial, la organización tiene dos facetas esenciales. La primera se refiere a la creación de las denominadas líneas de responsabilidad, que de modo habitual se reflejan en los organigramas de las empresas que especifican quiénes son los directivos de la empresa, desde el presidente hasta el jefe de departamento, especificando las funciones de cada uno. Esto está relacionado de forma muy estrecha con la teoría de la empresa. La otra faceta esencial se refiere a la creación y desarrollo de una plantilla de ejecutivos dotados de una alta calificación.

La planificación dentro de la gestión industrial tiene tres aspectos fundamentales. Uno consiste en la creación de políticas básicas generales en torno a la producción, ventas, compra de equipos, materiales y materias primas, y la contabilidad. También tiene que ver con la política de precios, el análisis de riesgos y otras cuestiones estratégicas. El segundo aspecto fundamental tiene que ver con la aplicación de estas políticas. El tercero está relacionado con la creación de pautas de trabajo uniformes en todos los departamentos. La dirección se ocupa en esencia de vigilar y guiar la empresa; en este sentido se suele diferenciar entre alta dirección, cuya naturaleza es administrativa, y dirección operativa, que se ocupa sobre todo de la ejecución de las distintas estrategias. El control se refiere a la utilización de registros e informes para comparar lo logrado con lo programado.

La gestión industrial, tal y como la acabamos de definir, surgió a finales del siglo XIX. Dio un gran salto adelante gracias al ingeniero estadounidense Frederick Taylor, que desarrolló técnicas para analizar las operaciones de la producción y para establecer los mínimos a cumplir en una jornada laboral. Estas técnicas fueron con el tiempo adaptadas a todos los procesos de las empresas, incluso al trabajo de los empleados calificados, y se iniciaron también los programas de incentivos salariales, tanto para reemplazar como para reforzar los sistemas anteriores. Los expertos en gestión industrial posteriores a Taylor ampliaron la aplicación de sus técnicas a nuevas áreas dentro de los negocios.

La moderna gestión industrial y la teoría de la organización tienden a estudiar el microclima social de las empresas más que los factores económicos tradicionales: el comportamiento de los individuos dentro de una estructura organizativa es tan importante como la propia estructura. Así, aunque el pago por ejecución y otros incentivos siguen siendo factores clave para lograr mayores beneficios y cuotas de mercado, otras medidas, como el control de calidad y la gestión de recursos humanos se emplean al margen de las estrategias tradicionales del fordismo. Dentro de las relaciones laborales, se suelen utilizar estas técnicas para romper con el colectivismo laboral tradicional, y para acercar más a los empleados a la empresa. Sin embargo, la competencia entre empresas implica que todas procuran aplicar las mejores técnicas de gestión pero aún no se ha encontrado el modelo ideal de gestión industrial que proteja a las empresas de sus propios errores.

Depreciación

Depreciación, en contabilidad, proceso para asignar de forma sistemática y racional el costo de un bien de capital a lo largo de su periodo de vida. La depreciación contabiliza la disminución del potencial de utilidad de los activos invertidos en un negocio, ya sea por la pérdida de valor debida al desgaste físico derivado de la utilización habitual del bien -como en el caso de la maquinaria-, por el deterioro que provoca la acción de los elementos -como en el caso de un edificio antiguo o la erosión de la tierra- o debido a la obsolescencia causada por cambios tecnológicos y la introducción de nuevas y mejores máquinas y métodos de producción. Sin embargo, no se trata de reflejar la caída del valor de mercado de los activos.

La depreciación acumulada desde el momento de adquisición de un bien se va anotando en la cuenta de balance de la empresa como una disminución del costo de ese activo. La diferencia se conoce como "amortización acumulada" o "valor contable". El cargo periódico de la depreciación se computa a la hora de calcular el ingreso neto.

Los contables utilizan distintos métodos para calcular la cantidad que debe cargarse en concepto de depreciación periódica. El método más utilizado es el de amortización lineal, que consiste en aplicar una tasa de depreciación constante para todo el periodo de vida de los activos. Cuando el bien no se utiliza de forma constante a lo largo de su tiempo de vida se utiliza el método de amortización real: se computa en concepto de depreciación el desgaste real al que se ha sometido la máquina -por ejemplo- en función de la cantidad de unidades que ésta ha producido, sobre el total de unidades que puede llegar a producir. Por lo tanto, la depreciación se expresa en términos de unidades producidas. Existen métodos para el cálculo de la depreciación que permiten la amortización acelerada del bien cuando el valor de éste es mayor durante los primeros años, pero será menor en los años siguientes debido a la obsolescencia técnica; con este sistema de amortización, que consiste en aplicar una tasa de amortización mayor los primeros años de vida útil que durante los últimos años, se reconoce el fenómeno de la obsolescencia. Los métodos de depreciación que permiten acceder a incentivos fiscales están regulados por las leyes impositivas y dependen de lo que éstas estipulen.

El término depreciación también se puede aplicar a las unidades monetarias para expresar su devaluación, ya se deba a la inflación o a la menor demanda de dicha moneda frente a otras.

Holding

Holding, grupo de empresas dirigido por una de ellas, que posee un porcentaje de capital de cada una suficiente para su control. El objetivo principal de un *holding* no consiste en invertir, sino en dirigir las empresas subsidiarias de aquéllas que lo forman. Se puede llegar a crear un *holding* con el único objetivo de compartir las políticas de marketing, finanzas y de gestión, o para crear una gran corporación aumentando el volumen de negocios de las empresas sin tener que incurrir en los costos de una oferta pública de adquisición (OPA). Además, permite que cada empresa conserve su marca registrada y su fondo de comercio. Un *holding* controla, por lo general, más capital del que reflejan sus balances.

Porcentaje

Porcentaje, o tanto por ciento, es la fracción de un número entero expresada en centésimas. El término se deriva del latín *per centum,* que siginifica "por ciento", pues representa fracciones cuyo denominador es 100. Así, 20 por ciento significa 20/100. Normalmente se representa con el símbolo %. Los cálculos de porcentajes se utilizan a menudo en la industria y las finanzas, y en el mundo científico para evaluar resultados.

Para calcular el porcentaje de un número (4) a otro (16), se divide el primero por el segundo y el resultado se multiplica por 100; así

4:16 = 0,25, o 25 por ciento

Productividad

Productividad, en economía, relación entre producción final y factores productivos (tierra, capital y trabajo) utilizados en la producción de bienes y servicios. De un modo general, la productividad se refiere a la que genera el trabajo: la producción por cada trabajador, la producción por cada hora trabajada, o cualquier otro tipo de indicador de la producción en función del factor trabajo. Lo habitual es que la producción se calcule utilizando números índices (relacionados, por ejemplo, con la producción y las horas trabajadas), y ello permite averiguar la tasa en que varía la productividad. Los datos más fiables en este sentido provienen de la industria, porque es en este sector donde resulta más fácil medir la producción, a diferencia de, por ejemplo, una empresa de servicios financieros. Una de las claves del éxito de una empresa reside en saber incrementar la productividad. Pero para ello, es preciso tener en cuenta el rendimiento total de la actividad productiva de los factores, y no sólo la productividad del trabajo. Cuando se aumenta la inversión en capital (compra de maquinaria) para reducir las necesidades del factor trabajo (y por lo tanto elevar la productividad de este factor) el objetivo debe ser aumentar el rendimiento de todos los factores. En la práctica, la productividad de cada factor es muy difícil de calcular porque no se puede identificar con exactitud qué parte de la producción se debe a cada uno de ellos. Además, la cantidad de factores utilizados en la producción varía con el tiempo. Debido a estas dificultades, las estadísticas relativas a la productividad deben interpretarse con cautela. Las mejoras a corto plazo de los índices pueden reflejar una mejor utilización de la capacidad productiva, y no una mejora real de la productividad. En general, no se pueden realizar comparaciones entre diversos países porque en cada uno de ellos varía la forma de obtener datos sobre productividad.

Por lo común se vincula el crecimiento de los salarios a las mejoras en la productividad. Muchas empresas utilizan un sistema de pagos en función del trabajo realizado, de forma que parte del salario depende del rendimiento de cada trabajador. También es frecuente que la empresa que está negociando los salarios con los trabajadores asegure que la subida salarial sólo será posible si se produce un incremento de la producción; ésta es una forma de amenazar con una reducción de personal o plantilla si la subida salarial no va acompañada de un aumento de la productividad.

Cuota de mercado

Cuota de mercado, proporción total de ventas de un producto que consigue una empresa en un determinado mercado. La cuota de mercado puede calcularse en función del valor de las ventas o en función de la cantidad de unidades vendidas, aunque para ello hay que definir con anterioridad el tipo de producto que se está evaluando. Por ejemplo, para calcular la cuota de mercado de una determinada enciclopedia multimedia en CD-ROM se puede analizar el mercado de enciclopedias multimedia en CD-ROM, el de CD-ROMs multimedia o el del mercado de CD-ROMs en general. De igual forma, cabe diferenciar entre distintos mercados; así, podemos distinguir en función de una variable geográfica, diferenciando entre los compradores de una ciudad, región, país, continente o hablar del mercado mundial. O se puede diferenciar en función de otras variables: edad, clase social, etc. Sin embargo, cuanto más específico sea el segmento del mercado al que nos refiramos, más difícil será la obtención de datos; la proporción de ventas totales en un área geográfica es una información que cualquier empresa puede tener disponible en seguida; en cambio, las ventas a las personas mayores de 65 años no pueden calcularse si no se realiza una investigación.

La cuota de mercado sirve de indicador del trabajo que realiza el departamento de marketing o mercadotecnia de una empresa. Se dice que una compañía lidera un mercado cuando tiene la mayor cuota de participación en el mismo, ya delimitado. La importancia que se conceda a este indicador depende de la cultura empresarial de cada país. En el ámbito europeo y latinoamericano se prefiere utilizar como medida del buen funcionamiento de una empresa su respectiva tasa de beneficios o ganancias. En Japón se suele analizar con más detenimiento la cuota de mercado. Las empresas niponas dedican cuantiosas sumas de dinero para obtener mayores cuotas de mercado, estableciendo objetivos a largo plazo en lugar de intentar maximizar sus beneficios de forma inmediata.

Control de calidad

Control de calidad, proceso seguido por una empresa de negocios para asegurarse de que sus productos o servicios cumplen con los requisitos mínimos de calidad establecidos por la propia empresa. Con la política de Gestión (o administración) de Calidad Óptima (GCO) toda la organización y actividad de la empresa está sometida a un estricto control de calidad, ya sea de los procesos productivos como de los productos finales. En el caso de producción de bienes, la GCO implica que tanto el diseño, como la producción y la venta, la calidad de los materiales utilizados y los procesos seguidos se ajustan a unos patrones de calidad establecidos con antelación. Algunas veces este patrón viene definido por la ley; por ejemplo, la legislación relativa a la seguridad y materiales empleados en la fabricación de juguetes, o la regulación sobre emisiones contaminantes de los coches. La exigencia de una mayor o menor calidad depende de muchos factores. Cuanto mayor es la vida del producto, menores serán las ventas, porque los consumidores no tendrán que volver a comprarlo; esto hace que, conscientemente, la calidad, en muchas ocasiones, no se maximice.

La importancia otorgada durante los últimos años al control de calidad es una respuesta a la competencia japonesa basada en la calidad. Sin embargo, fue un asesor económico estadounidense, W. Edwards Deming, el que señaló que "el consumidor es la parte más importante de la línea productiva", y el que enseñó a los japoneses los distintos métodos de control de calidad. Otro economista estadounidense, Joseph Juran, desempeñó un papel crucial a la hora de promocionar la idea de vigilar la calidad y crear métodos de control. Entre los pasos que estableció para controlar la calidad destacan: la importancia de fomentar la idea de la necesidad de un control férreo de la calidad; la búsqueda de métodos de mejora; el establecimiento de objetivos de calidad y la aplicación de todo tipo de medidas y cambios para poder alcanzar estas metas; la necesidad de comprometer a los trabajadores en la obtención de una mayor calidad mediante programas de formación profesional, comunicación y aprendizaje, así como la revisión de los sistemas y procesos productivos para poder mantener el nivel de calidad alcanzado.

El entusiasmo creado en torno a la idea de una GCO durante la década de 1980 tuvo como primer efecto el que las empresas incluyeran entre sus objetivos prioritarios el control de calidad. A medio plazo, ha conseguido eliminar el liderazgo exclusivo en calidad de las empresas japonesas. Es posible que los esfuerzos para aumentar la calidad en una empresa sean incompatibles con otros objetivos, a medida que las compañías contrastan el objetivo de máxima calidad con otras metas: por ejemplo, la necesidad de reducir costos.

Presupuesto

1- INTRODUCCIÓN

Presupuesto, previsión de gastos e ingresos para un determinado periodo de tiempo, por lo general un año. El presupuesto es un documento que permite a las empresas, los gobiernos, las organizaciones privadas y las familias establecer prioridades y evaluar la consecución de sus objetivos. Para alcanzar estos fines puede ser necesario incurrir en déficit o, por el contrario, ahorrar, en cuyo caso el presupuesto presentará un superávit.

El presupuesto familiar o personal ayuda a los individuos a equilibrar sus ingresos y gastos. El presupuesto de un negocio suele utilizarse como herramienta para la toma de decisiones sobre la gestión y el crecimiento de la actividad de la empresa. El presupuesto más difícil de elaborar es el público del Estado, que es una previsión de ingresos para cubrir los gastos necesarios para llevar a cabo las políticas sociales, económicas y militares de la administración.

2- PRESUPUESTO NACIONAL

Es habitual que, los gobiernos establezcan presupuestos anuales donde se presentan las previsiones de ingresos y gastos. Las principales fuentes de recursos provienen de los impuestos, ya sea el impuesto sobre la renta, impuestos indirectos sobre el consumo (como el impuesto sobre el valor añadido, IVA), el impuesto de sociedades o las contribuciones de empresarios y trabajadores al sistema de la seguridad social. Los principales capítulos de gastos son los siguientes: gastos de la Seguridad Social, provisión de bienes y servicios públicos (como educación y sanidad), y el pago de intereses y amortización de la deuda nacional. Si el gasto público iguala a la totalidad de ingresos se dice que el presupuesto está equilibrado. Si los ingresos derivados de la imposición exceden a los gastos, caso que, de darse, se producirá durante un periodo de expansión económica, el presupuesto tendrá superávit. El déficit presupuestario se produce cuando el gasto público supera a los ingresos. Desde la II Guerra Mundial los gobiernos de los países industrializados han tenido déficit casi todos los años. En las últimas décadas muchos países latinoamericanos han encontrado serias dificultades para confeccionar sus presupuestos debido al alto precio de sus deudas externas.

3- POLÍTICA FISCAL

Además de lo ya expuesto, el presupuesto también refleja la política fiscal de los gobiernos, con la que éstos pretenden lograr numerosos objetivos, a menudo contradictorios: promover el pleno empleo, luchar contra la inflación y lograr un crecimiento estable. Para lograr estos objetivos el gobierno puede querer estimular la economía nacional incurriendo, voluntariamente, en un déficit presupuestario. Si las presiones inflacionistas aumentan, el gobierno puede optar por reducir el déficit, equilibrar el presupuesto o intentar alcanzar un superávit presupuestario reduciendo su nivel de actividad económica. Para que estas políticas fiscales sean eficientes, es necesario que no contradigan la política monetaria desarrollada por el banco central.

Riqueza

1- INTRODUCCIÓN

Riqueza, acumulación de bienes que poseen un valor económico. El valor económico de un bien tiene varias características. En primer lugar, cualquier objeto tiene que tener una utilidad; ha de tener, o se supone que debe tener, la capacidad de satisfacer necesidades humanas. La riqueza puede aumentar al descubrirse nuevos usos para cosas que anteriormente no se consideraban útiles. Así, el descubrimiento de la utilidad del petróleo en el siglo XIX aumentó considerablemente la riqueza mundial. En segundo lugar, los bienes con valor económico tienen que tener una oferta limitada. El aire no tiene valor económico porque está al alcance de todos. Sin embargo, el aire acondicionado sí tiene valor económico porque es relativamente escaso. En tercer lugar, los bienes con valor económico tienen que ser transferibles, es decir, tiene que ser posible comprarlos y venderlos a determinados precios de mercado. Por último, el valor económico de los objetos tiene que ser mensurable o medible. Puesto que en la actualidad la única medida común del valor es el dinero, el valor de los bienes tiene que poder expresarse en términos monetarios. Algunos economistas también consideran que la capacidad de llevar a cabo un determinado trabajo es riqueza humana, o capital humano, puesto que dicha capacidad tiene un valor de mercado.

2- COMPOSICIÓN DE LA RIQUEZA

Al clasificar los distintos tipos de riqueza es útil distinguir entre bienes de producción y bienes de consumo y, dentro de cada una de estas categorías, entre bienes duraderos y bienes no duraderos. Entre los bienes de producción duraderos se incluyen las fábricas, la maquinaria y otro tipo de instalaciones fijas. Los productos almacenados para su venta o los productos utilizados en el proceso de producción constituyen los bienes de producción no duraderos. Al conjunto de bienes de producción duraderos y no duraderos se los conoce como bienes de capital. Los alimentos, los vestidos y los demás artículos de consumo general se denominan bienes de consumo no duraderos; los bienes de consumo duraderos son, por ejemplo, las casas, los muebles o los automóviles. Los servicios no se consideran a la hora de cuantificar la riqueza, puesto que no se pueden almacenar. Sin embargo, los servicios tienen valor económico, ya sean servicios para los productores (por ejemplo, la contabilidad o los servicios prestados por los abogados) o los servicios prestados a los consumidores (por ejemplo la educación o los relacionados con la salud).

3- RIQUEZA E INGRESOS

Hay que distinguir entre riqueza e ingresos. Ambos conceptos están relacionados con la utilidad, la escasez, la transferibilidad y la mensurabilidad. Mientras que la riqueza es una acumulación, una cantidad fija en un determinado momento, los ingresos reflejan un flujo de bienes y servicios a lo largo de un determinado periodo de tiempo. Metafóricamente, la riqueza sería un lago, y los ingresos un río que fluye desde el lago. Así pues, el área de una finca rústica es riqueza, mientras que la cosecha de un año determinado sería el ingreso. Por la misma razón, la acumulación del grano es un almacenamiento de riqueza. La diferencia entre los ingresos percibidos y los ingresos consumidos, gastados, o depreciados, es la medida de la acumulación de riqueza.

4- RIQUEZA PERSONAL

Las tenencias de una persona en unidades monetarias, cuentas bancarias y otros instrumentos financieros, constituyen la riqueza personal, que se diferencia de la riqueza nacional. Además, estas tenencias no son partes independientes de la riqueza social, sino sólo el derecho que se tiene sobre dicha riqueza al poseer el objeto material que constituye parte de esa riqueza social, como puede ser una casa o un coche. Los economistas estiman la riqueza midiendo la cantidad física de activos en un determinado momento.

En un periodo de inflación, la riqueza personal puede estar aumentando a pesar de que su valor social esté decayendo; por ejemplo, el valor monetario de una casa puede estar aumentando en relación con el resto de los precios, aunque, de hecho, la casa se esté depreciando físicamente. Para lograr una medida válida de la riqueza, los valores monetarios tienen que deflactarse, convirtiéndose en valores reales al descontar los efectos de las variaciones del poder adquisitivo del dinero.

5- TEORÍA DE LA RIQUEZA NACIONAL

La riqueza nacional es la suma total de todos los bienes con valor económico que poseen los gobiernos centrales, regionales y locales, las instituciones comerciales y las instituciones sin ánimo de lucro, y los ciudadanos de un país. El estudio sistemático de lo que constituye la riqueza de una nación se inició en el siglo XVI por los defensores del mercantilismo. Partían de la tesis según la cual la cantidad de metales preciosos que posee una nación constituye la parte esencial de su riqueza. Esta visión fue ampliamente aceptada hasta el siglo XVIII, época en la que se produjo una reacción en contra de la rigidez de la doctrina mercantilista. Se hizo evidente que los metales preciosos, sobre todo cuando se fundían en monedas, eran el reflejo de cierta riqueza, pero no riqueza como tal.

La doctrina mercantilista fue reemplazada paulatinamente por la visión de los fisiócratas, un grupo de economistas franceses del siglo XVIII, que pensaban que sólo la agricultura, la minería y la pesca, así como otras industrias extractivas, podían contribuir a aumentar la riqueza real de las naciones. En *La riqueza de las naciones* (1776), Adam Smith amplió el concepto de los fisiócratas al resaltar que la riqueza no sólo podía extraerse de la tierra, sino que también podía crearse mediante la producción de bienes. Esta visión fue definida de forma sistemática por John Stuart Mill en el siglo XIX. Su formulación, con pequeñas modificaciones, sigue utilizándose de forma general en la actualidad.

Según la visión moderna del concepto de Mill, la riqueza de una nación se compone únicamente de activos físicos mensurables —es decir, su tierra y otros recursos naturales; las infraestructuras, carreteras y otras mejoras de la tierra; la maquinaria y otros bienes duraderos utilizados para la producción y la distribución; los bienes

almacenados por las empresas; y los bienes en manos de los consumidores.

El papel moneda y los títulos valores no se incluyen en las estimaciones de la riqueza de una nación, puesto que estos activos son tan sólo un reflejo de los activos físicos que constituyen, de hecho, la riqueza. Sin embargo, sí se considera que este tipo de activos son riqueza cuando reflejan un derecho sobre la riqueza de los gobiernos o los ciudadanos de otros países. Si el conjunto de derechos que tiene un país sobre la riqueza de otros supera los derechos que los demás países tienen sobre la riqueza de este país y de sus habitantes, la diferencia es la suma neta total que se añade a la riqueza de la nación. En el caso contrario, la diferencia constituye la disminución neta de la riqueza nacional.

Cuando se quiere determinar la riqueza nacional, las capacidades personales se calculan sobre la base de su valor de mercado. Actualmente, los economistas tienden a tener en cuenta estos aspectos cuando realizan la contabilidad socioeconómica. Como ejemplos de este tipo de factores que incrementan la riqueza nacional pero que no se consideran riqueza podemos mencionar el fondo de comercio de las empresas así como otros activos intangibles que posean, las instituciones y las tradiciones de una nación, y otros atributos del carácter de las personas como puede ser el orgullo que sienten por sus habilidades específicas.

6- DETERMINACIÓN DEL VALOR

Además de los problemas inherentes a la determinación de qué es lo que se debe incluir en la estimación de la riqueza nacional, y qué es lo que no hay que incluir, a la hora de determinar el valor surgen dificultades importantes. Estas dificultades se deben a que tan sólo una pequeña parte de la riqueza de una nación es comercializable en los mercados durante un año determinado, por lo que el valor de mercado de las acciones, de los bienes raíces y de otros activos puede variar considerablemente cada año. A la hora de cuantificar la riqueza nacional los economistas utilizan dos métodos: la estimación subjetiva y la estimación objetiva.

6.1   Estimación subjetiva

Desde el punto de vista subjetivo, la riqueza de una nación se calcula sumando las estimaciones de las pertenencias individuales de cada individuo, tal y como se reflejan en las declaraciones de impuestos y en otro tipo de declaraciones. Esta visión subjetiva depende fundamentalmente de la honradez personal y del grado con el que los documentos oficiales son capaces de controlar las diversas formas de riqueza.

6.2   Estimación objetiva

Para la estimación objetiva se necesita que personas independientes y con la suficiente calificación calculen el valor agregado de las pertenencias personales. Los valores, a precios de mercado, no siempre se pueden obtener con facilidad, por las razones ya mencionadas. Igualmente, los valores reflejados en las cuentas de las empresas no son válidos puesto que los precios fluctúan considerablemente después de que el valor de adquisición del activo se refleje en los libros de cuentas. Incluso cuando los precios no varían, las cantidades que las empresas asignan para reponer los bienes a consecuencia de la depreciación y de la obsolescencia pueden ser, debido a razones de financiación interna, o bien superiores o bien inferiores a los que, objetivamente, tenían que asignarse.

El mejor método de estimación a disposición de los estadísticos consiste en calcular el valor de todos los activos a precios actuales, o a precios de una determinada fecha considerada como base, para luego disminuir estos valores aplicando las tasas de depreciación y obsolescencia adecuadas. A veces se calculan simultáneamente los valores en función de los dos tipos de estimaciones para después cotejar las dos. En cualquier caso, estas cifras siempre son aproximaciones y por tanto hay que manejarlas con la debida cautela.

Costo de la vida

Costo de la vida, cantidad de dinero preciso para adquirir los bienes y servicios necesarios para mantener un determinado nivel de vida. Desde la I Guerra Mundial, cuando se pensaba que el conocimiento de las variaciones de precios era útil para poder mantener un nivel de actividad económica estable, las estadísticas sobre el costo de la vida se han convertido en importantes termómetros de los índices de actividad económica nacional.

Hay varias medidas estadísticas de la variación en el nivel de precios. En muchos países se utiliza fundamentalmente el Índice de Precios al Consumo (IPC). El IPC establece una media ponderada de los precios de una muestra de bienes y servicios, donde las ponderaciones reflejan la importancia relativa de cada bien para un consumidor medio. Así, la alimentación recibirá una estimación mayor que los artículos de belleza. Los países no se ponen de acuerdo sobre si los pagos de intereses por una hipoteca (que suelen tener una gran importancia) deben incluirse en los índices sobre el costo de la vida.

Desigualdad social

Desigualdad social, distribución desigual de oportunidades y recursos dentro de una sociedad homogénea. La desigualdad social existe desde los albores de la civilización. En el siglo XX los científicos sociales han establecido una serie de indicadores para estudiar la desigualdad en los principales aspectos de la vida; entre ellos están el ingreso, la raza, la influencia política, la educación, el género o, más recientemente, la calidad de vida.

Los orígenes históricos de la desigualdad social son muy variados y, en algunos casos, han sido resultado de las conquistas. Por ejemplo, el sistema de castas de la India, que ostentó el récord más prolongado de desigualdad institucionalizada hasta hace unas décadas, se desarrolló como resultado de la invasión de los pueblos arios del noroeste y de la diferenciación étnica de los nativos. El colonialismo ha provocado el racismo hacia los indígenas, a veces poblaciones minoritarias, como los indígenas americanos o australianos.

Otros tipos de desigualdad social son el sexismo, la diferencia de clase social (endémica en los países industrializados) y la derivada del desarrollo económico del planeta, que separa a las naciones industrializadas más avanzadas de las más pobres (*véase* Subdesarrollo).

El ingreso es el eje de la desigualdad social. En los países desarrollados, en la medida en que domina el mercado, se produce un alto grado de desigualdad. En los Estados de bienestar se tiende a fomentar la igualdad, pero como la redistribución económica abarca por lo general sólo el 20% del ingreso total, la distribución neta sigue siendo muy desigual. Por ello, en los países más avanzados aumentan las diferencias sociales, exceptuando Suecia, Dinamarca y Austria, los países más solidarios, que además alcanzan los niveles más altos de calidad de vida. La UNESCO publica cada año los índices de calidad de vida de los países más avanzados, aunque no están necesariamente vinculados al producto nacional bruto (PNB) ni a la renta per cápita.

También persisten otros tipos de desigualdad social. Las estadísticas sobre sanidad, mortalidad, vivienda, educación y bienestar muestran una marcada desigualdad entre clases, grupos y minorías, a pesar de que la tendencia hacia una mayor igualdad varía entre los países y las estructuras sociales de cada sociedad.

Explosión demográfica

Explosión demográfica, término que denomina el rápido y dramático incremento de población que se ha producido en el mundo en los últimos años. En las últimas cuatro décadas la población mundial ha aumentado desde los 2.500 millones hasta los 6.000 millones de personas.

Actualmente la explosión demográfica tiene lugar principalmente en los países en vías de desarrollo, donde los índices de natalidad son mucho más elevados que en los países industrializados. Ante la preocupación de que se pueda llegar a un exceso de población, algunos de esos países han adoptado políticas de control de natalidad. Hay que tener en cuenta que el índice de crecimiento de la población suele ser inversamente proporcional al nivel de formación de las mujeres, exceptuando el caso de los países altamente industrializados. Por ejemplo, en Suecia, donde existen óptimos servicios para atender a los niños e igualdad de oportunidades de trabajo para las mujeres, se da un índice de natalidad más alto que en España, país en el que la escasez de recursos sociales obliga muchas veces a las mujeres a elegir entre la maternidad o la vida profesional.

Salarios

1- INTRODUCCIÓN

Salarios, en economía, precio pagado por el trabajo. Los salarios son todos aquellos pagos que compensan a los individuos por el tiempo y el esfuerzo dedicado a la producción de bienes y servicios. Estos pagos incluyen no sólo los ingresos por hora, día o semana trabajada de los trabajadores manuales, sino también los ingresos, semanales, mensuales o anuales de los profesionales y los gestores de las empresas. A estos ingresos regulares hay que sumarles las primas y las pagas extraordinarias, las primas por riesgo, nocturnidad, índice de peligrosidad u horas extraordinarias, así como los honorarios de los profesionales liberales y la parte de los ingresos percibidos por los propietarios de negocios como compensación por el tiempo dedicado a su negocio.

Los salarios pueden establecerse en función del tiempo, del trabajo realizado o en concepto de incentivos. A veces se descuenta a los asalariados que cobran en función del tiempo trabajado el tiempo no trabajado debido a una enfermedad, pero por lo general estos empleados suelen percibir un salario fijo con independencia de la continuidad. Los asalariados que cobran en función del trabajo realizado lo hacen dependiendo de las unidades producidas. Los trabajadores que reciben sus ingresos gracias a un sistema de incentivos obtienen sus salarios siguiendo una fórmula que asocia el sueldo percibido con la producción o rendimiento alcanzado, de forma que se estimula una mayor productividad y eficiencia.

Un salario elevado no implica por fuerza que se asignen elevados ingresos anuales. Los trabajadores del sector de la construcción suelen percibir elevados salarios por hora trabajada, pero los ingresos anuales suelen ser reducidos debido a la falta de continuidad en el empleo de este sector. Además, el salario nominal percibido no refleja los ingresos reales. En periodos inflacionistas el valor real de los salarios puede disminuir aunque su valor nominal se incremente, debido a que el costo de la vida aumenta más deprisa que los ingresos monetarios. Las retenciones salariales para pagar los impuestos sobre la renta, los pagos a la Seguridad Social, las pensiones, las cuotas a los sindicatos y las primas de seguros, reducen los ingresos reales de los trabajadores.

2- FACTORES DETERMINANTES DE LOS SALARIOS

Los principales factores determinantes de los salarios, dependiendo del país y la época, son los siguientes: 1) *El costo de la vida*: incluso en las sociedades más pobres los salarios suelen alcanzar niveles suficientes para pagar el costo de subsistencia de los trabajadores y sus familias; de lo contrario, la población activa no lograría reproducirse. 2) *Los niveles de vida*: los niveles de vida existentes determinan lo que se denomina el salario de subsistencia, y ello permite establecer los niveles de salario mínimo. La mejora del nivel de vida en un país crea presiones salariales alcistas para que los trabajadores se beneficien de la mayor riqueza creada. Cuando existen estas presiones los empresarios se ven obligados a ceder ante las mayores demandas salariales y los legisladores aprueban leyes por las que establecen el salario mínimo y otras medidas que intentan mejorar las condiciones de vida de los trabajadores. 3) *La oferta de trabajo*: cuando la oferta de mano de obra es escasa en relación al capital, la tierra y los demás factores de producción, los empresarios compiten entre sí para contratar a los trabajadores por lo que los salarios tienden a aumentar. Mientras que cuando la oferta de mano de obra es relativamente abundante y excede la demanda, la competencia entre los trabajadores para conseguir uno de los escasos puestos de trabajo disponibles tenderá a reducir el salario medio. 4) *La productividad:* los salarios tienden a aumentar cuando crece la productividad. Ésta depende en gran medida de la energía y de la calificación de la mano de obra, pero sobre todo de la tecnología disponible. Los niveles salariales de los países desarrollados son hasta cierto punto elevados debido a que los trabajadores tienen una alta preparación que les permite utilizar los últimos adelantos tecnológicos. 5) *Poder de negociación:* la organización de la mano de obra gracias a los sindicatos y a las asociaciones políticas aumenta su poder negociador por lo que favorece un reparto de la riqueza nacional más igualitario.

3- NIVEL SALARIAL MEDIO

El nivel salarial medio viene dado por la media de todos los salarios percibidos por los individuos, con independencia de su categoría profesional. Los factores que determinan las diferencias salariales entre categorías profesionales son los siguientes: 1) *El valor relativo del producto:* un trabajador calificado en una industria que produce bienes con precio mayor que la de un trabajador poco preparado aporta un mayor valor añadido por lo que suele recibir un salario superior. 2) *Costo requerido para adquirir la calificación o preparación necesaria:* los empresarios tienen que pagar el precio de la formación profesional si quieren obtener la mayor rentabilidad posible. Si los ingenieros no cobraran más que los albañiles muy pocas personas estarían dispuestas a invertir su tiempo, dinero y esfuerzo para llegar a ser ingenieros. 3) *La escasez relativa de ciertas especializaciones laborales:* los trabajos para los que existe una amplia oferta de mano de obra suelen estar peor pagados; por otra parte, los trabajos menos comunes están mejor pagados; por ejemplo, una estrella de cine o un presentador de televisión famoso con características específicas suelen recibir elevados ingresos. 4) *Interés relativo del trabajo:* los trabajos desagradables, difíciles o peligrosos suelen estar mejor remunerados que otros trabajos más fáciles y que requieren un grado de calificación similar. Así, un conductor de camiones que ha de transportar explosivos cobrará más que uno que transporte alimentos. 5) *Movilidad del trabajo:* cuando la mano de obra tiende a estar concentrada en un determinado lugar las diferencias salariales son mayores. Por otro lado, la disponibilidad de los trabajadores para desplazarse en busca de empleo tiende a reducir las diferencias salariales entre empresas, profesiones y comunidades. 6) *Poder negociador comparativo:* un sindicato puede conseguir mejoras salariales superiores para sus afiliados que para los trabajadores no afiliados. 7) *Costumbre y legislación:* muchas diferencias salariales tienen sus orígenes en las costumbres y en la legislación. Por ejemplo, tanto la costumbre como la legislación fueron responsables de que en Suráfrica los mineros negros recibiesen menores salarios que los mineros blancos, aunque realizasen el mismo trabajo. Por otro lado, los gobiernos y los sindicatos tienden a intentar eliminar las diferencias salariales en función de la raza, el sexo, y otros factores discriminatorios, y promocionan la igualdad salarial: a igual trabajo, igual sueldo.

4- TEORÍA DE LOS SALARIOS

Casi todas las teorías relativas al salario reflejan una inclinación hacia un concreto factor determinante de los mismos. La primera teoría relevante sobre los salarios, la doctrina del salario justo del filósofo italiano santo Tomás de Aquino, subrayaba la importancia de las considraciones de orden moral y la influencia de la costumbre. Definía el salario justo como aquel que permitía al receptor una vida adecuada a su posición social. La teoría de santo Tomás es una visión normativa, es decir, marca cuál debe ser el nivel salarial, y no una visión positiva que se define por reflejar el valor real de los salarios.

La primera explicación moderna del nivel salarial, la teoría del nivel de subsistencia, subrayaba que el salario estaba determinado por el consumo necesario para que la clase trabajadora pudiese subsistir. Esta teoría surgió del mercantilismo, y fue más tarde desarrollada por Adam Smith y sobre todo David Ricardo. Este último defendía que los salarios se determinaban a partir del costo de subsistencia y procreación de los trabajadores, y que los sueldos no debían ser diferentes a este costo. Si los salarios caían por debajo de este costo la clase trabajadora no podría reproducirse; si, por el contrario, superaban este nivel mínimo la clase trabajadora se reproduciría por encima de las necesidades de mano de obra por lo que habría un exceso que reduciría los salarios hasta los niveles de subsistencia debido a la competencia de los trabajadores para obtener un puesto de trabajo.

Con el paso del tiempo se ha demostrado que algunos de los supuestos de los que parte la teoría del salario de subsistencia son erróneos. En los países más industrializados la producción de alimentos y de bienes de consumo ha crecido desde finales del siglo XIX con mayor rapidez que la población, y los salarios han crecido sobre los niveles de subsistencia.

La teoría de los salarios de Karl Marx es una variante de la teoría ricardiana. Marx sostenía que en un sistema capitalista la fuerza laboral rara vez percibe una remuneración superior a la del nivel de subsistencia. Según Marx, los capitalistas se apropiaban de la plusvalía generada sobre el valor del producto final por la fuerza productiva de los trabajadores, incrementando los beneficios. Al igual que ocurre en la teoría de Ricardo, el tiempo ha refutado en gran medida la visión de Marx.

Cuando se demostró la invalidez de la teoría del salario de subsistencia se empezó a prestar mayor atención a la demanda de trabajo como principal determinante del nivel de salarios. John Stuart Mill, entre otros, propugnaba la denominada teoría del fondo de salarios para explicar la forma en que la demanda de trabajo, definida como la cantidad de dinero que los empresarios están dispuestos a pagar para contratar a trabajadores, determina el nivel salarial. La teoría parte de la hipótesis de que todos los salarios se pagan gracias a la acumulación, en el pasado, de capital, y que el salario medio se obtiene dividiendo el remanente entre todos los trabajadores. Los aumentos salariales de algunos trabajadores se traducirán en disminuciones salariales de otros. Sólo se podrá aumentar el salario medio aumentando el fondo de salarios.

Los economistas que defendían esta teoría se equivocaban al suponer que los salarios se satisfacen a partir de las acumulaciones de capital efectuadas con anterioridad. De hecho, los salarios se pagan a partir de los ingresos percibidos por la producción actual. Los aumentos salariales, al incrementar la capacidad adquisitiva, pueden provocar aumentos en la producción y generar un mayor fondo de salarios, en especial si existen recursos.

La teoría del fondo de salarios fue sustituida por la teoría de la productividad marginal, que intenta en esencia determinar la influencia de la oferta y demanda de trabajo. Los defensores de esta teoría, desarrollada sobre todo por el economista estadounidense

John Bates Clark, sostenían que los salarios tienden a estabilizarse en torno a un punto de equilibrio donde el empresario obtiene beneficios al contratar al último trabajador que busca empleo a ese nivel de sueldos; este sería el trabajador marginal. Puesto que, debido a la ley de los rendimientos decrecientes, el valor que aporta cada trabajador adicional es menor que el aportado por el anterior, el crecimiento de la oferta de trabajo disminuye el nivel salarial. Si los salarios aumentasen por encima del nivel de pleno empleo, una parte de la fuerza laboral quedaría desempleada; si los salarios disminuyesen, la competencia entre los empresarios para contratar a nuevos trabajadores provocaría que los sueldos volvieran a aumentar.

La teoría de la productividad marginal es inexacta al suponer que existe competencia perfecta y al ignorar el efecto que genera un aumento de los salarios sobre la productividad y el poder adquisitivo de los trabajadores. Como demostró John Maynard Keynes, uno de los principales opositores a esta teoría, los aumentos salariales pueden producir un aumento de la propensión al consumo, y no al ahorro, en una economía. El aumento del consumo genera una mayor demanda de trabajo, a pesar de que haya que pagar mayores salarios, si se consigue una mayor riqueza gracias a una disminución del nivel de desempleo.

Casi todos los economistas reconocen, al igual que Keynes, que mayores salarios no tienen por qué provocar un menor nivel de empleo. Sin embargo, uno de los efectos negativos de los aumentos salariales son las mayores presiones inflacionistas, ya que los empresarios tienden a trasladar a los precios estos aumentos en los costos. Este peligro se puede evitar si los sueldos no aumentan sobre los niveles de productividad. Puesto que la participación de los salarios en la riqueza nacional ha permanecido estable a lo largo del tiempo, y es probable que siga así, los salarios reales pueden aumentar a medida que se incremente la productividad.

Economato

Economato, en la venta al por menor, establecimientos o almacenes que expenden bienes de consumo mediante el sistema de autoservicio con el fin de aumentar al máximo los márgenes de beneficio y donde se pueden adquirir determinados productos en condiciones económicas ventajosas.

En un principio los economatos eran pequeñas cooperativas con muy pocos gastos de mantenimiento. Los primeros se especializaron en la venta de determinados productos de interés para los socios de las cooperativas o personal de determinadas empresas públicas, a los cuales se les concedía una tarjeta de socio. En la década de 1930, aunque ya los grandes almacenes empezaban a dominar la venta al por menor o menudeo, la depresión económica favoreció el crecimiento de los economatos porque los grandes productores y distribuidores estaban dispuestos a reducir sus precios para dar salida a los excedentes acumulados. Más tarde, se promulgaron leyes en defensa de la competencia que prohibían la venta de productos por debajo de un precio fijado entre productor y vendedor.

A partir de la II Guerra Mundial (1939-1945) los economatos adoptaron la estrategia de satisfacer la demanda de bienes que habían estado racionados durante el conflicto bélico, pero ampliaron también su oferta para vender otro tipo de productos. Aunque los proveedores intentaron evitar que se realizaran descuentos sobre el precio prefijado, los economatos solían hacer ofertas especiales de determinados productos sin marca, y que por lo tanto no tenían un precio establecido. Por lo general funcionaban con el sistema de autoservicio, ponían un margen mínimo de beneficios y se establecían en áreas de renta baja. Cuando la población se desplazó a los suburbios, a partir de la década de 1950, los economatos empezaron a perder relevancia. El público se había acostumbrado a acudir a los supermercados que cada vez gozaban de mayor popularidad, lo que forzó a los economatos a aplicar técnicas de venta utilizadas por los supermercados, poniendo a la venta artículos de moda, marcas blancas y ofertando una amplia gama de productos.

Durante la década de 1960 las cadenas comerciales empezaron a dominar la venta al por menor. Los grandes almacenes invadieron el campo de los economatos, comprando y creando los suyos propios. En esta misma época se suprimieron las leyes sobre la competencia comercial y se permitió que los productos llevaran descuentos. Esta política de ventas, al igual que las rebajas o baratas, son muy frecuentes en la actualidad. Los economatos mantienen una posición relevante en el mercado de la distribución al por menor.

Teoría de la dependencia

Teoría de la dependencia, subordinación económica y tecnológica que sufren los países subdesarrollados respecto de los industrializados.

A finales de la década de 1950, la Comisión Económica para América Latina (*véase* CEPALC) realizó diversas investigaciones para explicar el subdesarrollo económico y social que experimentaban numerosos países. De allí surgió la 'teoría de la dependencia', subordinación de los países 'periféricos' (naciones históricamente explotadas desde que constituían las colonias de las grandes metrópolis) a los países 'centrales' (los más industrializados). *Véase* Colonialismo.

Se afirmaba que la actividad exportadora de materias primas baratas era correspondida con una actividad importadora de bienes manufacturados caros. La necesidad de importar tecnología para producir localmente los bienes indispensables para satisfacer a los mercados emergentes, y llegar así a un sistema de autogestión, se tradujo en la adquisición de una enorme deuda pública surgida de los préstamos a los que se vieron forzados a acudir los países subdesarrollados para comprar los productos más indispensables.

En todo este proceso intervienen además los intereses de las grandes empresas multinacionales que dominan el comercio internacional mediante el control de los precios de las materias primas básicas y la gestión de organismos como el Fondo Monetario Internacional (FMI), el Banco Mundial y el Banco Interamericano de Desarrollo (BID).

Colonialismo

1 INTRODUCCION

Colonialismo, concepto que hace referencia a los territorios ocupados y administrados por un gobierno anteriormente ajeno a éstos mediante la conquista o asentamiento de sus súbditos, y en el que por lo general se impone una autoridad extranjera. Puede hablarse de colonialismo cuando un pueblo o gobierno extiende su soberanía y establece un control político sobre otro territorio, o pueblo, como fuente de riqueza y de poder. Esta relación concluye cuando el pueblo subyugado alcanza su soberanía o cuando se incorpora a la estructura política de la potencia colonial en igualdad de condiciones.

El colonialismo ha llegado a suscitar un intenso debate moral y político en nuestra época, especialmente a partir de la II Guerra Mundial. Pese a que algunos estados han intentado justificar la creación de imperios coloniales en el pasado, muchas antiguas colonias han definido el colonialismo como un sistema de explotación que las potencias más fuertes imponían a las más débiles y que ocasionaba una situación de atraso económico, así como conflictos raciales y culturales, en las zonas colonizadas.

Las relaciones coloniales han cambiado considerablemente a lo largo de la historia. Algunas colonias han recibido la afluencia de numerosos habitantes del país colonizador, mientras que apenas ha llegado población nueva a otras. Las hay que han sido sometidas a un control riguroso por parte de sus colonizadores; sin embargo, en otras sólo se ha realizado un control somero y extraoficial. Unas se han fundado en ultramar, y otras se han establecido en un territorio adyacente al de la nación colonizadora.

2 EDAD ANTIGUA Y EDAD MEDIA

El colonialismo ha existido desde la antigüedad. Egipto, Babilonia y Persia son algunos de los imperios más importantes del mundo antiguo. Fenicia, constituida por un pueblo de exploradores y mercaderes, es considerada generalmente como la primera nación colonizadora; los fenicios establecieron sus asentamientos a lo largo de la costa del Mediterráneo en el 1100 a.C. Su espíritu colonizador estaba guiado principalmente por su deseo de expandirse y controlar el comercio. Hacia el siglo VIII a.C. muchas de las ciudades-estado griegas iniciaban su rápida expansión por las costas del norte del Egeo, el mar Negro y el sur de la península Itálica. Les movía la necesidad de encontrar suelo cultivable para sustentar a una población en aumento y el afán por mejorar el comercio. Las dos ciudades-estado más famosas de Grecia, Esparta y Atenas, fueron potencias coloniales hacia los siglos VI y V a.C.; la primera se expandió por la zona continental de Grecia; la segunda principalmente por ultramar.

La ciudad de Cartago (actualmente en Túnez) fue en un principio una colonia fundada por los fenicios, pero acabó convirtiéndose en una importante potencia colonial. Los cartagineses también tenían interés en controlar el comercio en el Mediterráneo y, de este modo, establecer un imperio marítimo que comprendiera las colonias de Hispania y el oeste de Sicilia. Roma desafió al Imperio cartaginés y, finalmente, lo derrotó en las Guerras Púnicas (siglos III-II a.C.); los romanos, a su vez, gobernaron en la mayor parte de Europa y Oriente Próximo.

El periodo de la edad media que siguió a la caída del Imperio romano, ocurrida en el siglo V, no fue una época de importantes colonizaciones en ultramar. No obstante, los vikingos escandinavos ampliaron sus dominios considerablemente a lo largo de los siglos IX y X;

controlaron grandes áreas de las islas Británicas y fundaron colonias en Islandia y Groenlandia.

3 LA PRIMERA FASE DEL COLONIALISMO MODERNO

El colonialismo de la Europa moderna comenzó en el siglo XV y puede dividirse en dos fases: la primera transcurrió desde 1415 hasta 1800 aproximadamente, y la segunda se prolongó casi desde 1800 hasta la II Guerra Mundial. En la primera etapa, Europa occidental, encabezada por España y Portugal, se expandieron por las Indias orientales y América; en la segunda, Gran Bretaña tomó la iniciativa en la expansión de Europa hacia Asia, África y el Pacífico.

Los portugueses, que disfrutaban de estabilidad política, poseían experiencia marítima y contaban con una posición geográfica favorable, fueron los primeros europeos que doblaron el cabo de la costa surafricana (cabo de Buena Esperanza) para llegar hasta el sur y este de Asia en el siglo XV. Portugal, interesada principalmente en dominar el comercio de especias, estableció factorías y fuertes a lo largo de la costa en lugar de colonias. El monopolio comercial portugués en Oriente se vio seriamente amenazado por los ingleses y holandeses a finales del siglo XVI. Los holandeses se instalaron en el cabo de Buena Esperanza y, tras expulsar a los portugueses hacia 1800, obtuvieron el control de Java y Ceilán (actualmente Sri Lanka). La Compañía de las Indias Orientales se fundó en la India durante esta época e inició oficialmente la conquista del continente en 1757.

Fueron numerosos los motivos que llevaron a Europa a comenzar la colonización del continente americano. Entre ellos se encuentran la búsqueda de metales preciosos, la necesidad de encontrar nuevas tierras para la agricultura, la huida de persecuciones derivadas de motivos religiosos y el deseo de ganar a los pueblos indígenas para la causa de la cristiandad. En dicha colonización fue más habitual la creación de colonias que de factorías, aunque aquéllas, una vez establecidas, mantenían relaciones comerciales frecuentes y de carácter exclusivo con las respectivas metrópolis. El Imperio español fue el principal poder metropolitano en el Nuevo Mundo y se extendió a través de gran parte de México, Centroamérica y Sudamérica. Los portugueses se establecieron principalmente en Brasil. Mientras que los españoles y los portugueses tuvieron tendencia a crear asentamientos mixtos que absorbieran a las poblaciones indígenas de sus territorios, los colonizadores británicos y franceses se inclinaron por la fundación de colonias puras, eliminando y desplazando a sus anteriores habitantes.

Los más antiguos imperios coloniales europeos habían entrado en declive a comienzos del siglo XVIII. La mayoría de las colonias españolas, portuguesas y francesas en América consiguieron la independencia durante las Guerras Napoleónicas o en el periodo inmediatamente posterior. Por otro lado, los holandeses perdieron una gran parte de su modesto imperio en el Nuevo Mundo y tuvieron que conformarse con comerciar ilícitamente con las colonias de otras potencias. Los ingleses perdieron buena parte de sus antiguas posesiones en Estados Unidos, las cuales consiguieron su soberanía en 1776 tras la guerra de Independencia estadounidense; a pesar de esto, Gran Bretaña continuó siendo una importante potencia colonial. Además de controlar la India, conservaba por razones estratégicas algunas de las colonias que había ocupado durante las guerras europeas, tales como Canadá, el cabo de Buena Esperanza y Ceilán.

4 LA SEGUNDA FASE DEL COLONIALISMO MODERNO

La segunda etapa colonial puede dividirse en dos periodos: el primero abarca desde 1815 hasta 1880 aproximadamente; y el segundo, desde ese último año hasta 1914. La colonización llevada a cabo en el periodo anterior no había seguido un patrón lógico desde un punto de vista geográfico y no parecía ser, en general, el resultado de un deseo consciente de adquirir nuevos territorios por parte de las metrópolis. Lo cierto es que el ímpetu expansionista se derivaba a menudo de intereses europeos firmemente establecidos ya en el exterior. Por ejemplo, los colonizadores británicos de Australia se aventuraron aún más en territorio extranjero en busca de tierras y recursos; los franceses se vieron forzados a colonizar toda Argelia cuando la inestabilidad política en la zona supuso una amenaza para su primer y modesto asentamiento; y la conquista de Asia central emprendida por los rusos estaba motivada en gran medida por el deseo de ofrecer una seguridad a los comerciantes, colonizadores y administradores establecidos en estas zonas.

Las potencias coloniales actuaron más resueltamente en el periodo transcurrido entre 1880 y 1914, durante el cual se llevó a cabo la colonización de África (salvo en el caso de Etiopía, que opuso resistencia a los intentos de conquista de Italia) y de diversas regiones de Asia y del Pacífico. Hacia 1914 se puede considerar que la red colonial mundial se había cerrado en torno al planeta. El Imperio Británico era, con mucho, el más amplio y con más diversidad geográfica, aunque Francia, Bélgica, Alemania, Portugal, Estados Unidos y Japón eran también importantes potencias coloniales.

El móvil que guiaba la formación de esta amalgama de colonias es una cuestión que sigue debatiéndose. Algunos escritores, por ejemplo Lenin, lo atribuyen a la dinámica del capitalismo moderno, en la que se subraya la necesidad europea de encontrar materias primas y salidas comerciales para su excedente de capital. Otros autores han destacado como objetivo los intereses estratégicos e internacionales y han hecho notar la tendencia de los dirigentes europeos a utilizar las colonias como fichas en un tablero mundial de ajedrez. Con todo, algunos analistas aprecian una continuidad entre la primera y segunda época de expansión del siglo XIX y no admiten la necesidad de ninguna otra explicación. En cualquier caso, bajo todas estas opiniones subyace un concepto íntimamente relacionado con el colonialismo, el concepto de imperialismo.

El fin del equilibrio de poder en Europa y las guerras mundiales del siglo XX marcaron el ocaso del colonialismo moderno. El desarrollo de la conciencia nacional en las colonias, el declive de la influencia política y militar del viejo continente y el agotamiento de la justificación moral de los imperios contribuyeron a una rápida descolonización a partir de 1945. Los imperios coloniales, creados a lo largo de siglos, fueron desmantelados casi en su totalidad en tres décadas.

5 VALORACION

La capacidad potencial de colonización es inherente a un mundo formado por entidades políticas que poseen diferentes grados de desarrollo económico y tecnológico; las naciones poderosas siempre se ven seducidas por la idea de dominar a las débiles. Sin embargo, esta escala de poder sólo permite que la colonización sea posible, pero no la hace necesaria o inevitable. Las grandes potencias no siempre desean ampliar sus territorios y, cuando es así, las débiles consiguen frenar su avance en ocasiones.

Toda valoración moral del colonialismo debe tener en cuenta las cambiantes circunstancias históricas. Este fenómeno resulta inexcusable si nos atenemos a las normas de actuación internacionales contemporáneas, puesto que es incompatible con el derecho a la soberanía internacional y a la autodeterminación. No obstante, el reconocimiento de estas libertades sólo se ha hecho efectivo con carácter mundial recientemente, mientras que los imperios que se crearon en el siglo XIX se arrogaron la responsabilidad de gobernar a los 'pueblos atrasados' y hacerles llegar los frutos de la civilización occidental.

El mejor modo de describir los efectos del colonialismo es analizarlo tanto desde la perspectiva de los colonizadores como de los colonizados. Las colonias reportaron numerosos beneficios a las metrópolis, como pueden ser la adquisición de nuevos territorios para la emigración y recursos estratégicos, y la expansión del comercio y el aumento de las ganancias económicas. Pero también el precio fue alto para las naciones conquistadoras: tuvieron que proporcionar a aquéllas infraestructura administrativa, defensa y ayuda económica y se vieron implicadas con frecuencia en conflictos que hubieran preferido evitar.

La afirmación de que la colonización tuvo efectos negativos para las gentes colonizadas es incuestionable: se vio interrumpido el estilo de vida tradicional, se destruyeron valores culturales y pueblos enteros fueron subyugados o exterminados.

Neocolonialismo

Predominio e influencia económica, cultural, política, etc., sobre los países descolonizados o subdesarrollados en general por parte de antiguas potencias coloniales o de países poderosos.

Venta

1- INTRODUCCIÓN

Venta, acuerdo o contrato mediante el cual un vendedor transmite una propiedad, real o personal, a un comprador a cambio de un precio pagado con dinero. Una transacción de venta difiere de una transacción de trueque, en que ésta no implica la transferencia de dinero.

2- CLASES DE VENTA

La venta de una propiedad real debe hacerse siempre mediante un contrato escrito. Se puede vender un bien dejando un periodo de prueba para que el comprador pueda examinarlo; en este caso, el comprador es el depositario de los bienes, pero la propiedad sigue perteneciendo al vendedor hasta que el comprador decida aceptar los bienes, reconociéndole al comprador el derecho a devolverlo si no queda satisfecho; en este caso, el título de la propiedad se transmite al mismo tiempo que se transfieren los bienes. Una venta condicionada es aquella transacción que no implica la transmisión de la propiedad sobre el bien hasta que no se cumplan determinados requisitos; por ejemplo, cuando se paga un automóvil a plazos, la propiedad del bien no se transfiere hasta que se ha pagado el último plazo.

3- DERECHOS LEGALES

Cuando el comprador no paga al vendedor, este último puede actuar judicialmente contra el primero exigiéndole el pago del precio acordado. De forma análoga, si el comprador no acepta los bienes, el vendedor puede demandar una indemnización que vendrá dada por la diferencia entre el precio del contrato y el valor de mercado. Si el comprador no recibe los bienes comprometidos por acuerdo, podrá demandar al vendedor una indemnización por incumplimiento de contrato o podrá exigir el cumplimiento de este último.

4- GARANTÍAS

En toda venta la ley obliga al vendedor a otorgar ciertas garantías. El vendedor garantiza que tiene derecho a vender unos bienes que sirven para cumplir determinados fines. Los bienes se venden con una descripción o una muestra, y llevan una garantía que asegura que no son defectuosos y que se ajustan a la descripción o a la muestra. El vendedor también puede aportar una garantía suplementaria; por ejemplo, en el caso de los textiles, el vendedor puede garantizar que tienen unas determinadas características de fabricación.

El incumplimiento de las condiciones, explícitas o implícitas, establecidas en la garantía otorga al comprador el derecho a emprender acciones legales por incumplimiento de contrato contra el vendedor para obtener una indemnización; el comprador puede también rescindir el contrato de venta y negarse a recibir los bienes. Sin embargo, si el comprador sabía, al aceptar los bienes, que éstos no cumplían las estipulaciones establecidas en la garantía, no podrá rescindir el contrato ni recuperar el dinero pagado. Si el comprador sufriera daños personales debido a un defecto de fabricación del producto, podrá emprender acciones legales contra el productor por negligencia o por incumplimiento del contrato de garantía si los daños derivaran de este incumplimiento.

5- EMBARQUE Y CONTRATOS

Los productos se pueden vender pagando en efectivo, o a precios FOB (*free on board*: libres de cargas antes del embarque), o CIF (*cost, insurance and freight*: costos, seguros y transportes). Al pagar en efectivo, los bienes se envían al comprador transmitiéndole la propiedad. Si los bienes se envían a través de un transportista, la propiedad es transmitida al comprador cuando éste los recibe del transportista. Si los bienes se pagan al precio FOB, el comprador tendrá que pagar los costos de envío desde el lugar donde son entregados al transportista, transmitiéndose la propiedad desde el momento en que el transportista se encarga de los bienes. Cuando se paga el precio CIF, que incluye tanto el costo de los bienes como un seguro y los costos de transporte hasta el lugar de destino, la titularidad de los bienes se transmite al comprador desde el lugar desde donde se envían. En cada uno de estos contratos el momento y el lugar en que se transmite la propiedad es relevante, porque el riesgo de pérdida debido a la destrucción de los bienes debe asumirlo la persona que posee la titularidad.

Promoción de ventas

1- INTRODUCCIÓN

Promoción de ventas, parte del proceso de marketing utilizado para incentivar al comprador potencial. Las rebajas o baratas, la publicidad y la promoción de ventas son las principales técnicas utilizadas para la comercialización de productos. La promoción de ventas se suele realizar mediante el contacto directo entre el vendedor y el comprador potencial; la presentación se hace de tal manera que se pueda convencer al comprador de que el producto que se le vende le es absolutamente necesario. Si no se logra una comunicación recíproca entre el vendedor y el posible comprador, puede ser debido a que la técnica publicitaria no es efectiva. La venta por teléfono, aunque no es tan efectiva como la venta personal, sigue siendo un método de comercialización muy utilizado. Desde la década de 1980, se ha difundido la técnica de venta por televisión y a través de las redes informáticas.

2- HISTORIA

El viajante de comercio surgió a finales del siglo XIX en Europa y Estados Unidos. El vendedor ambulante transportaba los productos a pie o a caballo, desde las ciudades portuarias hasta el interior. Con la aparición del ferrocarril y la seguridad que obtenían los vendedores gracias a los nuevos sistemas de créditos, los vendedores llevaban más fácilmente sus muestrarios de un sitio a otro. En aquellos tiempos, la capacidad de persuasión no era tan importante, debido a la escasez de oferta, por lo que era fácil vender. Sin embargo, a partir de 1900, el crecimiento de la oferta de bienes manufacturados hizo que los consumidores fueran más exigentes. Hubo que empezar a entrenar a los vendedores y a crear incentivos para los compradores. El crecimiento de la industrialización y de las zonas urbanas provocó el desarrollo de las técnicas comerciales.

3- TÉCNICAS DE PROMOCIÓN

Las técnicas de promoción de ventas se utilizan tanto para motivar a los vendedores a mejorar sus resultados como inducir a los consumidores para que compren bienes y servicios. Aunque la promoción de ventas está estrechamente vinculada a la publicidad, también está vinculada a otros elementos del marketing: los servicios de producción, empaquetado, precios y distribución. En cuanto a la distribución, existen dos técnicas especiales para incentivar a los vendedores: por un lado se les ofrecen ciertos incentivos materiales (un regalo, un viaje, dinero, etcétera); por otro lado se suelen organizar concursos entre vendedores para incentivar la competitividad entre ellos.

La promoción dirigida al consumidor abarca una gran variedad de medidas, incluyendo muestras de los bienes o servicios, cupones de descuento para incentivar que se prueben los productos, ofertas especiales, ofertas de regalo por correo, devolución del dinero o cupones a través del correo, paquetes especiales, concursos, etcétera. Durante las recesiones, cuando la competencia aumenta, se incrementan las ofertas de cupones, rebajas y reintegros.

La promoción de ventas, elemento esencial del marketing, se ha convertido en una gran industria. Durante los últimos años, los gastos en promoción de ventas han superado los gastos en publicidad y todo parece indicar que esta pauta de crecimiento va a continuar.

Bienes raíces

1- INTRODUCCIÓN

Bienes raíces, en sentido amplio, la tierra y todo aquello que esté unido a ésta: solares, edificaciones, fábricas, etc., que son objeto de transacciones en el mercado inmobiliario.

Los bienes raíces pueden arrendarse, traspasarse, cederse o venderse entre individuos, empresas, organizaciones caritativas, religiosas, educativas, fideicomisarios y, en general, entre cualquier persona jurídica reconocida como tal por la ley. Las restricciones relativas a la venta de bienes raíces afectan a menores, personas discapacitadas y algunas corporaciones, y, en un sentido más amplio, son relevantes en aquellos casos en los que la ley establezca alguna incapacidad. En algunos supuestos es necesario acudir a tribunales competentes para autorizar la venta; en otros será el tutor o el fideicomisario el que tome la decisión.

Lo normal es que los bienes raíces se adquieran por compra-venta, donación o herencia. Cuando se adquieren a través de una compra-venta el vendedor entrega a cambio al comprador una escritura en la que aparece la descripción de la propiedad transmitida; para poder asentarla en el Registro de la propiedad tiene que elevarse a escritura pública, a través de un notario que dé fe de la transmisión. Por lo común, antes de formalizar la venta mediante escritura, el vendedor y el comprador redactan un contrato, y el comprador abona una cantidad de dinero como señal y adelanto del precio acordado por las partes. El comprador verifica, por sí mismo o contratando a un abogado, que el vendedor tiene plenos derechos sobre la propiedad y que ésta no tiene cargas. En este caso, se cerrará la venta y la propiedad pasará al comprador cuando éste desembolse la totalidad del precio convenido.

Cuando el propietario muere intestado, es decir, sin hacer testamento, la propiedad del bien raíz pasará directamente a sus herederos legales; si, por el contrario, el propietario había redactado un testamento, la propiedad pasará a aquellas personas que haya designado como sus herederos.

Para la transmisión de bienes raíces por donación a la Iglesia, instituciones educativas o entidades benéficas, basta la cesión de la escritura.

La posesión completa y absoluta de un bien raíz se define en derecho como la posesión de la plena propiedad que permite a su poseedor el disfrute absoluto y libre de condiciones de un bien. La plena propiedad es la forma más común de propiedad de las casas privadas, los edificios de apartamentos y oficinas, y las fábricas.

2- MULTIPROPIEDAD

La multipropiedad, figura jurídica que tuvo su auge en la década de 1990, implica que un mismo apartamento puede ser propiedad de varios individuos durante un periodo de tiempo limitado (una semana, quince días o un mes al año). La multipropiedad también se refiere a urbanizaciones en las que existen jardines e instalaciones comunitarias. El comprador de una parcela posee a su vez una parte proporcional de las instalaciones comunes, y paga una parte proporcional de los impuestos más una cuota mensual para su conservación y mantenimiento. Al vender su propiedad transfiere, mediante escritura, tanto la de su apartamento como su parte proporcional de las instalaciones comunitarias.

3- PROPIEDAD COOPERATIVA

En el caso de la propiedad cooperativa, todo el inmueble, apartamentos e instalaciones comunes incluidos, pertenecen a una corporación. El comprador de un apartamento está, de hecho, adquiriendo acciones de la corporación; además del certificado de accionista, el miembro de la corporación recibe un contrato en el que aparece como usufructuario.

Cada miembro de la corporación paga una renta fija, que sirve para amortizar la hipoteca, las primas del seguro y los gastos de conservación y mantenimiento de las instalaciones. En caso de venta, el propietario vende su parte a la corporación, que podrá extender un nuevo certificado al nuevo comprador. Esta forma de propiedad puede variar según los países, pues algunos tienen legislaciones especiales sobre la materia.

Además de la plena propiedad, la posesión de un bien raíz puede ser interesante para poder alquilar, hipotecar o utilizar la propiedad para avalar un préstamo.

Mercado

Mercado, cualquier conjunto de transacciones o acuerdos de negocios entre compradores y vendedores. En contraposición con una simple venta, el mercado implica el comercio regular y regulado, donde existe cierta competencia entre los participantes. El mercado surge desde el momento en que se unen grupos de vendedores y compradores, y permite que se articule el mecanismo de la oferta y demanda. Los primeros mercados de la historia funcionaban mediante el trueque. Tras la aparición del dinero, se empezaron a desarrollar códigos de comercio que, en última instancia, dieron lugar a las modernas empresas nacionales e internacionales. A medida que la producción aumentaba, las comunicaciones y los intermediarios empezaron a desempeñar un papel más importante en los mercados. Entre las distintas clases de mercados podemos distinguir los mercados al por menor o minoristas, los mercados al por mayor o distribuidores, los mercados de productos intermedios, de materias primas y los mercados de acciones.

El término mercado también designa el lugar donde se compran y venden bienes, y para referirse a la demanda de consumo potencial o estimada.

Mercado de valores

1- INTRODUCCIÓN

Mercado de valores, centro donde se produce el intercambio de activos financieros. Los mercados financieros a largo plazo se denominan de manera común mercados de capitales. Pero la diferencia fundamental entre los distintos mercados de valores viene dada por el hecho de que se emitan activos financieros (en cuyo caso se denomina mercado primario o de emisión), o que se negocien valores (llamado mercado secundario o de negociación).

En el mercado de emisión a largo plazo los agentes económicos se ponen en contacto con los ahorradores para captar recursos financieros mediante la emisión de títulos valores. Estos títulos deberán tener un plazo de amortización superior a los tres años y una parte importante de ellos serán títulos que conceden derecho de propiedad; en este caso no tienen plazo de amortización.

Los mercados secundarios se encargan de poner en contacto entre sí a los ahorradores para que intercambien títulos valores que ya poseen. Facilitan de esta forma la transacción de títulos ya existentes.

El más conocido es la bolsa de valores, que es un mercado secundario organizado. Por lo general se establece una relación entre los mercados de emisión y los secundarios. Buena parte del éxito de los mercados de emisión se debe al buen funcionamiento y a la amplitud de los mercados secundarios. Un buen mercado secundario es la mejor garantía para la colocación de títulos en los mercados de emisión ya que aumentan mucho la liquidez de los mismos. A veces, los mercados secundarios pueden actuar también como mercados de emisión. En los países donde la bolsa está más desarrollada, ésta asume en gran parte el mercado de emisión. Donde hay menor tradición el mercado de emisión y el secundario están separados.

2- FORMAS DEL MERCADO PRIMARIO PARA COLOCAR ACTIVOS

Se pueden realizar de modo directo a través del inversor que emite los títulos o bien acudiendo a intermediarios financieros. El primer caso sólo se producirá cuando el inversor tenga garantizada la colocación de sus activos. Sólo cuando el inversor no conoce la función de demanda incurrirá en importantes costos de información. Para evitarlos, acude a la intermediación financiera, en la que podemos distinguir dos tipos de instituciones: por un lado, los bancos de inversión o de negocio y por otro las sociedades de valores y bolsa.

Las formas que toma la relación entre el emisor de títulos y el intermediario son tres: aseguramiento o venta en firme, mediante la cual el intermediario (banco o sociedad) compra de forma directa los valores que la empresa quiere colocar y asume el riesgo de quedarse con los títulos valores; colocación en la que el intermediario se compromete a dar difusión y colocar, en la medida de lo posible, la emisión de títulos de la empresa inversora, pero sin asumir ningún riesgo respecto a los posibles invendidos y cobrando una comisión por cada título vendido; y acuerdos de *stand-by,* mediante los cuales el intermediario intentará colocar el mayor número posible de títulos emitidos por la empresa inversora, pero, finalizada esta fase de colocación, el intermediario financiero se compromete a comprar los títulos que no haya podido colocar en el mercado, o una parte de ellos, por lo general a un precio especial por debajo del precio de emisión de cada título.

En España existen tres tipos de mercados secundarios: la bolsa de valores, el mercado de anotación en cuenta de deuda pública y otros mercados secundarios en los que se negocian opciones y futuros. El principal es la bolsa de valores, donde existen diversos sistemas de contratación. Por un lado podemos distinguir el sistema centralizado del sistema descentralizado. En el primero, la contratación se lleva a cabo mediante tres métodos alternativos: el primer método se denomina 'de viva voz' (en inglés, *open-out cry*), en el que se dicen, a viva voz, las cantidades y precios que se ofrecen, organizándose lo que se conoce como 'corros' (los oferentes se reúnen para determinar el precio de venta, que será el máximo posible, mientras que los demandantes de esos títulos se organizan para fijar el precio de compra, que será el mínimo posible); estos grupos están organizados en función de las actividades y de los sectores a los que pertenecen los títulos negociados. Para cada grupo existe una hora de reunión prefijada (por ejemplo, en España, a las 9h10min se reúne el sector comunicaciones, a las 9h25mn las eléctricas, etc.). Cada reunión dura 10 minutos y se produce una única reunión al día. En España existen 24 grupos o círculos organizados, cinco de renta fija, quince de renta variable, tres de activos a corto plazo y uno de valores no cotizados o no admitidos a cotización. Para que la reunión tenga efecto se tienen que cumplir una serie de condiciones: ningún operador puede ofrecer un paquete de valores a precios más altos que los que ya se han efectuado en el grupo; ningún operador puede demandar valores a precios más bajos que los que ya han sido voceados; en todo grupo o círculo existe un máximo y un mínimo, que representa la banda de fluctuación del precio del título valor; una vez marcadas las bandas, se negocia el precio y la cantidad de equilibrio, en el que la oferta iguala a la demanda; primero se fija el precio y a partir de él se establece la cantidad comprada y vendida a ese precio. Si no se logra acordar un precio no se producirá la compraventa; si predomina la oferta sobre la demanda se dice que existe una posición de papel. Por el contrario, si la demanda supera la oferta se dice que hay una posición de dinero. Con el método de la subasta se venden paquetes de títulos cerrados con precios prefijados por escrito. Este método se utiliza sobre todo en la Bolsa de París. El método de la contratación automatizada consiste en que el precio de intercambio no se busca en los grupos o círculos, sino con la ayuda de ordenadores que enfrentan las ofertas con las demandas. Este método se está generalizando en todas las bolsas del mundo, sobre todo a partir de lo que se conoce como el *big-bang* de la Bolsa de Londres de 1987, donde se introdujo por primera vez esta modalidad. El sistema descentralizado se denomina también mercado continuo o CATS (siglas inglesas de *Computer Assisted Trading System*) y se trata de un sistema de conexión automatizado de la bolsa con los mercados de valores internacionales. Es un sistema poco desarrollado con un reducido volumen de contratación y en el que participan pocos valores internacionales. Su ventaja es que en este mercado los costos de información son muy pequeños; las operaciones del mercado continuo se hacen a través del denominado lote: acciones que se venden en bloque (o por lotes). En España, si el precio de la acción es inferior a 1.000 pesetas, el lote tiene que tener un mínimo de cien acciones. En Latinoamérica, en los países que poseen bolsa, los métodos son similares a los descritos.

3- HISTORIA DE LA BOLSA

Los mercados en los que se negociaban valores existen desde la antigüedad. En Atenas existía lo que se conocía como *emporion* y en Roma existía el *collegium mercatorum* en el que los comerciantes se reunían de modo periódico a una hora fija. Los actuales mercados de valores provienen de las ciudades comerciales italianas y holandesas del siglo XIII. El primer mercado de valores moderno fue el de la ciudad holandesa de Amberes, creado en el año 1531. Durante el siglo XVI empezaron a prodigarse en toda Europa: en Toulouse (1549), o Londres (1571); más tarde se crearon las de Amsterdam, Hamburgo y París. En Barcelona existía un precedente desde el siglo XIII, pero la Bolsa de Madrid no se creó hasta el siglo XVIII. La Bolsa de Buenos Aires, la de México y la de Venezuela fueron creadas a fines de siglo XIX.

Devaluación

1- INTRODUCCIÓN

Devaluación, en Economía, ley oficial mediante la cual se reduce el tipo de cambio al que una unidad monetaria se intercambia por otra en los mercados internacionales. Un Gobierno puede decidir devaluar su moneda cuando existe un déficit crónico, en su balanza por cuenta corriente o en su balanza de pagos, que debilita la aceptación internacional de su moneda como medio de pago.

El reducir, mediante devaluación, el valor de una moneda sólo se puede hacer cuando existe un tipo de cambio fijo que establece el valor de esa moneda en relación con las principales monedas a nivel internacional. Cuando el sistema es un sistema de tipos de cambio flexibles (es decir, cuando los valores de las monedas no están fijados, sino que son establecidos por las fuerzas del mercado), la reducción del valor de la moneda se denomina depreciación.

2- CAUSAS

El valor de libre mercado de una moneda nacional se determina mediante la interacción de la oferta y demanda. Si la cantidad demandada es superior a la cantidad ofrecida, la nación tendrá un superávit de la balanza de pagos. El déficit de la balanza de pagos se produce cuando la cantidad de moneda ofertada excede a la cantidad demandada.

La demanda de una moneda nacional depende de la cantidad de exportaciones, inversiones del país y activos que se tengan en esa moneda. La oferta de moneda nacional en los mercados mundiales depende de la cantidad de importaciones, de inversiones fuera del país y de activos de países extranjeros. En último término, la oferta de moneda nacional depende de la política monetaria del país; si un país emite demasiado dinero, provocando inflación, se llegará a una situación de déficit de la balanza de pagos.

Bajo un sistema de tipos de cambio fijos, el país puede ajustar su balanza de pagos comprando con su moneda oro o una moneda extranjera. Si aun así el superávit se mantiene, el Gobierno puede decidir comprar más moneda extranjera o más oro, para volver al equilibrio. Análogamente, si se produce un déficit, el Gobierno puede vender sus reservas de moneda extranjera u oro para reforzar el valor de su propia moneda. Puesto que las reservas nacionales de moneda extranjera y oro son limitadas, el Gobierno puede decidir corregir el desequilibrio reajustando oficialmente el valor de su moneda. Esta devaluación suele llevarse a cabo mediante un decreto o una orden ministerial. Bajo un sistema de tipos de cambio flexibles, las alteraciones en el tipo de cambio pueden ayudar a que el Estado en cuestión alcance un equilibrio en su balanza de pagos.

3- EFECTOS

La devaluación de la moneda afecta principalmente a la balanza de pagos, que refleja las diferencias entre el valor de sus exportaciones y el de sus importaciones. La devaluación reduce el valor de la moneda nacional en términos de otras monedas; por ello, tras la devaluación, el país tendrá que dar más moneda nacional para conseguir la misma cantidad de moneda extranjera. Esto hace que el precio de las importaciones aumente, haciendo que los productos nacionales sean más atractivos para los consumidores nacionales. Dado que se necesita menos moneda extranjera para lograr la misma cantidad de moneda nacional cuando ésta ha sido devaluada, el precio de las exportaciones del país disminuye, haciéndose más atractivas para los consumidores extranjeros.

Dependiendo de la respuesta de productores y consumidores ante los cambios en los precios (que se denomina elasticidad de oferta y elasticidad de demanda, respectivamente), una devaluación efectiva tendría que reducir las importaciones del país y aumentar la demanda mundial de sus exportaciones. La mejora en la balanza por cuenta corriente del país provocará un aumento en la nueva entrada de moneda extranjera; esto, a su vez, puede ayudar a reforzar la balanza de pagos del país.

El efecto total de la devaluación de la moneda depende de las elasticidades de la oferta y la demanda de los bienes comercializados. Cuanto más elástica sea la demanda de importaciones y exportaciones, mayor será el efecto que la devaluación tenga sobre el déficit comercial del país y, por lo tanto, sobre su balanza de pagos; cuanto menos elástica sea la demanda, mayor tendrá que ser la devaluación para suprimir un determinado desequilibrio.

Se suelen criticar las devaluaciones, porque se dice que son una medida de política monetaria inflacionista, ya que encarecen el precio de las importaciones. Pero al mismo tiempo abaratan el precio de las exportaciones, una política que también se ha calificado como "robar al vecino". No obstante, la devaluación es una medida impopular, especialmente en los países pequeños, que tienen una gran dependencia de las importaciones como fuente de alimentos y de otros bienes.

4- MARCO HISTÓRICO

En 1944 las principales potencias mundiales se reunieron en la conferencia de Bretton Woods para organizar un sistema monetario internacional que redujera los enormes problemas de tipos de cambios habidos durante la II Guerra Mundial. El Fondo Monetario Internacional (FMI) se creó durante esa conferencia para, fundamentalmente, promover la estabilidad monetaria y facilitar así el crecimiento del comercio mundial. Los países que participaron en la conferencia acordaron ligar el valor de las principales monedas mundiales al valor del dólar estadounidense, que dependía, a su vez, de la cantidad de oro que se podía comprar con ese dólar. También se alcanzó un acuerdo para establecer un límite superior e inferior en el que el tipo de cambio podía fluctuar en función de las condiciones del mercado. En aquel momento el FMI estableció ese límite en más/menos un uno por ciento. Si un país quería ajustar su moneda en más de un uno por ciento, tenía que cambiar el tipo de cambio oficial de su moneda en términos de dólares estadounidenses. Aunque el acuerdo de Bretton Woods permitía que los países aumentaran el valor de sus monedas, en la práctica todos los cambios del valor de la moneda han sido devaluaciones. Por ejemplo, la libra esterlina de Gran Bretaña se devaluó en 1949 y de nuevo en 1967.

En los años posteriores al acuerdo de Bretton Woods el dólar estadounidense se convirtió en la moneda líder del planeta: se utilizó como alternativa al oro para corregir los desequilibrios monetarios internacionales. En cierto sentido, se puede decir que el dólar se convirtió en la moneda mundial, puesto que servía de unidad de cuenta, de medio de cambio y como depósito de valor a nivel mundial. Los demás países mantenían una gran proporción de sus reservas internacionales en dólares.

5- DEVALUACIÓN DEL DÓLAR

Este sistema funcionó perfectamente hasta la mitad de la década de 1960, cuando Estados Unidos empezó a tener importantes déficit de la balanza de pagos. La oferta de dólares era muy superior a la demanda, haciendo urgente su devaluación. Puesto que era el centro del sistema monetario internacional, tanto Estados Unidos como otros países no querían, a pesar de todo, devaluar el dólar.

De todas formas, los persistentes déficit de la balanza de pagos de Estados Unidos hicieron que se perdiera la confianza que se tenía en su moneda, por lo que el 15 de agosto de 1971 el presidente de Estados Unidos, Richard M. Nixon, suspendió la convertibilidad del dólar en oro. Los representantes de las principales diez monedas mundiales se reunieron en Washington, D.C., en diciembre de ese mismo año para revisar el sistema acordado en la Conferencia de Bretton Woods. El resultado de ese encuentro fue el Acuerdo Smithsoniano (1971), que ampliaba la banda de fluctuación de las monedas hasta más o menos un 2,25 por ciento. Gracias a este acuerdo, Estados Unidos devaluó el valor del dólar en un 8 por ciento, por lo que hubo que ajustar de nuevo el valor de la libra esterlina.

Debido a que el precio de las importaciones y exportaciones de Estados Unidos era relativamente inelástico, la devaluación del dólar de 1971 no tuvo un efecto positivo inmediato sobre su balanza comercial. El déficit de la balanza comercial de Estados Unidos pasó de 2.300 millones de dólares en 1971 a 6.400 millones de dólares en 1972. Al mismo tiempo, el Gobierno estaba llevando a cabo una fuerte política monetaria expansiva con el objetivo de que la oferta monetaria estadounidense aumentara en proporciones históricas. Estas fuerzas volvieron a presionar sobre el valor del dólar, por lo que hubo que devaluarlo un diez por ciento adicional en febrero de 1973, y ese mismo año quedó suspendida la convertibilidad del dólar en oro. El país registró un superávit comercial, pero el fuerte aumento de los precios del petróleo a finales de ese año tuvo un importante efecto sobre la balanza comercial de Estados Unidos hasta el final de la década. Desde 1973, Estados Unidos promovió una política activa a favor de tipos de cambios flexibles que permitieran que el valor de las monedas quedara determinado por la interacción de la oferta y la demanda. Esto provocó el fin del sistema ideado en Bretton Woods.

Con este sistema de tipos de cambio flexibles se estima que, entre junio de 1980 y marzo de 1985, el dólar se apreció en torno a un cien por ciento en relación con las monedas de diez países industrializados líderes. Este aumento del precio del dólar agravó aún más el enorme déficit comercial estadounidense. En septiembre de 1985, los representantes de

Gran Bretaña, Alemania Occidental (ahora parte de la reunificada República Federal de Alemania), Francia, Japón y Estados Unidos acordaron trabajar conjuntamente para reducir el valor del dólar; en un año el dólar perdió el 40 por ciento de su valor respecto al marco alemán y más del 50% de su valor respecto al yen japonés.

El siguiente intento de crear un sistema de tipos de cambio fijos, el Sistema Monetario Europeo entre los miembros de la Comunidad Económica Europea (actualmente la Unión Europea), se hundió tras los ataques de los especuladores financieros en septiembre de 1992. Al abandonar el sistema, Italia y Gran Bretaña aceptaron la devaluación de sus monedas, que los especuladores consideraban que estaban artificialmente sobrevaloradas; la intervención conjunta de los bancos centrales de todo el mundo no consiguió mantener el valor de las monedas. La experiencia sirvió como base de trabajo para el desarrollo teórico de la Unión Económica y Monetaria y del euro.

Tipos de cambio

Tipos de cambio, precio de intercambio de una moneda de un país por la de otro o con respecto al oro, los derechos especiales de giro (DEGs) y otras unidades internacionales o cualquier otro medio de pago. El precio *spot* "a punto" es el precio actual de cada moneda.

El precio adelantado es el que se establece de antemano entre comprador y vendedor para llevar a cabo una transacción pactada por determinado periodo. Supóngase que una empresa española quiere comprar una máquina fabricada en Canadá al precio de un millón de euros, efectuándose el pago a los tres meses. Entra en el ámbito de lo posible que, transcurrido ese periodo, el tipo de cambio entre el euro y el dólar haya variado. Si el euro se ha depreciado frente al dólar en un 5%, el costo de la máquina habrá aumentado en la misma proporción, salvo que la empresa compradora se haya asegurado contra estos cambios estableciendo un precio con un tipo de cambio fijo. En los últimos años algunas empresas han sufrido grandes pérdidas al intentar especular con estos precios futuros.

Existen diversas formas en que los países controlan y establecen los tipos de cambio. En los sistemas de tipos de cambio fluctuantes, el precio de cada moneda lo establecen los mercados. Cuanto mayor sea la demanda de una moneda, mayor será su precio (su tipo de cambio). Algunas veces, el Banco Central puede intervenir en los mercados para lograr un tipo de cambio favorable. Esta intervención se conoce como fluctuación dirigida. A principios de la década de 1990 menos de la quinta parte de las 150 monedas existentes en el mundo tenían un tipo de cambio fluctuante libre. Hoy la mayoría de las divisas flota libremente.
Cuando el tipo de cambio es fijo, la moneda tiene un valor medio que podrá aumentar (revaluarse) o disminuir (devaluarse) cuando las autoridades monetarias lo consideren necesario. El tipo de cambio fijo puede de hecho tener una banda de fluctuación, como ocurría en el sistema creado en la Conferencia de Bretton Woods, mediante el que se establecían los tipos de cambio de las monedas de los países miembros del Fondo Monetario Internacional (FMI), y que funcionó durante las tres décadas posteriores a la II Guerra Mundial. Los sistemas de tipos de cambio fijos suelen fijarse en relación a una moneda: en el sistema de Bretton Woods el dólar estadounidense; en África occidental el franco francés, a los DEGs del FMI o a una cesta de monedas. Argentina, por ejemplo, tuvo desde 1991 a 2002 un tipo de cambio fijo, donde un peso equivalía a un dólar. La

crisis económica y financiera forzó la devaluación. Ahora el peso fluctúa libremente frente a la divisa estadounidense.

Algunos países se agrupan en bloques monetarios para estabilizar los tipos de cambio entre ellos y permitir, al mismo tiempo, que sus monedas varíen de un modo flexible en relación con el resto del mundo. En Latinoamérica numerosos países fijan su moneda con respecto al dólar, mantienen paridades fijas o deslizantes y forman parte, por tanto, del denominado "bloque del dólar". En la Unión Europea (UE) el antiguo Sistema Monetario Europeo (SME) disponía de un mecanismo de tipos de cambio propio (MTC) que buscaba la estabilidad cambiaria. Tras la entrada en vigor del euro, las antiguas divisas nacionales mantuvieron paridades fijas respecto a la nueva moneda, hasta su desaparición en 2002.

Especulación

Especulación, compra o venta cuyo objetivo es obtener beneficios aprovechando las diferencias de valor en el tiempo. Cuando la operación de compraventa tiene como fin aprovechar las diferencias de precio entre diversos lugares, recibe el nombre de arbitraje. En general, el término se utiliza para describir la actividad de aquellos agentes económicos que operan en los mercados de materias primas o monetarios con el único objetivo de obtener plusvalías, a diferencia de aquellos que operan en estos mercados debido a su actividad empresarial —un productor de café instantáneo o un importador que tiene que pagar en moneda extranjera—. Los especuladores viven de las fluctuaciones de precios de las materias primas o de las unidades monetarias de cada país. Intentan obtener beneficios comprando a precios de mercado cuando existen expectativas de aumentos de precios. También operan en los mercados de futuros, con la esperanza de vender en el mercado continuo a mayores precios antes de la fecha de vencimiento del activo.

El éxito de la actividad especuladora depende de varios factores. Uno de ellos es la información; por ejemplo, tener conocimiento de que la cosecha de café va a ser mala. Los contactos y el tráfico de información resultan relevantes en este sentido, pero también es importante la valoración que realiza el especulador a partir de la información disponible; por ejemplo, es crucial prever del modo adecuado la cuantía del incremento de precios debido a una mala cosecha. Los especuladores también tienen que valorar lo que sucederá en función de lo que ocurre en el momento presente; por ejemplo, la probabilidad de que se produzca un ajuste en los tipos de interés afectará a los tipos de cambio. Como es obvio, las acciones de los especuladores también afectan al mercado, al ser uno de los determinantes de la demanda. Por ejemplo, en 1992 algunos especuladores obtuvieron pingües beneficios vendiendo pesetas, al considerar que esta moneda estaba sobrevaluada. La presión fue tal que la peseta tuvo que devaluarse tres veces hasta alcanzar el nivel que los especuladores consideraban adecuado. Otras monedas, como la libra esterlina y la lira italiana, tuvieron que salirse del mecanismo de tipos de cambios (MTC) del Sistema Monetario Europeo (SME). La especulación en contra de algunas monedas estuvo a punto de acabar con el SME en 1993, provocando profundos cambios en el MTC. Aunque el término "especulación" se utiliza a menudo con un tono peyorativo, no es más que un tipo de inversión donde el agente asume riesgos de los que no se puede cubrir. A diferencia de otros agentes económicos, los especuladores no tratan de evitar riesgos acudiendo a los mercados de opciones y futuros para garantizarse una ganancia mínima, evitando así las fluctuaciones de los tipos de cambios o de los precios de las materias primas.

Plusvalía

Plusvalía, concepto económico con varios significados. Por un lado, plusvalía designa un incremento de valor generado y obtenido en una operación económica (de tipo bursátil o inmobiliaria, por ejemplo). Una segunda definición de plusvalía correspondería al incremento de valor creado en un bien o derecho cuando se realiza una transmisión en la propiedad de éstos.

Por último, en la doctrina económica marxista (que analizó en profundidad tal concepto), la plusvalía equivale al beneficio que el capitalista obtiene por la apropiación del trabajo excedente no pagado a los asalariados. En una jornada de trabajo, los trabajadores destinan parte de la misma a producir por valor de su consumo de subsistencia, lo que se denomina producción socialmente necesaria. El resto del tiempo se genera un plusvalor que se apropia el capitalista. La diferencia entre el tiempo total de trabajo y el socialmente necesario se denomina plusvalía. Se puede establecer la razón entre la masa de plusvalía y el capital variable utilizado, a la que se denomina tasa de plusvalía. Esta tasa expresa el grado de explotación de los trabajadores, y también puede definirse como el cociente entre el trabajo excedente y el socialmente necesario. El capitalista puede aumentar la tasa de plusvalía incrementando la plusvalía absoluta (sin variar el proceso productivo amplía la jornada o disminuye el salario) o la relativa (introduciendo mejoras tecnológicas).

Unidades monetarias

Unidades monetarias, término utilizado en Economía para referirse a todos los medios legales de pago en circulación existentes en un país. En este sentido, el término se refiere tanto a las monedas como al dinero en billetes. A veces también se incluyen los instrumentos de crédito. Normalmente, las monedas son la unidad monetaria metálica, y los billetes e instrumentos de crédito se denominan papel moneda. Dentro de este último tipo podemos distinguir entre la deuda del Estado, los billetes bancarios y los cheques contra depósitos bancarios. La utilización del término unidad monetaria es reciente, pues surgió a partir de la I Guerra Mundial. En el pasado se utilizaba el término en sentido estricto. En aquellos países en los que el gobierno no emitía dinero, el término papel moneda se aplicaba únicamente a los billetes de banco. Por el contrario, en otros países, el término unidad monetaria se aplica en exclusiva para designar el dinero emitido por el gobierno. La ampliación de su primera acepción a la segunda se debió, en parte, al enorme crecimiento de los instrumentos de crédito que siguió a la I Guerra Mundial.

La cantidad de dinero que necesitan los negocios de un país está determinada, principalmente, por la cantidad de bienes y servicios en circulación. Normalmente, cuanto mayor es el volumen de bienes y servicios, mayor cantidad de unidades monetarias se requiere. Durante los periodos de expansión de la producción, la cantidad de unidades monetarias en circulación tiende a aumentar, mientras que durante las recesiones disminuye.

Para facilitar el comercio internacional se utilizan determinadas unidades monetarias. Por ejemplo, todo el comercio de petróleo se realiza en dólares estadounidenses; en el seno de la Unión Europea (UE) se emplea el euro, moneda resultado de la fusión de distintas divisas nacionales de sus países miembros.

Tarjeta de crédito

Tarjeta de crédito, tarjeta que da derecho a comprar bienes y servicios a crédito en determinados establecimientos. Las tarjetas de crédito aparecieron por primera vez en Estados Unidos en la década de 1930; su uso se generalizó en la década de 1950. Son emitidas por empresas como compañías petrolíferas, minoristas, cadenas comerciales, restaurantes, hoteles, líneas aéreas, agencias de alquiler de coches y bancos. Algunas tarjetas de crédito sólo sirven para una determinada empresa, pero otras tienen un uso genérico, y se pueden utilizar para una gran variedad de actividades comerciales. Ejemplos de estas últimas son las tarjetas de crédito que emiten los bancos en Europa, y que están muy difundidas. Los grandes establecimientos suelen aceptar siempre este tipo de tarjetas; se ha llegado a especular, incluso, con que en el futuro ya no será necesario utilizar dinero en efectivo.

Cuando se paga con una tarjeta de crédito, el vendedor toma nota del nombre del comprador y de su número de cuenta, así como de la cantidad gastada, y a continuación procede a comunicárselo a la oficina encargada de los pagos. Cada cierto tiempo, normalmente cada mes, esta oficina envía al tenedor de la tarjeta un comprobante de todos los gastos, exigiéndole el pago en efectivo o a plazos, mientras que paga directamente al vendedor.

Casi todo el trabajo relacionado con las operaciones realizadas mediante tarjetas de crédito está informatizado. A veces, el propietario de una tarjeta paga directamente el gasto efectuado, pero otras veces es el propio establecimiento que las acepta el que soporta la carga financiera del crédito. En este caso, el costo se incluirá en el precio de venta del bien adquirido por el propietario de la tarjeta de crédito. Los emisores de tarjetas de crédito suelen cobrar intereses a los propietarios si estos no pagan las facturas al cabo de un mes. Un problema frecuente relacionado con las tarjetas de crédito reside en la facilidad con la que se pueden utilizar en caso de pérdida o robo, aunque la responsabilidad del propietario suele ser limitada. Otro problema potencial es la aparición de tarjetas inteligentes que incorporan un microchip, o cualquier otro dispositivo de memoria digital, que permite obtener mucha información sobre el propietario (incluso su situación financiera). Estos adelantos técnicos pudieran plantear amenazas a los derechos fundamentales y libertades públicas, así como al derecho del consumo, a pesar de que su finalidad es garantizar la seguridad de las transacciones por internet, tanto para el comprador como para el vendedor.

Garantía

Garantía, en Derecho civil y comercial, es un mecanismo jurídico para proteger o asegurar el compromiso de que una determinada obligación será cumplida en tiempo y forma. Por encima de cualquier otra garantía, el Derecho conoce la llamada garantía patrimonial universal: todo acreedor, sea el que sea el origen de la deuda, sabe que el obligado al pago responde del cumplimiento de su obligación con todos sus bienes presentes y hasta con los que pueda llegar a tener si mejora de fortuna (bienes futuros del deudor).

Sin embargo, como puede ocurrir que el deudor sea insolvente y que con ello se desvanezca la garantía, existen otras fórmulas adicionales de refuerzo del cumplimiento de la obligación. Se señalan aquí las más importantes: a) la fianza o aval, que supone un pacto por el que un tercero asume la condición de obligado con carácter subsidiario al pago, para afrontar el supuesto de que no cumpla el deudor principal; b) la prenda, que significa la entrega inicial de la posesión de un bien mueble al acreedor o a otra persona, de modo que si el deudor no paga, la cosa dada en prenda podrá venderse en subasta pública, y con el importe de la venta, cobrarse el acreedor; c) la hipoteca, que hace que un determinado bien inmueble quede sujeto al cumplimiento de la obligación; d) el derecho de retención, que permite al que ha llevado a cabo una obra o reparación en un bien mueble de otro (por ejemplo, el mecánico que reparó el automóvil), retrasar la entrega del bien hasta que no se pague el precio de tal obra o reparación; e) las arras, o señal dada por el comprador como parte del precio en garantía de la futura adquisición de la cosa; f) la cláusula penal, que supone el establecimiento de una sanción pecuniaria para el caso de incumplimiento (por ejemplo, se pacta que por cada día de retraso en la entrega de una edificación, el constructor dejará de percibir una determinada cantidad de dinero).

Si la deuda es tributaria, la garantía de la Hacienda Pública consiste en una serie de derechos que la ley concede al Estado para cobrar lo que debe el particular. Los más importante son la posibilidad de instar la ejecución o venta del bien concreto sobre el cual recae el tributo, y la consideración de las deudas contraídas en favor de la Hacienda Pública como preferentes a cualquier otra.

Cuando se trata de una deuda salarial, las garantías con las que cuentan los trabajadores para el cobro de sus salarios suelen tener en la ley un tratamiento especial y también preferente respecto a otras obligaciones a las que deba hacer frente el empresario.

Desde otro punto de vista, si en el ámbito del proceso penal existe la posibilidad de que el juez, en determinadas circunstancias, conceda la libertad bajo fianza, es sobre todo para que dicha fianza garantice que el procesado no eludirá la acción de la justicia.

Sistema Torrens

Sistema Torrens, en el derecho real de bienes raíces, es uno de los más conocidos sistemas de registro. Fue introducido en 1857 en Australia por el británico Robert Richard Torrens, y adoptado después en Inglaterra, Nueva Zelanda y algunas regiones de Canadá y Estados Unidos.

Cuando fue instaurado, en Australia existían dos tipos de propiedad: el de quienes tenían un derecho que provenía de la Corona, y que suponía por ello una situación inatacable, y el de quienes habían adquirido de otra persona por testamento, sucesión intestada, compraventa, donación y otros supuestos. Esta segunda propiedad era más insegura, pues podían darse casos en los que el bien transmitido no perteneciera al transmitente, supuestos de cargas ocultas, etc. Torrens pretendió con su sistema que toda propiedad tuviera una misma protección.

Por ello el sistema para que una finca o propiedad inmueble pueda ser inscrita exige una minuciosa comprobación de todos y cada uno de sus datos, que constarán en el Registro acompañados de un plano, de todo lo cual se da además una copia al titular. La transmisión de la propiedad será perfecta si el título que el transmitente presenta al adquirente coincide en todo con el que se encuentra registrado.

TEORIA SOBRE LA FACTIBILIDAD DE UN GOBIERNO SOCIALISTA PLURIPARTIDISTA Y SU SISTEMA ELECTORAL

Las condiciones económicas predominantes en un país dependen en gran medida de lo que ocurra en la economía mundial. Ésta se materializa en el comercio internacional, la producción global y las finanzas internacionales. Otros vínculos integradores de las diferentes economías nacionales en una única economía mundial son las migraciones y la difusión internacional de la tecnología. Aunque todas estas fuerzas vinculan sus economías con una economía mundial, el resultado no es homogéneo, como lo demuestra el desigual crecimiento económico de los distintos países, al permitir que algunos crezcan muy de prisa, mientras que otros se empobrecen. En los últimos veinte años la brecha entre países ricos y pobres no ha dejado de crecer.

Ningún país puede subsistir al margen de la influencia de la Economía Mundial. La integración en el comercio y los negocios es inevitable para el desarrollo. La economía socialista planificada y centralizada ha demostrado su fracaso económico (no la planificación como instrumento económico), el estancamiento en el desarrollo de las fuerzas productivas a la posteridad (a mayor o menor plazo, en unos países que en otros) en este tipo de sociedad, es inevitable, debido a la posición monopolista de los productores y al gran monopolio estatal, no existen incentivos para adaptarse a las variaciones de la demanda o para mejorar la calidad de los productos, diversificación y cambios en las ofertas y lograr la satisfacción de las demandas siempre crecientes y cambiantes de la sociedad.

¿Qué fuera del mundo hoy en día, de existir solamente el bloque socialista a nivel mundial?, En primer lugar no existirían las guerras ni la explotación y marginación de la clase trabajadora, se erradicaría el analfabetismo, mejoraría la atención y los niveles de salud en la población, los países pobres tendrían la posibilidad de pasar a vías de desarrollo más efectivas con la ayuda del los países ricos y más desarrollados, la contaminación ambiental y el calentamiento global serían menores, no se deforestaría el planeta a ritmos acelerados, pero desde el punto de vista del desarrollo tecnológico y científico técnico, las comunicaciones, los adelantos en la electrónica, la Informática se verían estancados, al igual que la productividad. Los niveles de consumo crecerían inmensamente, para lo cual no habría una respuesta en el mercado. El desarrollo actual, en estas y otras ramas, y la diversidad de ofertas, se lo debemos a la economía del libre mercado y a la competencia, así como que la relativa abundancia en algunos países, sea producto del sistema de distribución desigual que representa el capitalismo.

Para integrarse a la Economía Mundial y lograr dar el salto al desarrollo en las condiciones actuales, un país Socialista, tendría que considerar las siguientes opciones:

Se debería cumplir y reflejar lo siguiente en la Carta Magna de las Naciones:

- Garantizar que no se violen los derechos ciudadanos a una vida plena, de libre participación en los programas de desarrollo económico, políticos, sociales y religiosos, haciendo realidad la frase del Apóstol cubano de "Con Todos y Para el Bien de Todos", y cumplir la máxima Martiana que plantea: "Los pueblos para ser libres, han de ser libres en comercio".
- Mantener y mejorar los logros ciudadanos obtenidos hasta el presente, así como el incremento constante del nivel de vida del pueblo.
- Garantizar la libertad de pensamiento, de reunión y de expresión en la ciudadanía. Tomando como Plataforma los Derechos Universales proclamados y aprobados por la Comisión Internacional de Derechos Humanos.
- El basamento político del Estado será el de Nación Socialista del Siglo XXI, con un Gobierno Socialista pluripartidista.
- Se harán rendiciones de cuentas anuales a la ciudadanía del desempeño de la gestión del Gobierno en las diferentes instancias: municipales, provinciales y nacional.
- Cada Partido debe presentar para las elecciones, junto a la ficha o bibliografía de los candidatos, su Plataforma Programática para cuatro años, por la cual el presidente, debe rendir cuenta anual ante la ciudadanía, de su mandato, de resultar triunfador en las elecciones. Lo cual ante incumplimientos, la ciudadanía puede solicitar su renuncia ante las Asambleas y llevar ésta a Referéndum con la participación del 50%+1.
- Los Partidos serán reconocidos para presentarse en elecciones cuando reúnan entre sus afiliados el 17.5% de la Población Económicamente Activa de la Nación, para que sean representativos. Por lo que podrán existir hasta 5 partidos diferentes.
- No habrá Propaganda Electoral para ningún Partido, ni para ningún candidato propuesto, por ningún medio de comunicación masivo nacional o internacional. Estos se dedicarán a promover solamente el Acto de las Elecciones y dar a conocer las fichas de los Candidatos y las Plataformas Programáticas de los Diferentes Partidos para el próximo período de mandato. La violación de lo aquí dispuesto implicaría la salida inmediata del Partido implicado del Proceso Electoral.
- De existir denuncia de haber recibido, algún Partido o candidato, financiamiento interno o desde el exterior para las elecciones, o algún tipo de manipulación o soborno, y ser demostrado esto en la práctica, saldrán automáticamente del proceso sus candidatos.
- Las elecciones serán organizadas por el Gobierno en función, y la Junta Electoral que se cree a tal efecto.
- Se solicitará arbitraje y observadores internacionales durante el proceso de las elecciones.
- Se convocará a elecciones libres cada cuatro años y un Presidente solamente podrá cumplir dos mandatos al frente del Gobierno. Aprobado esto por un Referendo Popular favorable, al término del primer período y a propuesta del 50%+1 de los Diputados en la Asamblea Nacional.
- La entrega del mandato se hará al final del año 5to. de gobierno. Dedicándose el año 5to. siempre a las elecciones.
- El sistema de boto será directo y secreto con plena participación popular, para los ciudadanos mayores de edad y aptos físicamente.

- Cada Partido presentará para presidente a dos candidatos, como regla, y al resto de los candidatos para los demás escaños. Por lo que en teoría podrían existir 10 propuestas a presidentes considerando los 5 partidos posibles.
- Las elecciones tendrán un alcance Municipales, Provinciales y Nacional. Por lo que como mínimo se irá a las urnas 3 veces en el 5to año, de no existir empates. De esta forma el pueblo votará directamente por sus representantes más legítimos, no delegando este sagrado derecho ciudadano a los Diputados municipales, provinciales o nacionales.
- El Presidente electo conformará su Gabinete de Estado y Gobierno para el mandato.
- Se conformarán los Órganos de Gobiernos Municipales, Provinciales y Nacional (Gobernadores del partido líder, con la participación del 50%+1), los cuales serán los Candidatos del pueblo en la Nacional, más el 49% del resto de los Partidos Candidatos, respetándose la participación del 50%+1 del Partido Líder en la Gobernación, según los resultados en las elecciones entre estos partidos.
- El basamento económico de la nación será el de Economía Socialista de Libre Mercado, regulada por las políticas Estatales.
- Reconocer a los demás Partidos y establecer como política el Pluripartidismo y la conformación de un Estado y Gobierno, que sea Pluripartidista con la primacía del 50%+1 en sus Diputados y Órganos del Gobierno. No así en el Estado que se conformará íntegramente por miembros del Partido líder durante el mandato.
- Reconocer al Ejército y Órganos del Interior, como Fuerzas Armadas de la Nación, independientemente del Partido político que gobierne, pero subordinadas al Estado, sin participación electoral, destinadas a salvaguardar la integridad nacional y garantizar la protección y tranquilidad ciudadana.
- Se prohíbe el Latifundio y el Monopolio, a no ser el Estatal en esferas vitales para la Nación.
- Se aprueban y estimula la creación de las Pequeñas Empresas con capital privado.
- Aceptar la doble ciudadanía y una sola nacionalidad.
- Garantizar la libre entrada y salida al país de los ciudadanos, independientemente de las causas y los motivos.

Anexos

Foros y Organizaciones Internacionales

Grupo de los Siete

Grupo de los Siete o G-7, foro político y económico formado por los siete países más industrializados del mundo: Canadá, Francia, Alemania, Italia, Japón, Reino Unido y Estados Unidos. El G-7 (cuyo nombre completo es Grupo de los Siete Países más Industrializados) nació de un modo informal a raíz de las reuniones de los ministros de finanzas organizadas en la década de 1970 por el presidente francés Valéry Giscard d'Estaing y el canciller de la República Federal de Alemania Helmut Schmidt. Más tarde, ambos estadistas invitaron a otros jefes de gobierno a que asistieran con ellos a estas reuniones.

En la actualidad el G-7 se reúne con una periodicidad anual para intercambiar información relativa a temas económicos, discutir asuntos de índole internacional y considerar estrategias de actuación común. Estas cumbres son organizadas por funcionarios, ya que el G-7 no dispone de sede ni cuenta con una estructura formal. Tras las celebradas en las ciudades estadounidenses de Denver y Washington en junio de 1997 y abril de 1998 (en las que estuvo presente el presidente ruso Borís Yeltsin), la Federación Rusa fue considerada miembro de pleno derecho de este foro, pasándose a acuñar la denominación Grupo de los Ocho o G-8 para referirse al mismo.

Grupo de los 77

Grupo de los 77 o G-77, conjunto de países en vías de desarrollo y del Tercer Mundo creado en 1964 para adoptar posiciones comunes en temas de comercio y desarrollo económico, promover sus intereses económicos y potenciar su poder negociador en el seno de la Conferencia de Naciones Unidas para el Comercio y el Desarrollo (UNCTAD).

Como su nombre indica, el Grupo estuvo en principio formado por 77 países, aunque hoy el número de sus miembros asciende a 128. El G-77 realiza declaraciones conjuntas sobre temas específicos y coordina un programa de cooperación en campos como el comercio, la industria, la alimentación, la agricultura, la energía, materias primas, finanzas y asuntos monetarios. En 1988 el Grupo adoptó el Acuerdo para un Sistema Global de Preferencias Comerciales entre países en vías de desarrollo, que contempla concesiones arancelarias, sobre todo en productos agrícolas y manufacturas.

Todos los años el Grupo celebra una reunión de ministros en Nueva York y las decisiones adoptadas se transmiten a las delegaciones regionales de Ginebra, París, Roma y Viena, tras lo cual se asignan actividades específicas a los comités de acción. La financiación del Grupo depende de las aportaciones realizadas por sus miembros.

Comunidad del Caribe

Comunidad del Caribe (en inglés, Caribbean Community, **CARICOM**), organización establecida para promover la unidad regional y coordinar la política económica y exterior en el Caribe. Fundada en 1973 por el Tratado de Chaguaramas (Venezuela), la CARICOM sustituyó a la Asociación Caribeña de Librecambio, que había sido creada en 1965. Los miembros de pleno derecho son: Antigua y Barbuda, Barbados, Belice, Dominica, Granada, Guyana, Haití, Jamaica, Montserrat, Saint Kitts y Nevis, Santa Lucía, San Vicente y las Granadinas, Surinam y Trinidad y Tobago. Las Islas Vírgenes británicas y las Islas Turks y Caicos son miembros asociados. Las Bahamas pertenecen a la Comunidad pero no al Mercado Común creado en su seno, mientras que Anguila, República Dominicana, México, Puerto Rico y Venezuela son países observadores. La sede de la CARICOM se encuentra en Georgetown, Guyana.

La Comunidad del Caribe desarrolla tres actividades principales: la cooperación económica a través del Mercado Común del Caribe, la coordinación de la política exterior y la colaboración en campos como la agricultura, la industria, el transporte y las telecomunicaciones, la salud, la enseñanza, la ciencia y la tecnología, la cultura, el deporte y la administración fiscal. La política queda determinada en las conferencias de los jefes de gobierno, en las que también se organizan las finanzas de la Comunidad.

El Mercado Común del Caribe organizado por la CARICOM se ocupa también del comercio, la industria, la planificación económica y los programas de desarrollo para los países miembros menos desarrollados. Su cuerpo directivo es el Consejo del Mercado Común. La Secretaría es el principal órgano administrativo, tanto de la Comunidad como del Mercado Común. Entre las prioridades existentes se hallan la aplicación de un sistema arancelario unificado y el establecimiento de un acuerdo de liquidación de pagos comerciales que sustituya al sistema de pagos multilateral que se hundió en 1983. Futuros objetivos son la creación de una unión monetaria y de un mercado interno único.

MERCOSUR

INTRODUCCIÓN

Mercosur o Mercado Común del Sur, organización regional del espacio sudamericano constituida en virtud del Tratado de Asunción. Fue éste firmado el 26 de marzo de 1991 por los presidentes de Argentina (Carlos Saúl Menem), Brasil (Fernando Collor de Mello), Paraguay (Andrés Rodríguez) y Uruguay (Luis Alberto Lacalle). El principal objetivo establecido en el Tratado de Asunción era lograr la progresiva eliminación de barreras arancelarias entre los estados miembros con el fin de constituir un mercado común antes del 31 de diciembre de 1994.

Los orígenes del Mercosur se remontan a un encuentro que tuvo lugar en 1986 entre los entonces presidentes de Brasil, José Sarney, y de Argentina, Raúl Alfonsín. El acuerdo comercial bilateral entre ambos países se transformó con el tiempo en la idea de crear una zona de libre comercio en Sudamérica, proyecto que cobró fuerza cuando Uruguay y Paraguay se sumaron a tal intento. Según lo previsto en el cronograma del Tratado de Asunción, el día 1 de enero de 1995 se puso en vigor la unión aduanera y la libre circulación de bienes entre los cuatro países firmantes: Argentina, Brasil, Paraguay y Uruguay.

El espacio que engloba el Mercosur constituye un mercado de más de 200 millones de personas. Esta cifra se aproxima a la población de América del Norte y no dista demasiado de los 300 millones de habitantes de la Unión Europea (UE). El producto interior bruto (PIB) del área integrante del Mercosur alcanza los 800.000 millones de dólares, aproximadamente el 60% del PIB regional.

ESTRUCTURA

La administración y ejecución del Tratado de Asunción y de los acuerdos específicos y decisiones adoptadas durante el periodo de transición estuvieron a cargo del denominado Consejo del Mercado Común (cuya presidencia tiene un carácter rotatorio, establecido cada seis meses) y del Grupo Mercado Común.

El Consejo del Mercado Común es el órgano superior del Mercosur. Le corresponde la conducción política del mismo, así como la toma de decisiones que aseguren el cumplimiento de los plazos y objetivos para su constitución definitiva. Está integrado por los ministros de Relaciones Exteriores de los estados parte, que deben reunirse al menos una vez al año. El Grupo Mercado Común es el órgano ejecutivo del Mercosur, debe velar por el cumplimiento de las decisiones adoptadas por el Consejo y está coordinado por los ministros de Relaciones Exteriores.

El Tratado está abierto a la adhesión, previa negociación, del resto de los países miembros de la Asociación Latinoamericana de Integración (ALADI), cuyas solicitudes serán consideradas después de cinco años de su entrada en vigor. Sólo podrán ser analizadas antes de este plazo las presentaciones de países que no formen parte de esquemas de integración subregional o de una asociación extrarregional.

OBJETIVOS, ESTRATEGIAS Y REALIZACIONES

El Mercado Común tiene tres objetivos fundamentales: 1) libre circulación de bienes, servicios y factores productivos entre los países firmantes del Tratado de Asunción mediante, entre otras medidas, la eliminación de los derechos aduaneros y restricciones paraarancelarias; 2) fijación de una tarifa externa común y adopción de una política comercial común con relación a terceros países o bloques regionales, y coordinación de las posiciones en foros comerciales de la región e internacionales; 3) coordinación de políticas macroeconómicas y de comercio exterior, agrícolas, industriales, fiscales, monetarias, cambiarias y de capitales, de servicios, aduanera, de transportes y comunicaciones, y otras que se acuerden en el futuro, a fin de asegurar condiciones adecuadas de competencia entre los estados parte.

Por lo que se refiere a la estrategia del Mercosur, ésta se basa en tres soportes interrelacionados: profundización (negociación de temas nuevos), consolidación (cumplimiento y aplicación efectiva de los compromisos acordados) y relaciones exteriores, que se fundamentan en negociaciones con países de la Asociación Latinoamericana de Integración (ALADI), de la UE y de otras entidades y organizaciones supranacionales.

Con el fin de hacer efectiva la estrategia consolidadora, se tratan de asegurar los mecanismos de solución de controversias y de garantizar la seguridad jurídica del proceso de integración. La decisión número 17/98 de la XV Reunión del Consejo del Mercado Común reglamentó el Protocolo de Brasilia para la Solución de Controversias.

En el contexto de la estrategia tendente a la apertura comercial se ha implementado una política de relaciones exteriores muy activa. De esta forma, en el marco de la ALADI se ha trabajado de modo intenso en la renegociación de los acuerdos preferenciales preexistentes con los demás países miembros de la misma. Con ocasión de la Cumbre de Presidentes de San Luis (1996) se firmó el Acuerdo de Complementación Económica Mercosur-Chile, que entró en vigor el día 1 de octubre de 1996 y que constituyó un vigoroso instrumento que sentó las bases fundamentales para la conformación de un "espacio económico ampliado". En el caso particular de Bolivia, en la Cumbre de Presidentes celebrada en Fortaleza (1996) se firmó el Acuerdo de Complementación Económica Mercosur-Bolivia, con alcances similares al suscrito con Chile. También se progresó con los demás países de la ALADI. Así, se propuso a los cuatro socios restantes de la Comunidad Andina (Colombia, Ecuador, Perú y Venezuela) la negociación de un acuerdo de libre comercio similar a los suscritos con Chile y Bolivia. El 21 de mayo de 2001, Venezuela solicitó su ingreso en calidad de miembro asociado, en términos similares a los de Bolivia y Chile. Con respecto a México, se han celebrado rondas de negociaciones en las que se consideró la posibilidad de establecer un acuerdo estrictamente comercial.

En 1997 cada uno de los países del Mercosur prorrogó sus acuerdos bilaterales hasta que se alcance el Acuerdo General. En abril de 1998 se firmó el Acuerdo de Cooperación en materia de comercio e inversión entre el Mercosur y los países integrantes del Mercado Común Centroamericano (MCCA, integrado por Costa Rica, El Salvador, Guatemala, Honduras y Nicaragua). De forma paralela, y en un contexto americano ampliado, en la Cumbre Hemisférica de Miami de 1994 se establecieron las bases para poner en marcha una zona de libre comercio continental a partir del año 2005, el Área de Libre Comercio de las Américas (ALCA). En 1995 fue suscrito en Madrid el Acuerdo Marco Interregional de Cooperación entre el MERCOSUR y la UE.

Asimismo, se realizan reuniones de exploración con el CER (Closes Economic Relations, integrado por Australia y Nueva Zelanda), con la Asociación de Naciones del Sureste Asiático (ASEAN) y con otras organizaciones.

El ALBA

El ALBA (Alternativa Bolivariana para las América), surge como respuesta al ALCA (Alternativa de Libre Comercio para las América) propuesta por Estados Unidos, y al fracaso de las políticas del neoliberalismo salvaje que se aplicó en América Latina. El ALBA es una iniciativa del Presidente Hugo Chávez para lograr la integración multifacética de los países de América Latina con condiciones de intercambio muy favorables en las distintas esferas. Actualmente son miembros Cuba, Bolivia, Brasil y existen otros países como observadores o con contratos parciales.

Unión Económica y Monetaria (UEM)

1- INTRODUCCIÓN

Unión Económica y Monetaria (UEM), proceso de integración económica cuyo objetivo final era la creación de una moneda única –el euro- y de un único banco central (rector de la política económica y monetaria) en el seno de la Unión Europea (UE).

2- HISTORIA. FASES DE LA UEM

El proyecto de la UEM fue formulado por vez primera en el Plan Werner (1970), así denominado porque fue presentado a la Comisión Europea por el entonces primer ministro de Luxemburgo, Pierre Werner, que proponía la integración monetaria en la Comunidad Europea antes de 1980. Poco a poco se fueron reduciendo los márgenes de intervención de los Gobiernos nacionales, pero el proceso se detuvo a causa del aumento de los precios del petróleo y de la inflación mundial desencadenada a mediados de la década de 1970, que produjo una divergencia de los tipos de cambio.

El mecanismo de tipos de cambio del Sistema Monetario Europeo (SME) fue creado en 1979, pero guardaba poca relación con el objetivo de la integración económica y monetaria, al menos en principio, ya que permitía el reajuste de los tipos de cambio. Las propuestas tendentes a crear una unión monetaria reaparecieron con fuerza en 1988. El *Informe Delors* (1989), del entonces presidente de la Comisión Europea, Jacques Delors, incluía un plan detallado para alcanzar la integración. Con algunas modificaciones, los 12 países que firmaron el Tratado de Maastricht en febrero de 1992 aceptaron este plan (salvo Dinamarca y Reino Unido, que lograron posponer su adhesión a la unión económica y monetaria en virtud de una cláusula de *opting out*).

El Tratado de Maastricht establecía un proceso compuesto por tres fases que habían de preceder a la plena integración económica y monetaria de los Estados miembros. Durante dichas etapas debían superarse todos los obstáculos y ser creadas las redes institucionales y estructurales que permitieran la sustitución de las distintas divisas nacionales por una moneda única.

En la primera etapa (1990-1993) se fortalecieron los principios de cooperación económica y monetaria entre los Estados miembros, especialmente a través del establecimiento del Mercado Único Europeo, la consagración del principio de libertad de circulación de capitales y el compromiso de los países socios de asegurar las condiciones económicas que, cumpliendo los criterios de convergencia sancionados en Maastricht, permitieran la futura integración.

La segunda etapa se inició el 1 de enero de 1994 y se extendió hasta el 31 de diciembre de 1998. Durante este periodo se fundó el Instituto Monetario Europeo (IME), antecesor del Banco Central Europeo (BCE), que pasó a coordinar la cooperación en materia de política monetaria de los gobernadores de cada banco central nacional, aunque cada uno de éstos siguió diseñando la política monetaria de su país respectivo. Esta segunda etapa supuso el tránsito más difícil para los Estados integrantes de la UE, pues durante esos cuatro años debieron producirse los necesarios reajustes económicos que garantizaran el cumplimiento de los requisitos establecidos en Maastricht. El Tratado citaba de manera muy concreta los criterios macroeconómicos de convergencia necesarios para que un país pudiera pasar a formar parte de la moneda única: (1) durante al menos los dos años anteriores a la unión monetaria no se podría cambiar el tipo de cambio de la moneda sobrepasando los márgenes de fluctuación establecidos en el SME; (2) la inflación no podría sobrepasar en más de 1,5 puntos porcentuales la media de los tres países con menor índice; (3) el tipo de interés medio a largo plazo no podría superar la media de los tres países también con menores índices; (4) no se podría tener un déficit fiscal superior al 3% del producto interior bruto (PIB), ni la deuda pública podría sobrepasar el 60% del mismo. El final de esta segunda etapa estuvo marcado por la cumbre que el Consejo Europeo celebró los tres primeros días de mayo de 1998 en Bruselas. Se fijó el día 1 de enero de 1999 como fecha en que el euro (nombre otorgado a la moneda única europea en diciembre de 1995) se convertiría en divisa de los once países seleccionados para este primer arranque (todos los integrantes de la UE, excepto Reino Unido, Dinamarca y Suecia —que se autoexcluyeron— y Grecia —que no cumplió los criterios de convergencia—). Además, se constituyó el primer Comité Ejecutivo del BCE, que inició su funcionamiento el 1 de julio de ese mismo año y que desde el 1 de enero de 1999 (junto a los gobernadores de los bancos centrales de cada país, con los cuales pasaba a integrar el Sistema Europeo de Bancos Centrales) comenzó a dirigir las políticas económica y monetaria del euro. En el caso de Grecia, esta segunda etapa se prolongó durante algún tiempo; en la reunión que el Consejo Europeo mantuvo en Feira (Portugal) en junio de 2000, se anunció que dicho país había cumplido finalmente los criterios de convergencia y que podría sumarse al grupo del euro el 1 de enero de 2001. Por lo que respecta al caso de Dinamarca, el 28 de septiembre de 2000 se celebró un referéndum en el que el 53,1% del electorado optó por rechazar la integración danesa en el grupo de la moneda única. Suecia y el Reino Unido también se mantienen fuera de él.

La tercera y definitiva etapa de la UEM se inició en la ya citada fecha del 1 de enero de 1999. El 1 de enero de 2002 comenzaron a circular los billetes y monedas de euro, que convivieron durante no más de dos meses con las respectivas monedas nacionales; éstas fueron retiradas de la circulación en una fecha nunca posterior al 1 de marzo de ese mismo año.

3- INTERPRETACIONES

La conveniencia de la UEM ha planteado serias discrepancias. Sus defensores resaltan las ventajas de la estabilidad del tipo de cambio y afirman que mejoraría el comercio, la inversión y las entradas de capital. Pero la mayor ventaja, dicen, sería la estabilidad de los precios, ya que la fijación de un único tipo de cambio serviría de freno a la inflación. Sus detractores inciden en los enormes costos sociales que han implicado las políticas económicas restrictivas, necesarias para cumplir los criterios de convergencia de Maastricht. Estos costos fueron mayores cuando las diferentes economías no estaban en las mismas fases del ciclo económico, o cuando eran afectadas por fluctuaciones de la actividad económica mundial. Economías en recesión o perjudicadas por una fluctuación económica externa tuvieron que ajustarse reduciendo los salarios monetarios y los precios. La inflexibilidad de éstos generó procesos de ajuste más largos y costosos, lo que condujo a tasas altas de desempleo. En una situación similar, una variación del tipo de cambio podría facilitar el proceso de ajuste, pero esta medida de política económica no se podía aplicar si se pertenecía a la unión monetaria.

GUIA DEL EMPRESARIO EXITOSO

Las 50 preguntas que te harán: Reflexionar, analizar, capacitar, organizar, sustituir, valorar, rediseñar, promover, introducir, contratar, implantar, innovar. Para que tu Negocio siga avanzando y triunfe.

1. ¿Eres Manager de un Negocio?
2. ¿Dominas lo que estás dirigiendo?
3. ¿Conoces cómo dirigirlo exitosamente?
4. ¿Sabes cuales son los Puntos Débiles?
5. ¿Conoces que debes Priorizar?
6. ¿Tu staff está capacitado para llevar a cabo las misiones?
7. ¿Sabes cómo lograr la Rentabilidad del mismo?
8. ¿Sabes utilizar la Matriz DAFO?
9. ¿Le prestas la atención que merecen las Finanzas y la Economía, y al personal que en ello labora?
10. ¿Comprendes los Estados Financieros y el Balance de Comprobación de Saldos?
11. ¿Has logrado un ambiente de trabajo en Equipo?
12. ¿El personal tiene sentido de pertenencia?
13. ¿Estimulas por los Resultados?
14. ¿Delegas Funciones y mantienes la Responsabilidad?
15. ¿Estableces Planes y tareas que después Controlas?
16. ¿Exiges Responsabilidad ante los Incumplimientos?
17. ¿Promueves a los más capaces?
18. ¿Educas y después exiges?
19. ¿Te impones por la Autoridad lograda y no por la coacción?
20. ¿Contribuyes a un ambiente de trabajo sano y camaraderil?
21. ¿Te preocupas por los problemas personales de tus colegas y subordinados, tratando de ayudar en lo posible?
22. ¿Cuentas con especialistas que te asesoran?
23. ¿Concilias las decisiones importantes entre tus colegas y subordinados?
24. ¿Introduces en el Negocio los adelantos de la Ciencia y la Técnica?
25. ¿Te auto capacitas tú y el Personal?
26. ¿Utilizas las Fichas de Costo para desarrollar cualquier actividad y las compruebas en la práctica?
27. ¿Las Inversiones se recuperan en el Corto o Mediano Plazo y dan Rendimiento?
28. ¿Manejas y Controlas las Finanzas como si el dinero fuera el de tu propia casa?
29. ¿No mantienes deudas envejecidas con los Proveedores y accionas en el cobro a los Clientes?
30. ¿Controlas estrictamente los Otros Gastos y los Gastos Indirectos de Producción?
31. ¿Llevas un control estricto de los Procesos y sus Valoraciones?
32. ¿Utilizas el Crédito Bancario cuando sabes que puedes amortizarlo con el resultado de su Utilización Eficiente?
33. ¿Difieres Gastos cuando no existe otra posibilidad, a sabiendas que afectarán los resultados de periodos futuros debido a su amortización?
34. ¿Valoras constantemente Producciones Marginales que pueden reportar Utilidades no previstas en el Plan Original?
35. ¿Las causas de Actividades con Pérdidas son revisadas al detalle?
36. ¿Controlas la correcta correlación Salario Medio/Productividad?

37. ¿Controlas que no existan plazas sin un Contenido o Respuesta Productiva en el Negocio?
38. ¿Controlas la correlación entre Trabajadores Directos e Indirectos?
39. ¿Mantienes una adecuada Pirámide de Mando?
40. ¿Mantienes una Jefatura entre cada 5 ó 7 miembros?
41. ¿Efectúas Estudios de Mercado y aplicas Técnicas para la Comercialización?
42. ¿Por nada del Mundo pierdes a un Cliente estable y a un Proveedor serio?
43. ¿Garantizas y aplicas las Técnicas de Control de la Calidad y las Normas ISO establecidas?
44. ¿Cuentas con un Plan General de Mantenimiento Preventivo?
45. ¿Controlas el Consumo de los Recursos Energéticos y el Agua?
46. ¿Controlas la Correcta Utilización de los Recursos Materiales en Función de las distintas actividades?
47. ¿Te auxilias de los Presupuestos de Gastos para ir corrigiendo el rumbo de tu Negocio según lo Previsto Inicialmente?
48. ¿Te reúnes semanalmente con tus subordinados para analizar estos temas, por espacio no mayor a 1 hora?
49. ¿Solicitas por escrito Informe detallado de la ejecución de cada frente, para revisarlos posteriormente con calma?
50. ¿En situaciones especiales o de incumplimientos, planificas Despachos Personales con los implicados, de ser posible, fuera del horario laboral?

COMENTARIOS:

- Si todas las respuestas son positivas, entonces eres un Dirigente Exitoso y siempre lo serás.

- Si dominas sólo el 50% de lo que aquí se Plantea. Necesitas Capacitación para poder llevar las riendas del Negocio.

- Si dominas sólo un 25% de lo aquí planteado, te aconsejo dedicarte a otra actividad.

Igual valoración se plantea para los subordinados directos (el staff), una vez que se le aplique el cuestionario.

Informática

Aplicación

Aplicación (informática), programa informático diseñado para facilitar al usuario la realización de un determinado tipo de trabajo. Posee ciertas características que le diferencia de un sistema operativo (que hace funcionar al ordenador), de una utilidad (que realiza tareas de mantenimiento o de uso general) y de un lenguaje (con el cual se crean los programas informáticos). Suele resultar una solución informática para la automatización de ciertas tareas complicadas como puede ser la contabilidad o la gestión de un almacén. Ciertas aplicaciones desarrolladas 'a medida' suelen ofrecer una gran potencia ya que están exclusivamente diseñadas para resolver un problema específico. Otros, llamados paquetes integrados de *software*, ofrecen menos potencia pero a cambio incluyen varias aplicaciones, como un programa procesador de textos, de hoja de cálculo y de base de datos.

Sistema

Sistema (informática), cualquier conjunto de dispositivos que colaboran en la realización de una tarea. En informática, la palabra sistema se utiliza en varios contextos. Una computadora es el sistema formado por su *hardware* y su sistema operativo. Sistema se refiere también a cualquier colección o combinación de programas, procedimientos, datos y equipamiento utilizado en el procesamiento de información: un sistema de contabilidad, un sistema de facturación y un sistema de gestión de base de datos.

Formatear

Formatear, o inicializar un disco, en informática, preparar dicho disco para su uso. Hay dos niveles de formateo. El formateo de bajo nivel inicializa la superficie del disco creando las pistas físicas e identificando los sectores de almacenamiento. Este formateo requiere una tecnología específica para cada controlador; los discos IDE y SCSI lo traen de fábrica. Durante el proceso de formateo de alto nivel se crean los índices que va a utilizar el sistema operativo para seguir la pista de los datos almacenados en el disco. Los programas de formateo de los discos flexibles formatean en ambos niveles. Cuando se formatea un nuevo disco, se define su organización por primera vez; si ya ha sido utilizado con anterioridad, en el formateo se elimina toda la información existente en el disco.

Dar formato a un texto o al contenido de una celda en una hoja de cálculo significa cambiar la apariencia del elemento seleccionado, elegir la fuente de caracteres y/o ajustar su colocación a uno de los márgenes, entre otras posibilidades.

Formateo es la estructuración de una unidad de datos, como un archivo, los campos de un registro de una base de datos, una celda en una hoja de cálculo, o el texto en un documento. Por ejemplo, un archivo se puede guardar en el formato típico de una determinada aplicación, pero también se puede guardar en un formato más genérico, como el texto ASCII, que contiene todas las palabras, pero no todas las especificaciones del formato de página. De igual manera, las áreas de almacenamiento de datos de un disco están organizadas con un formato particular de pistas y sectores. En una base de datos, los campos se encuentran en un orden determinado cuando se utilizan para la introducción de datos o para la generación de informes. Las celdas de una hoja de cálculo se pueden diseñar con un formato particular, de tipo numérico, de carácter, de moneda... El texto de un documento creado con un procesador de textos recibe una serie de formatos de página, párrafos y caracteres.

USB

USB, en informática, siglas de *Universal Serial Bus*, bus serie universal. Es una interfaz de *hardware* que permite conectar periféricos de baja velocidad, como el teclado, el ratón o *mouse*, la impresora o cámaras digitales, a los ordenadores o computadoras. Cada puerto USB es capaz de gestionar hasta 127 dispositivos, cuya conexión y desconexión se podrá realizar en caliente, es decir, sin necesidad de apagar la computadora.

Los puertos USB aparecieron en los ordenadores en 1996 y se extendieron rápidamente, hasta el punto de que Windows 98 y sus versiones posteriores los soportan plenamente. Eran los denominados USB versión 1.1, cuya velocidad de transferencia de datos llegaba hasta 12 Mbps (megabits por segundo). Su éxito fue tal que en el año 2000, como resultado de una iniciativa en la que participaron Hewlett-Packard, Intel, Lucent, Microsoft, NEC y Philips, apareció el USB 2.0, una extensión del anterior, completamente compatible con aquél, que permite transmitir datos hasta 480 Mbps. Se espera que, en un futuro no muy lejano, los puertos USB reemplacen a los convencionales puertos paralelo y serie para conectar todo tipo de periféricos.

Servidor de archivos

Servidor de archivos (informática), dispositivo de almacenamiento de archivos en una red de área local, o en Internet, al que los distintos usuarios de la red pueden acceder, en función de los privilegios que les hayan sido dados por parte del administrador. A diferencia de un servidor de disco, que aparece ante el usuario como una unidad de disco remota, un servidor de archivos es un dispositivo más complejo que no sólo almacena archivos sino que también los administra y los mantiene en orden a medida que los usuarios de la red los solicitan y los modifican. Para gestionar las tareas de manejo de varias solicitudes (a veces simultáneas), un servidor de archivos cuenta con un procesador y *software* de control, así como una unidad de disco para el almacenamiento. Un servidor de archivos suele ser un ordenador o computadora de altas prestaciones, con gran capacidad de almacenamiento, que está dedicado exclusivamente a las funciones de administración de archivos compartidos.

Usuario avanzado

Usuario avanzado, en informática, persona experta en computadoras, particularmente en la gestión de aplicaciones, más que en programación o en el mantenimiento de *hardware*. Un usuario avanzado es alguien que dispone de sólidos conocimientos informáticos y puede trabajar con las funciones más complejas de las aplicaciones. A menudo, están especialmente familiarizados con un tipo específico de aplicación, como las hojas de cálculo o los procesadores de textos, y pueden explotar al máximo sus capacidades.

Internet

1- INTRODUCCIÓN

Internet, interconexión de redes informáticas que permite a los ordenadores o computadoras conectadas comunicarse directamente, es decir, cada ordenador de la red puede conectarse a cualquier otro ordenador de la red. El término suele referirse a una interconexión en particular, de carácter planetario y abierto al público, que conecta redes informáticas de organismos oficiales, educativos y empresariales. También existen sistemas de redes más pequeños llamados *intranets*, generalmente para el uso de una única organización, que obedecen a la misma filosofía de interconexión.

La tecnología de Internet es una precursora de la llamada "superautopista de la información", un objetivo teórico de las comunicaciones informáticas que permitiría proporcionar a colegios, bibliotecas, empresas y hogares acceso universal a una información de calidad que eduque, informe y entretenga. A finales de 1998 estaban conectados a Internet unos 148 millones de ordenadores, y la cifra sigue en aumento.

2- CÓMO FUNCIONA INTERNET

Internet es un conjunto de redes locales conectadas entre sí a través de una computadora especial por cada red, conocida como *gateway* o puerta. Las interconexiones entre *gateways* se efectúan a través de diversas vías de comunicación, entre las que figuran líneas telefónicas, fibras ópticas y enlaces por radio. Pueden añadirse redes adicionales conectando nuevas puertas. La información que se debe enviar a una máquina remota se etiqueta con la dirección computerizada de dicha máquina.

Los distintos tipos de servicio proporcionados por Internet utilizan diferentes formatos de dirección (*véase* Dirección de Internet). Uno de los formatos se conoce como decimal con puntos, por ejemplo 123.45.67.89. Otro formato describe el nombre del ordenador de destino y otras informaciones para el enrutamiento, por ejemplo "mayor.dia.fi.upm.es". Las redes situadas fuera de Estados Unidos utilizan sufijos que indican el país, por ejemplo (.es) para España o (.ar) para Argentina. Dentro de Estados Unidos, el sufijo anterior especifica el tipo de organización a que pertenece la red informática en cuestión, que por ejemplo puede ser una institución educativa (.edu), un centro militar (.mil), una oficina del Gobierno (.gov) o una organización sin ánimo de lucro (.org).

Una vez direccionada, la información sale de su red de origen a través de la puerta. De allí es encaminada de puerta en puerta hasta que llega a la red local que contiene la máquina de destino. Internet no tiene un control central, es decir, no existe ningún ordenador individual que dirija el flujo de información. Esto diferencia a Internet y a los sistemas de redes semejantes de otros tipos de servicios informáticos de red como CompuServe, America Online o Microsoft Network.

3- EL PROTOCOLO DE INTERNET

El Protocolo de Internet (IP) es el soporte lógico básico empleado para controlar este sistema de redes. Este protocolo especifica cómo las computadoras de puerta encaminan la información desde el ordenador emisor hasta el ordenador receptor. Otro protocolo denominado Protocolo de Control de Transmisión (TCP) comprueba si la información ha llegado al ordenador de destino y, en caso contrario, hace que se vuelva a enviar. La utilización de protocolos TCP/IP es un elemento común en las redes Internet e *intranet*.

4- SERVICIOS DE INTERNET

Los sistemas de redes como Internet permiten intercambiar información entre computadoras, y ya se han creado numerosos servicios que aprovechan esta función. Entre ellos figuran los siguientes: conectarse a un ordenador desde otro lugar (telnet); transferir ficheros entre una computadora local y una computadora remota (protocolo de transferencia de ficheros, o FTP) y leer e interpretar ficheros de ordenadores remotos (gopher). El servicio de Internet más reciente e importante es el protocolo de transferencia de hipertexto (http), un descendiente del servicio de gopher. El http puede leer e interpretar ficheros de una máquina remota: no sólo texto sino imágenes, sonidos o secuencias de vídeo. El http es el protocolo de transferencia de información que forma la base de la colección de información distribuida denominada World Wide Web. Internet permite también intercambiar mensajes de correo electrónico (*e-mail*); acceso a grupos de noticias y foros de debate (*news*), y conversaciones en tiempo real (*chat, IRC*), entre otros servicios.

5- LA WORLD WIDE WEB

World Wide Web (también conocida como Web o WWW) es una colección de ficheros, que incluyen información en forma de textos, gráficos, sonidos y vídeos, además de vínculos con otros ficheros. Los ficheros son identificados por un localizador universal de recursos (URL, siglas en inglés) que especifica el protocolo de transferencia, la dirección de Internet de la máquina y el nombre del fichero. Por ejemplo, un URL podría ser http://www.encarta.es/msn.com. Los programas informáticos denominados exploradores —como Navigator, de Netscape, o Internet Explorer, de Microsoft— utilizan el protocolo http para recuperar esos ficheros. Continuamente se desarrollan nuevos tipos de ficheros para la WWW, que contienen por ejemplo animación o realidad virtual (VRML). Hasta hace poco había que programar especialmente los lectores para manejar cada nuevo tipo de archivo. Los nuevos lenguajes de programación (como JAVA, de Sun Microsystems) permiten que los exploradores puedan cargar programas de ayuda capaces de manipular esos nuevos tipos de información.

La gran cantidad de información vertida a la red ha dado lugar a la aparición de buscadores, páginas especializadas en hacer índices de los contenidos que facilitan localizaciones específicas. Algunos de los más populares son Yahoo, Google, Altavista o Lycos. También los hay específicos para páginas en español como Ozú u Olé.

6- HISTORIA

Los orígenes de Internet hay que buscarlos en un proyecto del Departamento de Defensa estadounidense que pretendía obtener una red de comunicaciones segura que se pudiese mantener aunque fallase alguno de sus nodos. Así nació ARPA, una red informática que conectaba ordenadores localizados en sitios dispersos y que operaban sobre distintos sistemas operativos, de tal manera que cada ordenador se podía conectar a todos los demás. Los protocolos que permitían tal interconexión fueron desarrollados en 1973 por el informático estadounidense Vinton Cerf y el ingeniero estadounidense Robert Kahn, y son los conocidos Protocolo de Internet (IP) y Protocolo de Control de Transmisión (TCP). Fuera ya del ámbito estrictamente militar, esta Internet incipiente (llamada Arpanet) tuvo un gran desarrollo en Estados Unidos, conectando gran cantidad de universidades y centros de investigación. A la red se unieron nodos de Europa y del resto del mundo, formando lo que se conoce como la gran telaraña mundial (World Wide Web). En 1990 Arpanet dejó de existir.

A finales de 1989, el informático británico Timothy Berners-Lee desarrolla la World Wide Web para la Organización Europea para la Investigación Nuclear, más conocida como CERN. Su objetivo era crear una red que permitiese el intercambio de información entre los investigadores que participaban en proyectos vinculados a esta organización. El objetivo se logró utilizando archivos que contenían la información en forma de textos, gráficos, sonido y vídeos, además de vínculos con otros archivos. Este sistema de hipertexto fue el que propició el extraordinario desarrollo de Internet como medio a través del cual circula gran cantidad de información por la que se puede navegar utilizando los hipervínculos.

Además de la utilización académica e institucional que tuvo en sus orígenes, hoy se emplea Internet con fines comerciales. Las distintas empresas no sólo la utilizan como escaparate en el que se dan a conocer ellas mismas y sus productos, sino que, a través de Internet, se realizan ya múltiples operaciones comerciales. Especialmente la banca tiene en la red uno de sus puntos estratégicos de actuación para el futuro próximo.

En estos momentos se está desarrollando lo que se conoce como Internet2, una redefinición de Internet que tiene como objetivo principal lograr el intercambio de datos multimedia en tiempo real. El avance ha de venir de la mano de la mejora en las líneas de comunicación, con el ancho de banda como principal aliado.

7- IMPACTO SOCIAL

Aunque la interacción informática todavía está en su infancia, ha cambiado espectacularmente el mundo en que vivimos, eliminando las barreras del tiempo y la distancia y permitiendo a la gente compartir información y trabajar en colaboración. El avance hacia la "superautopista de la información" continuará a un ritmo cada vez más rápido. El contenido disponible crecerá rápidamente, lo que hará más fácil que se pueda encontrar cualquier información en Internet. Las nuevas aplicaciones permiten realizar transacciones económicas de forma segura y proporcionan nuevas oportunidades para el comercio. Las nuevas tecnologías aumentarán la velocidad de transferencia de información, lo que hará posible la transferencia directa de "ocio a la carta". Es posible que las actuales transmisiones de televisión generales se vean sustituidas por transmisiones específicas en las que cada hogar reciba una señal especialmente diseñada para los gustos de sus miembros, para que puedan ver lo que quieran en el momento que deseen.

El crecimiento explosivo de Internet ha hecho que se planteen importantes cuestiones relativas a la censura. El aumento de las páginas Web que contenían textos y gráficos en los que se denigraba a una minoría, se fomentaba el racismo o se exponía material pornográfico llevó a pedir que los suministradores de Internet cumplieran voluntariamente unos determinados criterios.

La censura en Internet plantea muchas cuestiones. La mayoría de los servicios de la red no pueden vigilar y controlar constantemente lo que los usuarios exponen en Internet a través de sus servidores. A la hora de tratar con información procedente de otros países surgen problemas legales; incluso aunque fuera posible un control supranacional, habría que determinar unos criterios mundiales de comportamiento y ética.

BIBLIOGRAFIAS

Karl Marx

Karl Marx (1818-1883), filósofo alemán, creador junto con Friedrich Engels del socialismo científico (comunismo moderno) y uno de los pensadores más influyentes de la historia contemporánea.

Marx nació en Tréveris el 5 de mayo de 1818 y estudió en las universidades de Bonn, Berlín y Jena. Publicó un artículo en la *Rheinische Zeitung* (*Gaceta Renana*) de Colonia en 1842 y poco después pasó a ser su jefe de redacción. Aunque su pensamiento político era radical, todavía no podía calificarse de comunista. Las críticas de las condiciones sociales y políticas vertidas en sus artículos periodísticos le indispusieron con las autoridades, que le obligaron a abandonar su puesto en el rotativo en 1843; poco después, el periódico dejó de editarse y Marx se trasladó a París. Los estudios de filosofía, historia y ciencia política que realizó en esa época le llevaron a adoptar el pensamiento de Friedrich Hegel. Cuando Engels se reunió con él en la capital francesa en 1844, ambos descubrieron que habían llegado independientemente a las mismas conclusiones sobre la naturaleza de los problemas revolucionarios. Comenzaron a trabajar juntos en el análisis de los principios teóricos del comunismo y en la organización de un movimiento internacional de trabajadores dedicado a la difusión de aquéllos. Esta colaboración con Engels continuó durante toda su vida.

EL *MANIFIESTO COMUNISTA*

Marx se vio obligado a abandonar París en 1845 debido a su implicación en actividades revolucionarias. Se instaló en Bruselas y comenzó a organizar y dirigir una red de grupos llamados Comités de Correspondencia Comunista, establecidos en varias ciudades europeas. En 1847, Marx y Engels recibieron el encargo de elaborar una declaración de principios que sirviera para unificar todas estas asociaciones e integrarlas en la Liga de los Justos (más tarde llamada Liga Comunista). El programa que desarrollaron —conocido en todo el mundo como el *Manifiesto Comunista*— fue redactado por Marx basándose parcialmente en el trabajo preparado por Engels y representaba la primera sistematización de la doctrina del socialismo moderno. Las proposiciones centrales del *Manifiesto,* aportadas por Marx, constituyen la concepción del materialismo histórico, concepción formulada más adelante en la *Crítica de la economía política* (1859). Según se explica en estas tesis, el sistema económico dominante en cada época histórica, por el cual se satisfacen las necesidades vitales de los individuos, determina la estructura social y la superestructura política e intelectual de cada periodo. De este modo, la historia de la sociedad es la historia de las luchas entre los explotadores y los explotados, es decir, entre la clase social gobernante y las clases sociales oprimidas. Partiendo de estas premisas, Marx concluyó en el *Manifiesto* que la clase capitalista sería derrocada y suprimida por una revolución mundial de la clase obrera que culminaría con el establecimiento de una sociedad sin clases. Esta obra ejerció una gran influencia en la literatura comunista posterior y en el pensamiento revolucionario en general; ha sido traducida a multitud de lenguas y de ella se han editado cientos de miles de ejemplares.

EL EXILIO POLÍTICO

Poco después de la aparición del *Manifiesto,* estallaron procesos revolucionarios (las revoluciones de 1848) en Francia, Alemania y el Imperio Austriaco, por lo que el gobierno belga expulsó a Marx temeroso de que la corriente revolucionaria se extendiera también por el país. El pensador alemán se trasladó a París y después a Renania. Fundó y editó en Colonia una publicación comunista, la *Neue Rheinische Zeitung* (*Nueva Gaceta Renana*), y colaboró en actividades organizadoras de agrupaciones obreras. En 1849 fue arrestado y juzgado bajo la acusación de incitar a la rebelión armada. Aunque fue absuelto, se le expulsó de Alemania y se cerró la revista. Pocos meses después las autoridades francesas también le obligaron a abandonar el país y se trasladó a Londres, donde permaneció el resto de sus días.

Una vez instalado en Inglaterra, se dedicó a profundizar en sus ideas, publicando nuevos escritos, y a alentar la creación de un movimiento comunista internacional. Durante ese periodo, elaboró varias obras que fueron constituyendo la base doctrinal de la teoría comunista. Entre ellas se encuentra su ensayo más importante, *El capital* (volumen 1, 1867; volúmenes 2 y 3, editados por Engels y publicados a título póstumo en 1885 y 1894, respectivamente), un análisis histórico y detallado de la economía del sistema capitalista, en el que desarrolló la siguiente teoría: la clase trabajadora es explotada por la clase capitalista al apropiarse ésta del 'valor excedente' (plusvalía) producido por aquélla. *Véase* Capital.

La siguiente obra de Marx, *La guerra civil en Francia* (1871), analizaba la experiencia del efímero gobierno revolucionario francés conocido como la Comuna de París, establecida en esta ciudad durante la Guerra Franco-prusiana. Marx interpretó su creación y existencia como una confirmación histórica de la necesidad de que los trabajadores tomen el poder mediante una insurrección armada y destruyan al Estado capitalista. Aclamó a la Comuna como "la forma política, finalmente hallada, en la que podía producirse la emancipación del trabajador". Esta teoría fue desarrollada en *Crítica del programa de Gotha* (1875) en los siguientes términos: "Entre los sistemas capitalista y comunista se encuentra el periodo de transformación revolucionaria de uno en otro. Esta fase corresponde a un periodo de transición, cuyo estado no puede ser otro que la dictadura revolucionaria del proletariado". Durante su estancia en Inglaterra, Marx también escribió crónicas sobre acontecimientos sociales y políticos para periódicos de Europa y Estados Unidos, entre ellos varios artículos sobre las 'revoluciones liberales' en España y en la América hispana. Fue corresponsal del *New York Tribune* desde 1852 hasta 1861 y escribió varios artículos para la *New American Cyclopedia.*

LOS ÚLTIMOS AÑOS

Después de la disolución de la Liga Comunista en 1852, Marx se mantuvo en contacto con cientos de revolucionarios a fin de crear otra organización de la misma ideología. Sus esfuerzos y los de sus colaboradores culminaron en 1864 con la fundación en Londres de la I Internacional. Pronunció el discurso inaugural, escribió sus estatutos y posteriormente dirigió la labor de su Consejo General (órgano directivo), superando las críticas del grupo seguidor de Mijaíl Bakunin, de carácter anarquista. Tras la eliminación y represión de la

Comuna parisina, en la que habían participado miembros de la I Internacional, la influencia de esta organización disminuyó y Marx recomendó trasladar su sede a Estados Unidos. Los últimos ocho años de la vida del filósofo estuvieron marcados por una incesante lucha contra las dolencias físicas que le impedían trabajar en sus obras políticas y literarias. Los manuscritos y notas encontrados en Londres después de su muerte, ocurrida el 14 de marzo de 1883, revelan que estaba preparando un cuarto volumen de *El capital* que recogería la historia de las doctrinas económicas; estos fragmentos fueron revisados por el socialista alemán Karl Johann Kautsky y publicados bajo el título de *Teorías de la plusvalía* (4 volúmenes, 1905-1910). Asimismo, Marx planeaba realizar distintos trabajos que comprendían investigaciones matemáticas, aplicaciones de éstas a problemas económicos y estudios sobre aspectos históricos de varios desarrollos tecnológicos.

SU INFLUENCIA

Marx no ejerció una gran influencia en vida, fue después de su muerte cuando su pensamiento comenzó a destacar dentro del movimiento obrero. Su concepción pasó a denominarse marxismo o socialismo científico, una de las principales corrientes de la teoría política contemporánea. Su análisis del sistema capitalista y su teoría del materialismo histórico, la lucha de clases y la plusvalía son las principales fuentes de la ideología socialista contemporánea. Su tesis sobre la naturaleza del Estado capitalista, el camino hacia el poder y la dictadura del proletariado tienen una importancia decisiva en la acción revolucionaria. Estas doctrinas, comentadas por la mayoría de los socialistas después de su muerte, fueron retomadas por Lenin en el siglo XX, y el desarrollo y aplicación que el político ruso hizo de ellas fue el núcleo de la teoría y la praxis del bolchevismo y de la III Internacional.

Lenin (Vladímir Ilich Uliánov)

1- INTRODUCCION

Lenin (Vladímir Ilich Uliánov) (1870-1924), revolucionario y teórico político ruso, fundador del Estado que se convertiría en la Unión Soviética y presidente del primer gobierno establecido tras la Revolución Rusa de 1917.

Lenin, cuyo verdadero nombre era Vladímir Ilich Uliánov, nació en Simbirsk (ciudad que, desde 1924 hasta 1991, se denominó Uliánovsk en su honor) el 22 de abril de 1870, y era hijo de un funcionario. El primer incidente que alteró la tranquilidad de su juventud se produjo en 1887, cuando la policía arrestó y ejecutó a su hermano mayor Alexandr por haber participado en una conspiración para asesinar al zar Alejandro III. Lenin se matriculó en la Universidad de Kazán ese mismo año, pero fue expulsado al poco tiempo por participar en actividades revolucionarias radicales y se trasladó a la hacienda de su abuelo, situada en la localidad de Kokushkino.

Durante este primer retiro (1887-1888) estudió las obras clásicas del pensamiento revolucionario europeo, especialmente *El capital* de Karl Marx, y no tardó en declararse seguidor de la ideología de este pensador. Pasado algún tiempo, fue admitido en la Universidad de San Petersburgo y terminó sus estudios de derecho en 1891. Ingresó en el Colegio de Abogados y comenzó a ejercer su profesión en la ciudad de Samara, a orillas del Volga, defendiendo a personas sin recursos, hasta que regresó a San Petersburgo en 1893.

2- EL ORGANIZADOR

En 1895 participó en la fundación de la Unión para la Lucha por la Emancipación de la Clase Obrera de San Petersburgo. La policía no tardó en arrestar a los líderes de esta organización. Tras pasar quince meses en la cárcel, junto a una de sus compañeras, Nadiezhda Konstantinovna Krúpskaia —que pronto se convertiría en su esposa—, Lenin fue deportado a Siberia hasta 1900. Después de este primer destierro allí, huyó a Suiza, donde fundó el periódico *Iskra* (*La chispa*) en colaboración con Gueorgui Valentínovich Plejánov, L. Mártov y otros marxistas. Esta publicación se convirtió en un instrumento eficaz de cohesión entre los socialdemócratas y contribuyó a la incorporación de nuevos miembros al movimiento. Lenin escribió su principal obra de teoría política, *¿Qué hacer?* (1902), mientras se encontraba en el exilio. Su proyecto para la revolución se basaba en la existencia de un partido sometido a una férrea disciplina, compuesto por revolucionarios preparados para actuar como "vanguardia del proletariado" y conducir a las masas trabajadoras a una inevitable victoria frente al absolutismo zarista.

La insistencia de Lenin en la importancia de la profesionalidad de los dirigentes revolucionarios dividió a los miembros del Partido Obrero Socialdemócrata Ruso (POSDR), y en su II Congreso (1903) las diferencias se hicieron más profundas. El grupo liderado por Lenin fue el que obtuvo la mayoría, de ahí el nombre de bolchevique ('mayoría' en ruso), mientras que la oposición era conocida como sector menchevique ('minoría' en ruso). Las disputas entre ambos grupos dominaron la política del partido hasta la I Guerra Mundial.

3- EL EXILIO

Lenin pasó en Europa la mayor parte del periodo anterior a 1917. Regresó a Rusia durante la Revolución de 1905, pero se vio obligado a abandonar nuevamente el país en 1907 ante la misma falta de apoyo que acabó con la insurrección.

Los años que pasó en Europa fueron amargos y difíciles. Lenin y los mencheviques se acusaban mutuamente de ser responsables del fracaso de la revuelta y muchos de sus más brillantes discípulos abandonaron sus filas. Fue en esta época cuando escribió su principal tratado filosófico titulado *Materialismo y empirocriticismo* (1909). La ruptura definitiva con los mencheviques tuvo lugar en la Conferencia de Praga celebrada tres años después, en la que los mencheviques fueron excluidos del POSDR.

Cuando estalló la I Guerra Mundial en 1914, Lenin se opuso a la intervención de Rusia en el conflicto alegando que supondría una lucha fratricida entre los obreros de toda Europa en beneficio de la burguesía y alentó a los socialistas a "transformar la guerra imperialista en una guerra civil". Expuso y sistematizó la concepción marxista de la guerra en *El imperialismo, fase superior del capitalismo* (1916), en donde defendía que únicamente una revolución que destruyera al capitalismo podría proporcionar una paz duradera.

4- EL LIDER REVOLUCIONARIO

La Revolución Rusa de marzo de 1917 (febrero según el calendario juliano) que derrocó al régimen zarista fue un acontecimiento que Lenin no había previsto, pero consiguió introducirse en el país en un tren procedente de Alemania. Su espectacular llegada a Petrogrado (el nombre con el que fue rebautizada San Petersburgo) se produjo un mes después de que los obreros y soldados hubieran derribado al zar. Los bolcheviques de Petrogrado, entre los que se encontraba Iósiv Stalin, estaban de acuerdo en que los representantes del Ejército y de los soviets (juntas) de trabajadores respetaran al Gobierno Provisional que se había establecido, pero Lenin rechazó esta línea de actuación. En las llamadas *Tesis de abril* alegó que sólo los soviets podían satisfacer las esperanzas, aspiraciones y necesidades de los trabajadores y el campesinado. El Congreso del partido bolchevique aceptó el programa de Lenin bajo el lema "todo el poder para los soviets", considerando la revolución de marzo como la fase burguesa que había de preceder a la inaplazable revolución proletaria.

Después de un fallido levantamiento de los trabajadores en julio de 1917, Lenin pasó en Finlandia los meses de agosto y septiembre ocultándose del Gobierno Provisional. Durante ese tiempo plasmó su concepción del auténtico gobierno socialista en el ensayo *El Estado y la revolución,* su aportación más importante a la teoría marxista, en el que abogaba por la necesidad de la "dictadura del proletariado" como elemento de superación del Estado basado en la dominación de unas clases por otras. Asimismo, solicitó en repetidas ocasiones al Comité Central del partido que promoviera una rebelión armada en la capital. Finalmente su plan fue aprobado y puesto en práctica el 7 de noviembre (el 25 de octubre según el calendario juliano).

5- LAS BASES

Pocos días después de la revolución bolchevique de noviembre (octubre), Lenin fue elegido presidente del Consejo de Comisarios del Pueblo (jefe de gobierno) y tomó las medidas oportunas para consolidar el poder del nuevo Estado soviético. No se nacionalizaron las empresas privadas, a excepción de los bancos, y Lenin ideó un programa para el establecimiento del socialismo y evitó la apariencia de un régimen de partido único mediante la inclusión del Partido Socialista Revolucionario en su gobierno. El principal interés de Lenin era defender el poder conseguido por los soviets frente a sus detractores del interior y el exterior del país; actuando en consonancia con este criterio, aceptó los onerosos términos de la Paz de Brest-Litovsk. Sin embargo el joven gobierno soviético tuvo que pagar el alto precio de una guerra civil (1918-1921) provocada por quienes consideraban amenazados los privilegios que tenían durante el régimen zarista, que contaban con el apoyo de potencias extranjeras. Gracias a la labor del Ejército Rojo, creado y organizado por Liev Trotski, el gobierno soviético salió triunfante de este enfrentamiento.

Cuando terminó el conflicto, Lenin instauró la Nueva Política Económica (NEP), que suponía aceptar la economía de mercado en la Unión Soviética y restableció la sociedad pluralista que había existido durante los primeros tiempos del régimen; no obstante, exigió la prohibición del multipartidismo e insistió en el principio de que un sólo partido controlara el poder.

La primera de las tres apoplejías que sufrió Lenin en mayo de 1922 le dejó incapacitado para cumplir con las obligaciones de su cargo. Aunque mostró alguna mejoría, nunca volvió a desempeñar un papel activo en el gobierno o en el partido. Se había recuperado parcialmente a finales de 1922, pero sufrió un segundo ataque en marzo de 1923 en el que perdió el habla. Concluía así definitivamente su carrera política. Falleció el 21 de enero de 1924 en la localidad de Nizni Nóvgorod, situada en las proximidades de Moscú.

6- VALORACION

Lenin fue el verdadero teórico de la Revolución Rusa, permitiendo que los bolcheviques alcanzaran la victoria y se mantuvieran en el poder. Sus biógrafos y críticos interpretan su pensamiento de diferentes formas. Mientras que unos aprecian una continuidad entre las ideas de Lenin y las de Stalin, otros hacen hincapié en la Nueva Política Económica, de la que fue partidario en los últimos años de su vida. La mayoría de los estudiosos coinciden en que fue el líder revolucionario más importante de la Europa del siglo XX.

Fidel Castro

1- INTRODUCCION

Fidel Castro (1927-), político cubano, principal dirigente de la República desde 1959, artífice de la Revolución Cubana y el más destacado líder de Latinoamérica durante la segunda mitad del siglo XX y uno de los mejores estadistas a nivel internacional.

2- PRIMERAS ACTIVIDADES POLITICAS

Nacido el 13 de agosto de 1927 en Mayarí, hijo natural de un inmigrante español, plantador de azúcar, Fidel Castro se afilió al Partido del Pueblo Cubano en 1947, y se doctoró en leyes por la Universidad de La Habana en 1950. Después de que Fulgencio Batista se hiciera con el control del gobierno cubano en 1952 y estableciera una dictadura en el país, Fidel Castro se convirtió en el líder del grupo Movimiento, una facción antigubernamental clandestina cuyas acciones culminaron con el asalto al cuartel de Moncada (en Santiago de Cuba) el día 26 de julio de 1953, hecho por el cual fue encarcelado. En el juicio subsiguiente se hizo cargo de su propia defensa, cuyo alegato se manifestó por medio de un discurso (*La historia me absolverá*) que, más tarde, se convertiría en una importante consigna política para los revolucionarios y Plataforma Programática de la lucha contra la Dictadura de Fulgencio Batista.

3- LA REVOLUCIÓN CUBANA

Condenado a 15 años de prisión, fue amnistiado en 1955, y se exilió sucesivamente en Estados Unidos y México, donde fundó el Movimiento 26 de Julio. El 2 de diciembre de 1956, regresó a Cuba con una fuerza de 82 hombres, de los cuales 70 murieron en combate nada más desembarcar desde el barco *Granma* en la playa de las Coloradas, en el extremo suroriental de la isla. Fidel Castro, su hermano Raúl y Ernesto Che Guevara se encontraban entre los 12 supervivientes.

Con su base principal en sierra Maestra, donde habían conseguido internarse los revolucionarios dirigidos por Fidel Castro, el Movimiento 26 de Julio fue ganando apoyo popular, principalmente en los ámbitos estudiantiles (Directorio 13 de Marzo), y en diciembre de 1958, con respaldo del Partido Popular Socialista, avanzó hacia La Habana, ciudad de la cual hubo de huir Batista el 1 de enero de 1959 y en la que entró el propio Fidel Castro siete días después, acto que pondría colofón al definitivo triunfo de la Revolución Cubana. Fidel Castro fue primer ministro desde febrero de 1959, cargo que ostentó hasta 1976, en que asumió la presidencia del Consejo de Estado, que según la nueva Constitución de diciembre de ese año englobaba la jefatura del Estado y del gobierno.

4- VICISITUDES DEL NUEVO GOBIERNO

Fracasado su intento de establecer relaciones diplomáticas o comerciales con Estados Unidos, negoció acuerdos sobre armamento, créditos y alimentos con la Unión de Repúblicas Socialistas Soviéticas (URSS), y llevó a cabo la depuración de sus rivales políticos. Nacionalizó los recursos cubanos, afrontó una profunda reforma agraria basada en la colectivización de propiedades y estableció un Estado socialista de partido único (el Partido Unido de la Revolución Socialista, que en 1965 pasaría a denominarse Partido

Comunista Cubano y cuya secretaría general asumiría el propio Fidel Castro), que llevó a un gran número de cubanos ricos al exilio. Estados Unidos vio con disgusto cómo el nuevo gobierno embargaba las empresas de titularidad estadounidense, y en 1960 anuló los acuerdos comerciales que mantenía, a lo que Fidel Castro respondió en septiembre de ese año con la *Primera declaración de La Habana,* reafirmando la soberanía cubana frente al imperialismo estadounidense. Un grupo de exiliados cubanos recibió el respaldo, entrenamiento, recursos y apoyo logístico del gobierno de Estados Unidos, en un infructuoso intento por derrocarlo que tuvo lugar en abril de 1961 y pasó a ser conocido como el desembarco de bahía de Cochinos. Lugar donde ocurrió la primera derrota del imperialismo en América Latina.

Desde ese momento, Fidel Castro se alineó abiertamente con la URSS, dependiendo cada vez más de su ayuda económica y militar. En 1962, estuvo a punto de producirse una guerra nuclear, cuando la URSS situó en Cuba cabezas nucleares de alcance medio, ante la oposición estadounidense. La llamada crisis de los misiles de Cuba o la Crisis de Octubre, concluyó tras la celebración de negociaciones entre el presidente estadounidense, John Fitzgerald Kennedy, y el máximo dirigente soviético, Nikita Jruschov.

5- MÁXIMO DIRIGENTE DEL ESTADO CUBANO

Durante las siguientes décadas, Fidel Castro alcanzó gran reconocimiento entre los países miembros del Tercer Mundo, gracias a su liderazgo de la Organización de Países No-Alineados (que presidió desde 1979 hasta 1981). A finales de la década de 1980, cuando la URSS inició sus procesos de *glasnost* (en ruso, 'apertura') y *perestroika* (en ruso, 'reestructuración'), bajo el gobierno de Mijaíl Gorbachov, Fidel Castro mantuvo la aplicación del marxismo-leninismo que había instaurado a principios de la década de 1960. Sin embargo, con el inicio del proceso de desintegración de la URSS y del COMECON (Consejo de Ayuda Mutua Económica) en 1990, los problemas económicos de Cuba empeoraron. En 1993, en un intento por alcanzar una economía mixta, Fidel Castro aprobó reformas económicas limitadas que legalizaron algunas empresas privadas y la despenalización de la tenencia de divisas en la población.

En 1996, el Congreso de Estados Unidos aprobó la denominada Ley Helms-Burton, que articulaba legalmente el boicoteo económico a Cuba, al pretender penalizar a las empresas que mantuvieran relaciones comerciales con otras radicadas en la isla. Por su parte, la Unión Europea (UE), en clara oposición, presentó una serie de medidas aprobadas por los ministros de Asuntos Exteriores de los países miembros para neutralizar los efectos de la Ley Helms-Burton.

Durante su intervención en el V Congreso del Partido Comunista Cubano (octubre de 1997), Fidel Castro reafirmó la idea de que Cuba no se dirigiría hacia el capitalismo, lamentando las aperturas que su gobierno hubo de consentir debido a la caída de los principales regímenes comunistas. En febrero de 1998, poco después de una visita histórica del papa Juan Pablo II a la isla, resultó reelegido nuevamente por la Asamblea Nacional del Poder Popular como presidente de la República, por otro mandato de cinco años. El socialismo y las conquistas de la revolución, cada vez más acosadas por las amenazas y el bloqueo estadounidenses, permanecieron como referencias ineludibles del propio Fidel Castro en su discurso de clausura de la constitución de la cámara que le había elegido, en el cual volvió a reiterar que no habría transición al capitalismo en Cuba. De otro lado, el gobierno del presidente estadounidense Bill Clinton decidió, a finales de marzo, suavizar su embargo sobre la isla. En octubre de 2000 selló con Venezuela un acuerdo integral de cooperación que incluía la compra de petróleo venezolano en condiciones de preferencia; este hecho se produjo en el marco de las buenas relaciones establecidas entre el gobierno cubano y el venezolano, bajo el amparo del ALBA.

En septiembre de 2006, convaleciente de su repentina enfermedad, es reelecto Presidente del Movimiento de países No-Alineados por un nuevo período, durante la XIV Cumbre celebrada en La Habana.

Datos del Autor del presente libro

Nombre: <u>Alexis Boente Corcho</u>

Nacionalidad: Cubano

- **LICENCIADO EN ECONOMÍA, por la Universidad Central de Las Villas, 1986**
- **MASTER EN GESTIÓN DE INFORMACIÓN, por la universidades de Murcia, España; UNAM de México y Universidad de La Habana, en coordinación con la Cátedra UNESCO, 1996**

<u>**Experiencia Personal:**</u>

- **Económico y Contador**
- **Exprofesor de la Facultad de Ingeniería Industrial-Economía de la UCLV, docente-investigador, conferencista y profesor de Clases Prácticas en materias relacionadas con la Economía y la Informática**
- **Especialista en informática, analista y programador de sistemas.**
- **Más de 20 años de experiencia en el ámbito económico-empresarial.**

INDICE TEMATICO

☑ Historia de la economía 5
☑ El Marxismo 7
☑ Leninismo 10
☑ La Economía como Ciencia 15
☑ Economía centralizada 27
☑ Nueva Política Económica (NEP) 27
☑ Economía de libre mercado 28
☑ Economía política 31
☑ El capital 31
☑ Economía política internacional 32
☑ Principios de Economía
   Política y Tributación 36
☑ Economías de escala 37
☑ Economía del desarrollo 38
☑ Economía mixta 43
☑ Economía mundial 44
☑ Economía planificada 50
☑ Elasticidad 55
☑ Fusión 56
☑ Intervencionismo 56
☑ Inversión 57
☑ Paridad 58
☑ Utilidad 59
☑ Beneficios 59
☑ La economía mundial 60
☑ Historia de la globalización 61
☑ Globalización y desarrollo 62
☑ El destino de las economías
   socialistas 64
☑ La globalización de la agricultura 64
☑ La globalización de la
   industria y los servicios 65
☑ Un mundo único 66
☑ Política económica 67
☑ Recesión 70
☑ Macroeconomía 72
☑ Ciclos económicos 77
☑ Depresión 80
☑ Sectores económicos 82
☑ Renta nacional 83
☑ Distribución de la renta 84
☑ Producto Interno Bruto (PIB) 85
☑ Tasa de crecimiento económico 86
☑ Balanza de pagos 86
☑ Activo y pasivo 86
☑ Plan quinquenal 87
☑ Capitalismo de Estado 88
☑ Proteccionismo 88
☑ Divisas 88
☑ Econometría 90
☑ Teoría del valor trabajo 90
☑ Trabajo 92

☑ Capital 93
☑ Distribución 96
☑ Comercio 98
☑ Renta 102
☑ Microeconomía 103
☑ Fordismo y posfordismo 106
☑ Empresa 109
☑ Competencia 111
☑ Consumo 112
☑ Precios 112
☑ Marketing 114
☑ Inflación y deflación 121
☑ Política monetaria 126
☑ Oferta monetaria 128
☑ Mercado negro 128
☑ Utilidad marginal 129
☑ Hipoteca 130
☑ Valor 131
☑ Seguros 132
☑ Teoría de la organización 134
☑ Razón de Estado 134
☑ Títulos valores 135
☑ Política fiscal 136
☑ Reforma fiscal 137
☑ OPA - Oferta Pública de Adquisición
   137
☑ Negocio 139
☑ Capital empresarial 141
☑ Mecanismo de tipos de cambio 141
☑ Minifundio 142
☑ Latifundio 143
☑ Empresa privada 143
☑ Bienes 144
☑ Explotación laboral 145
☑ Instituciones 151
☑ Banco de Pagos Internacionales
   (BPI) 146
☑ Fondo Monetario Internacional (FMI)
   147
☑ Organizaciones   no
   gubernamentales (ONGs) 149
☑ Contabilidad 150
☑ Costos 157
☑ Contabilidad de costos 159
☑ Teneduría de libros y contabilidad
   160
☑ Amortización 160
☑ Año fiscal 160
☑ Finanzas 161
☑ Margen de finanzas 161
☑ Cuestor 161
☑ Venta al descubierto 161
☑ Domiciliación bancaria 162
☑ Préstamo 162

☑ Descuento 163
☑ Pagaré 163
☑ Título de crédito 164
☑ Letra de cambio 165
☑ Interés 165
☑ IVA- Impuesto Sobre el Valor Agregado 166
☑ Bonos 166
☑ Crédito 167
☑ Índices financieros 171
☑ Índices del Financial Times 171
☑ Índice Dow-Jones 172
☑ Figuras Económicas 173
☑ Sociedad anónima (.sa) 173
☑ Cooperativas 176
☑ Fondo mutuo de inversión mobiliaria 178
☑ Tribunal 180
☑ Fondo de comercio 181
☑ Gestión industrial 181
☑ Depreciación 182
☑ Holding 183
☑ Porcentaje 183
☑ Productividad 183
☑ Cuota de mercado 184
☑ Control de calidad 184
☑ Presupuesto 186
☑ Riqueza 187
☑ Costo de la vida 191
☑ Desigualdad social 191
☑ Explosión demográfica 192
☑ Salarios 193
☑ Economato 197
☑ Teoría de la dependencia 198
☑ Colonialismo 199
☑ Neocolonialismo 202

☑ Venta 203
☑ Promoción de ventas 204
☑ Bienes raíces 206
☑ Mercado 208
☑ Mercado de valores 215
☑ Devaluación 211
☑ Tipos de cambio 214
☑ Especulación 215
☑ Plusvalía 216
☑ Unidades monetarias 216
☑ Tarjeta de crédito 217
☑ Garantía 217
☑ Sistema Torrens 219
☑ Teoría sobre la factibilidad de un Gobierno socialista pluripartidista y su Sistema Electoral 220
☑ Anexos 223
☑ Foros y Organizaciones Internacionales 223
☑ Grupo de los Siete 223
☑ Grupo de los 77 223
☑ Comunidad del Caribe 224
☑ MERCOSUR 224
☑ El ALBA 227
☑ Unión Económica y Monetaria (UEM) 227
☑ Guía del empresario exitoso 230
☑ Informática 233
☑ Internet 235
☑ BIBLIOGRAFIAS 239
☑ Karl Marx 258
☑ Lenin (Vladímir Ilich Uliánov) 242
☑ Fidel Castro 245
☑ Datos del Autor del presente libro 248

www.ingramcontent.com/pod-product-compliance
Lightning Source LLC
Chambersburg PA
CBHW081059290526
45795CB00006B/1919